Band 70

Schriften zum Sozialrecht

hervorgegangen aus den von Prof. Dr. Ulrich Becker begründeten „Schriften zum deutschen und europäischen Sozialrecht"

Gerhard Igl

Regulatorische Möglichkeiten einer Installierung von Patientenlotsen im Sozialleistungssystem und Einschätzungen zur gesetzgeberischen Umsetzung

Nomos

Die Veröffentlichung der Druckausgabe sowie die Open Access-Veröffentlichung der elektronischen Fassung wurde von der Stiftung Deutsche Schlaganfall-Hilfe im Rahmen ihres Patientenlotsen-Programms ermöglicht.

STIFTUNG
DEUTSCHE
SCHLAGANFALL
HILFE

Die Deutsche Nationalbibliothek verzeichnet diese Publikation in der Deutschen Nationalbibliografie; detaillierte bibliografische Daten sind im Internet über http://dnb.d-nb.de abrufbar.

1. Auflage 2023

Publiziert von
Nomos Verlagsgesellschaft mbH & Co. KG
Waldseestraße 3–5 | 76530 Baden-Baden
www.nomos.de

Gesamtherstellung:
Nomos Verlagsgesellschaft mbH & Co. KG
Waldseestraße 3–5 | 76530 Baden-Baden

ISBN (Print): 978-3-7560-1307-4
ISBN (ePDF): 978-3-7489-1817-2

DOI: https://doi.org/10.5771/9783748918172

Onlineversion
Nomos eLibrary

Geleitwort der Stiftung Deutsche Schlaganfall-Hilfe

Mit der Ankündigung der Regierungskoalition, für „erfolgreiche Projekte wie die der Patientenlotsen" einen Implementierungspfad festzulegen, sind die Bemühungen vieler Akteure, die Lotsenthematik im deutschen Gesundheits- und Sozialwesen zu verankern, in eine neue Phase getreten. Standen in den vergangenen Jahren Aufbau, Erprobung und Verbesserung des eigentlichen Lotsenpfades im Zentrum der Aktivitäten – überwiegend in Projekten des Innovationsfonds –, so rückt nun mehr und mehr die Frage in den Vordergrund, wie nun die Einbettung von Patientenlotsen in ein bestehendes System genau erfolgen soll. Dies ist insofern nicht trivial, als die Interventionslogik von Patientenlotsen sui generis patienten- bzw. klientenorientiert ist, mithin sektorunabhängig aufgebaut und durchgeführt werden muss. Dies führt zwangsläufig zu der Frage, inwieweit die bestehende eher angebotsorientierte Struktur der verschiedenen Sozialleistungsbereiche des Sozialgesetzbuchs bereits jetzt Ansatzpunkte dafür liefert, Patientenlotsen im Sinne der inhaltlichen, patientenorientierten Zielsetzung rechtlich sinnvoll, m.a.W. rechtssystematisch korrekt, in der bestehenden Gesetzesstruktur abzubilden. Das vorliegende Gutachten von Prof. Dr. Gerhard Igl soll hierfür den Weg weisen.

Die Stiftung Deutsche Schlaganfall-Hilfe unterstützt seit mehr als zehn Jahren den Aufbau von Lotsenstrukturen im Bereich Schlaganfall. Mittlerweile wurden über 3000 vom Schlaganfall betroffene Menschen durch Lotsen begleitet, mehr als die Hälfte davon im Innovationsfondsprojekt STROKE OWL. Parallel dazu rückten mehr und mehr die Fragen der Governance, also des geordneten Regelwerkes, indikationsübergreifend in das Zentrum des Interesses. Dies hat die Stiftung Deutsche Schlaganfall-Hilfe dazu veranlasst, bei Prof. Dr. Igl ein Gutachten in Auftrag zu geben, welches die rechtssystematische Analyse zukünftig möglicher Patientenlotsenstrukturen in den Blick nimmt.

Die Stiftung ist Herrn Prof. Dr Igl außerordentlich dankbar für dieses Werk, welches nun den Ausgangspunkt für alle weitergehenden Überlegungen zur Implementierung von Patientenlotsen in Deutschland bildet. Ebenso sei Herrn Andreas von Schell gedankt, dessen diskursive Herangehensweise überaus hilfreich im Entstehungsprozess dieses Gutachtens war. Dank gebührt auch dem Nomos Verlag für die zügige Veröffentlichung.

Der Stiftung Deutsche Schlaganfall-Hilfe wäre es Freude und Ehre zugleich, wenn der Inhalt dieses Gutachtens einen wesentlichen weiteren Schritt in Richtung zukünftiger Patientenlotsenstrukturen darstellte.

Gütersloh, im Juli 2023 *Dr. Michael Brinkmeier,* Vorstandsvorsitzender

Vorwort des Verfassers

Das vorliegende Gutachten zu den regulatorischen Möglichkeiten einer Installierung von Patientenlotsen im Sozialleistungssystem und Einschätzungen zur gesetzgeberischen Umsetzung soll ausdrücklich keinen Gesetzesvorschlag formulieren, sondern soll Wege und Möglichkeiten für künftige rechtliche Regulierungen aufzeigen. Dazu sollen aus den vorhandenen Rechtsvorschriften Hinweise gewonnen werden. Das Gutachten ist deshalb einzuordnen als eine rechtsgestaltende Hilfestellung vor dem Hintergrund der vielfältigen Möglichkeiten, die für die Einrichtung von Patientenlotsen und deren gesetzlicher Verankerung gegeben sind. Es soll damit Klarheit schaffen über die an das geltende Recht angelehnten Regulierungsmöglichkeiten und es soll schon jetzt den betreffenden Verantwortlichen bei der modellhaften Installierung von Patientenlotsen Orientierung über die rechtlichen Implikationen geben.

Der Auftraggeber, die Stiftung Deutsche Schlaganfall-Hilfe, ist in Deutschland herausragend an der Implementierung von Patientenlotsenprojekten beteiligt. Aus diesem Grund liegt es nahe, den dadurch erworbenen Erfahrungsschatz auch für die Weiterentwicklung der rechtlichen Grundlagen zu nutzen. Für die Erschließung dieses Erfahrungsschatzes zu rechtsgestalterischen Zwecken dankt Verfasser Herrn *Dr. Michael Brinkmeier,* Vorstandsvorsitzender der Stiftung, und Herrn *Andreas von Schell,* Geschäftsführer der Help GmbH und Beauftragter der Stiftung. Herr *von Schell* hat den Prozess der Gutachtenerstellung kontinuierlich intensiv begleitet und lektoriert. Er hat mit zahlreichen wertvollen Anregungen geholfen, den Entstehungsprozess zu fördern. Für diese überaus hilfreiche und zudem angenehme Zusammenarbeit ist ihm Verfasser zu besonderem Dank verpflichtet. Zu danken ist an dieser Stelle auch Frau Rechtsanwältin *Silke Staudte,* Berlin, die das Gutachten redaktionell lektoriert hat.

Das Gutachten ist auf dem Stand der Gesetzgebung vom 30. Juni 2023. Der Referentenentwurf des Bundesministeriums für Gesundheit, Entwurf eines Gesetzes zur Stärkung der Gesundheitsversorgung in der Kommune (Gesundheitsversorgungsstärkungsgesetz – GVSG) (Stand: 15.06.2023), ist kursorisch eingearbeitet worden. Es ist darauf hinzuweisen, dass es sich zum Zeitpunkt der Fertigstellung des vorliegenden Gutachtens um einen noch nicht ressortabgestimmten Referentenentwurf handelt.

In dem Gutachten wird das generische Maskulinum verwendet. Ausdrücklich soll hier festgestellt werden, dass damit alle Geschlechter (männlich, weiblich, divers) gemeint sind.

Hamburg, im Juli 2023 *Gerhard Igl*

Inhaltsverzeichnis

1 Begriffsbestimmung – Gestaltung des Gutachtens

1.1 Begriffsbestimmung: Patientenlotsen

Der hier verwendete Begriff der Patientenlotsen wird in Abstimmung mit dem Auftraggeber und in Anlehnung an die Einordnung und Bestimmung der Fachgruppe Patientenlotsen der DGCC[1] folgendermaßen definiert:

Patientenlotsen sind Care und Case Manager für Menschen in einer komplexen Lebens- und Versorgungslage, ausgelöst durch eine oder mehrere Krankheiten und/oder Beeinträchtigungen. Sie reduzieren oder beheben in direkter Interaktion mit den Patienten unter Einbeziehung der Angehörigen und Zugehörigen die Komplexität durch einen individuellen, koordinierenden Ansatz auf Grundlage der erhobenen Bedarfe unter Einbezug der Bedürfnisse der Patienten sowie deren Angehörigen und Zugehörigen. Zu diesem Zweck bewirken sie bedarfsentsprechend eine angesichts eines fragmentierten und komplexen Sozialleistungssystems nötige Unterstützung, Begleitung sowie das Hinführen zu notwendiger Behandlung, Therapie und Pflege und fördern damit die Teilhabe der Patienten und ihrer Angehörigen und Zugehörigen.

Diese Definition hat drei Elemente:

- Sie legt die leistungsauslösende Situation, also den Einsatzpunkt von Patientenlotsen, fest.
- Sie beschreibt die Tätigkeit von Patientenlotsen sowie
- die Zielsetzung der Tätigkeit von Patientenlotsen.

---

1 S. dazu auch die Definition bei Deutsche Gesellschaft für Care und Case Management (DGCC), Bestimmung und Qualifikation von Patientenlots:innen, Positionspapier der DGCC-Fachgruppe Patientenlots:innen (Verf.: Stegmeier, Elmar; Löcherbach, Peter), Münster, 2022, S. 2 (https://www.dgcc.de/positionspapier-zur-bestimmung-und-qualifikation-von-patientenlotsinnen/, Zugriff: 12.06.2023):
„Patientenlots:innen sind Care und Case Manager:innen für Menschen in komplexen Lebens- und Versorgungslagen mit einer oder mehreren medizinischen Indikationen. Sie reduzieren oder beheben zusammen und in direkter Interaktion mit den Patienten deren komplexe Lagen durch einen individuellen, koordinierenden Ansatz auf Grundlage einer systematischen Bedürfnis- und Bedarfserhebung. Sie bewerkstelligen damit bedarfsentsprechend im Einzelfall eine nötige Unterstützung, Behandlung, Begleitung, Förderung, Teilhabe und Versorgung von Menschen in einem inklusiven Gesundheits-, Sozial- und Bildungswesen."

Dieser Definition liegt das Verständnis der Internationalen Klassifikation der Funktionsfähigkeit, Behinderung und Gesundheit (ICF)[2] zugrunde. In der ICF geht es wie in der vorstehenden Definition darum, neben der Funktionsfähigkeit und Behinderung auch die Kontextfaktoren einzubeziehen. Kontextfaktoren stellen den gesamten Lebenshintergrund einer Person dar. Sie umfassen zwei Komponenten: Umweltfaktoren und personbezogene Faktoren. Diese können einen positiven oder negativen Einfluss auf die Funktionsfähigkeit einer Person haben.[3] Die Kontextfaktoren, die für den Einsatz von Patientenlotsen mit bestimmend sind, werden in der obenstehenden Definition als komplexe Lebens- und Versorgungslage adressiert und weiter durch den Einbezug der Bedürfnisse der Angehörigen und Zugehörigen markiert.

1.2 Betroffene Rechtsbereiche und Regelungsebenen

Für die Etablierung von Patientenlotsen und einer Governance-Struktur sind folgende Rechtsbereiche von Relevanz:

- Im Sozialrecht: SGB V (zentral), SGB IX, SGB XI und SGB XII (jeweils mit Schwerpunkten auf dem Leistungs- und Leistungserbringungsrecht), SGB I.
- Im Grundgesetz: staatsorganisatorische Kompetenz- und Aufgabenverteilung; Finanzverfassungsrecht.
- Landesrechtlich: Landespflegegesetze; Recht des Öffentlichen Gesundheitsdienstes; Kommunalrecht, Landesverfassungsrecht.

Das bundesgesetzlich geregelte Heilberuferecht wird nach gegenwärtiger Einschätzung nicht berührt sein, da mit der Einführung von Patientenlotsen eine Tätigkeit im Rahmen bereits vorhandener Berufe (vor allem Pflegefachberufe, therapeutische Gesundheitsfachberufe, Sozialarbeiterberufe, insbesondere Gesundheitssozialarbeit) angestrebt wird, die durch entsprechende Qualifikationsmaßnahmen gemäß den Leitlinien der DGCC (Deutsche Gesellschaft für Care und Case Management e.V.) weitergebildet

2 Erläutert in Anlage I zur Richtlinie des Gemeinsamen Bundesausschusses über Leistungen zur medizinischen Rehabilitation (Rehabilitations-Richtlinie/Reha-RL), in der Fassung vom 16. März 2004, veröffentlicht im Bundesanzeiger Nr. 63 (S. 6 769) vom 31. März 2004, zuletzt geändert am 16. Dezember 2021, veröffentlicht im Bundesanzeiger (BAnz AT 16.02.2022 B3).

3 Definition aus Anlage I (wie Anm. 2), unter Abschnitt 2.1.

werden. Regelungstechnisch ist dabei an eine Weiterbildung analog zur verantwortlichen Pflegefachkraft (§ 71 Abs. 3 SGB XI) zu denken. Ob und inwieweit das in Deutschland noch zu schaffende Berufsbild der Community Health Nurse hierfür passend ist, wird im Rahmen der im Koalitionsvertrag 2021-2025[4] vereinbarten Gesetzgebung zu diesem Berufsbild zu klären sein.

Das Unionsrecht, insbesondere die Berufsqualifikationsrichtlinie 2005/36/EG,[5] ist bei reglementierten Berufen einschlägig, und ist deshalb grundsätzlich in den Blick zu nehmen. Gleiches gilt für die in Art. 57 Abs. 3 Vertrag über die Arbeitsweise der Europäischen Union (AEUV) garantierte Dienstleistungsfreiheit. Allerdings ergeben sich hier, soweit ersichtlich, keine Besonderheiten gerade aufgrund der Qualifikation als Patientenlotse.

Schließlich ist der Deutsche Qualifikationsrahmen (DQR)[6] mit in die Betrachtung einzubeziehen.

Steuerrechtliche und gesellschaftsrechtliche Fragestellungen sowie das Haftungsrecht werden in diesem Gutachten nicht behandelt.[7]

1.3 Zu den rechtlichen Gestaltungsmöglichkeiten

Für die rechtliche Gestaltung der Tätigkeit von Patientenlotsen und ihre sozialrechtliche Einbindung sowie für die Gestaltung der Governance[8] und

4 Mehr Fortschritt wagen. Bündnis für Freiheit, Gerechtigkeit und Nachhaltigkeit. Koalitionsvertrag 2021 – 2025 zwischen der Sozialdemokratischen Partei Deutschlands (SPD), BÜNDNIS 90/DIE GRÜNEN und den Freien Demokraten (FDP), S. 82.

5 Richtlinie 2005/36/EG des Europäischen Parlaments und des Rates vom 7. September 2005 über die Anerkennung von Berufsqualifikationen (ABl. L 255 vom 30.9.2005, S. 22; L 271 vom 16.10.2007, S. 18; L 93 vom 4.4.2008, S. 28; L 33 vom 3.2.2009, S. 49; L 305 vom 24.10.2014, S. 115), die zuletzt durch den Delegierten Beschluss (EU) 2020/548 (ABl. L 131 vom 24.4.2020, S. 1) geändert worden ist.

6 Bund-Länder Koordinierungsstelle für den Deutschen Qualifikationsrahmen für lebenslanges Lernen (Hrsg.), Handbuch zum Deutschen Qualifikationsrahmen, Stand: 01.08.2013.

7 S. dazu *Wienand,* Case Management und Haftung, in: Case Management 1/2023, S. 31 ff. Auf den sozialrechtlichen Herstellungsanspruch verweisen *Braeseke/Huster/Pflug/Rieckhoff/Ströttchen/Nolting/Meyer-Rötz/IGES Institut GmbH,* Studie zum Versorgungsmanagement durch Patientenlotsen, 2018, S. 102.

8 Zu den inhaltlichen Gestaltungsmöglichkeiten der Governance von Patientenlotsen *Brinkmeier,* Von der Praxis bis zur Politik: Zur Governance von Patientenlotsen, in: Case Management 4/2021, S. 176 ff., sowie *Brinkmeier,* Eckpunkte zur Governance von Patientenlotsen: Das LEX LOTSEN OWL-Projekt, in: Case Management 1/2023,

der dazugehörigen Strukturen kommen verschiedene Modelle in Betracht. Dabei stehen grundsätzlich folgende Vorgehensweisen zur Verfügung:

- Die eine - hier *umfassend* genannte - Vorgehensweise geht von einer angenommenen idealen Konzeption der Einbindung aus, nach der alle inhaltlichen, prozeduralen und sonstigen Anforderungen an ein funktionierendes Patientenlotsenwesen rechtlich neu zu regeln sind, wobei Klarheit darüber besteht, dass verfassungsrechtliche Änderungen nicht realistisch sind.
- Die andere – hier als *anknüpfend* bezeichnete – Vorgehensweise besteht darin, dass vor allem an bereits vorhandenen Regelungen, Prozeduren, Institutionen angesetzt wird (z. B. über Pflegestützpunkte, oder auch über Selektivverträge nach § 140a SGB V), was nicht ausschließt, dass kleinere gesetzliche Änderungen erforderlich sind.
- Eine zwischen diesen Möglichkeiten liegende Lösung ist in der Weiterentwicklung, Anpassung und Übertragung bestehender gesetzlicher Regelungen zu sehen (z. B. hinsichtlich der Teilhabeplanung gem. § 19 SGB IX). Sie soll als *fortentwickelnd-transformierende* Lösungsmöglichkeit bezeichnet werden.

Der *anknüpfenden* Vorgehensweise und der *fortentwickelnd-transformierenden* Vorgehensweise sind hinsichtlich der gesetzgeberischen Realisierungsmöglichkeiten der Vorzug zu geben. Bei diesen Lösungen kann auf vorhandene und ggf. praktisch realisierte und erprobte rechtliche Regelungen und auf die damit zusammenhängenden Umsetzungserfahrungen zurückgegriffen werden. Diese Lösungen haben den Nachteil, dass eine Art Idealkonzept des Patientenlotsenwesens zumindest nicht durchgängig verwirklicht werden kann.

Bei der *umfassenden* Lösung ist vor allem zu beachten, dass die jeweiligen Implikationen nicht nur im jeweiligen Regelungsfeld (z. B. Bedarfsbestimmung, Adressatenbestimmung, Leistungserbringung, Finanzierung), sondern regelungsfeldübergreifend auftreten können.

S. 26 ff. S. auch *Galle/Brinkmeier,* Mut zu echter Innovation: Die Einführung von Gesundheitslotsen in Deutschland, in: Scholz/Engehausen (Hrsg.), Innovationsfonds – Transfer in die Regelversorgung, 2020, S. 148 ff.

1.4 Zum Gutachtensauftrag und zur methodischen rechtsgutachterlichen Vorgehensweise

Das vorliegende Rechtsgutachten hat die regulatorischen Möglichkeiten einer Installierung von Patientenlotsen im Sozialleistungssystem und die Einschätzungen zur gesetzgeberischen Umsetzung zum Gegenstand. Damit unterscheidet sich dieses Rechtsgutachten von traditionellen Rechtsgutachten, denen eine strittige Rechtsfrage zugrunde liegt, die gutachterlich, d. h. mit dem üblichen rechtswissenschaftlichen Instrumentarium auf der Basis des geltenden Rechts zu klären ist. Das hier vorliegende Rechtsgutachten soll hingegen Wege und Möglichkeiten für künftige rechtliche Regulierungen aufzeigen. Dazu sollen aus den gegebenen Rechtsvorschriften Hinweise gewonnen werden. Es ist ausdrücklich nicht Aufgabe des Gutachtens, einen Regelungsentwurf etwa im Sinne eines Gesetzentwurfs zu Patientenlotsen zu erstellen.[9]

Das Gutachten beschränkt sich auf die Funktionen, die Patientenlotsen hauptsächlich im System der Gesetzlichen Krankenversicherung (SGB V) wahrnehmen können, also auf die Orientierung und Begleitung anlässlich einer komplexen Gesundheitssituation. Die weiteren möglichen Tätigkeiten von Patientenlotsen in Richtung auf soziale Teilhabe werden nicht behandelt.

Der Hauptteil des Gutachtens besteht aus der Analyse der einzelnen Regelungsgegenstände, die für die Gestaltung des Patientenlotsen von Relevanz sind. Hier werden zuerst die Bedarfsgruppen und die bedarfsauslösenden Situationen, die Leistungsinhalte und der Leistungsanspruch sowie die möglichen Adressaten in den Blick genommen. Diese Abschnitte sind insofern von Bedeutung, als sie den Anwendungsbereich einer möglichen gesetzlichen Regelung definieren Aus diesem Grund ist auch zu überprüfen, ob und welche Auswirkungen ggf. auf andere Regelungsgegenstände und -bereiche gegeben sind. Wegen dieser zentralen Bedeutung dieser Abschnitte ist auch eine Abwägung der aufgezeigten Möglichkeiten vorzunehmen, auch in Richtung auf eine Einschätzung der politischen Realisierbarkeit.

Einen großen Raum nimmt die Darstellung der Organisationsmöglichkeiten für die Leistungserbringung von Patientenlotsen ein. Hier werden

9 Ein Gesetzesvorschlag findet sich z. B. bei *Braeseke/Huster/Pflug/Rieckhoff/Ströttchen/Nolting/Meyer-Rötz/IGES Institut GmbH,* Studie zum Versorgungsmanagement durch Patientenlotsen, 2018, S. 96 f. Zu einem Gesetzesvorschlag zum Care und Case Management *von Schell,* Care und Case Management – eine Lücke im Gesundheits- und Sozialwesen, in: Case Management 4/2021, S. 170 ff. (173 f.).

anhand der vorhandenen Organisationsstrukturen in den für Patientenlotsen wichtigsten Sozialleistungsbereichen diejenigen der der Leistungserbringung zugrunde liegenden Strukturen aufgezeigt, die für die Leistungserbringung von Patientenlotsen in Frage kommen könnten oder diskutiert werden. Weitere Abschnitte befassen sich mit der Verantwortung der Bereitstellung einer Infrastruktur an Patientenlotsen, den Finanzierungsträgern und -modellen, der Leistungsfinanzierung und der Person des Patientenlotsen.

Auf die Behandlung der verschiedenen Regelungsgegenstände folgt eine Erörterung zu den Fragen nach den möglichen Regelungsebenen, -orten und -instrumenten.

2 Regelungsgegenstände

2.1 Bedarfsgruppen / bedarfsauslösende Situationen

2.1.1 Regelungsmöglichkeiten

2.1.1.1 Allgemeines zur Bestimmung der Kriterien für Bedarfsgruppen und bedarfsauslösende Situationen

Die *Festlegung der Bedarfsgruppen in einem ersten Schritt* und die *Bestimmung der bedarfsauslösenden Situation(en) in einem zweiten Schritt* ist losgelöst von der allgemeinen Bestimmung der möglichen Adressaten (s. Abschnitt 2.3) vorzunehmen. Die Bestimmung dieser Kriterien ist unabhängig von der Bestimmung des Adressatenkreises, da es sich hier um Kriterien handelt, die nicht die Zugehörigkeit zu einem bestimmten Sicherungssystem betreffen, sondern die mit der Person des Patienten zu tun haben.

2.1.1.2 Bestimmung der Bedarfsgruppen

Die umfassendste Festlegung der Bedarfsgruppen würde darin bestehen, dass als Bedarfsgruppe alle Personen mit einem Gesundheitsproblem in Frage kommen, wobei unter Gesundheitsproblem nicht nur Krankheit, sondern auch Pflegebedürftigkeit zu verstehen ist. In einem zweiten Schritt würde sich der Zugang zu den Leistungen von Patientenlotsen nach Kriterien bestimmen, die gerade deren Einsatz für erforderlich definieren, so in Richtung auf komplexe Gesundheitssituationen. Die Kriterien für die Bestimmung der komplexen Gesundheitssituationen wären dann ebenfalls zu definieren.

Auch wenn diese Unterscheidung zunächst als übertrieben kleinteilig erscheinen mag, so ist zu betonen, dass sie durchaus sinnvoll für die Bestimmung der Bedarfsgruppen/berufsauslösenden Situationen sein mag und auch entsprechende rechtliche Konsequenzen hat. Dazu Folgendes:

Bestimmt man die Bedarfsgruppe weit im Sinne des Vorhandenseins eines Gesundheitsproblems, so könnte jede Person, die sich wegen des Vorhandenseins eines Gesundheitsproblems auf die Leistungen eines Patientenlotsen beruft, Anspruchsträger solcher Leistungen sein. Ist der für die Leistungen von Patientenlotsen verantwortliche Träger der Ansicht, dass für diese Person keine solchen Leistungen in Frage kommen, weil kein Gesundheitsproblem vorliegt, ist er im Streitfall darlegungspflichtig für den Beweis des Nichtvorliegens eines Gesundheitsproblems. Anders ist dies, wenn die Bedarfsgruppe etwas enger mit „Personen in einer komplexen Gesundheitssituation" definiert wird. Dann ist der verantwortliche Leistungsträger im Streitfall nur darlegungspflichtig für das Nichtvorliegen der Komplexität der Gesundheitssituation.

Auch aus einem weiteren Grund empfiehlt es sich, die Bedarfsgruppe als „Personen in einer komplexen Gesundheitssituation" zu bestimmen. In der Regel bekommt eine kranke Person von einem Arzt oder einem Krankenhaus die Diagnose der Krankheit sowie Informationen über den Behandlungsbedarf und die potenziellen Leistungserbringer. Diese Feststellungen kann und darf ein Patientenlotse nicht treffen. Der Patientenlotse bzw. der Träger des Patientenlotsen entscheidet mit Blick auf den Orientierungs- und Begleitungsbedarf des Patienten, ob – die noch zu definierenden – Merkmale einer komplexen Gesundheitssituation vorliegen. Aus diesen Gründen sollte die Bedarfsgruppe nach dem Kriterium der Komplexität einer Gesundheitssituation bestimmt werden.

Unabhängig davon ist auch in Rechnung zu stellen, dass eine sehr breite Festlegung im Sinne des Vorhandenseins jedweden Gesundheitsproblems den Leistungsprinzipien des Wirtschaftlichkeitsgebotes der gesetzlichen Krankenversicherung widersprechen würde, wonach die Leistungen ausreichend, zweckmäßig und wirtschaftlich sein müssen und das Maß des Notwendigen nicht überschreiten dürfen (§ 12 Abs. 1 Satz 1 SGB V). Eines Patientenlotsen bedarf es nur, wenn eine komplexe Gesundheitssituation gegeben ist.

Nur am Rande ist darauf hinzuweisen, dass auch die Diskriminierungsverbote zu berücksichtigen sind, wobei hier weniger die in Art. 3 Abs. 3 GG ausgesprochenen Diskriminierungsverbote relevant sind, die speziell für das Sozialrecht auch in § 33c Satz 1 SGB I aufgeführt werden, sondern das im Allgemeinen Gleichbehandlungsgesetz (AGG) niedergelegte Verbot der Benachteiligung wegen des Alters (§ 1 AGG). Aus diesem Grund kann eine an Altersgrenzen orientierte Bestimmung der Bedarfsgruppen nicht in Frage kommen. Die Ausnahmen für eine zulässige unterschiedliche Behandlung wegen des Alters sind hier nicht einschlägig (§ 10 AGG). Aufgrund dieser schon im deutschen Recht eindeutigen Festlegungen muss auf die europarechtlichen[10] Altersdiskriminierungsverbote hier nicht eingegangen werden.

Als Kriterium für die Bestimmung der Bedarfsgruppe(n) in Ansehung der Komplexität einer Gesundheitssituation könnte auch das Vorliegen einer chronischen Krankheit und/oder von Multimorbidität als Ausdruck für die Komplexität einer Gesundheitssituation gelten. Solche Situationen können auch infolge von z. B. Schlaganfall, Bandscheibenvorfall, Herzinfarkt auftreten.

Die Komplexität einer Gesundheitssituation könnte auch anhand eher formaler Kriterien bestimmt werden. So könnte etwa die Zahl der für die Behandlung betreffenden Leistungserbringer herangezogen werden. Solche Kriterien sind für die Bestimmung der Bedarfsgruppe einfach zu handhaben. Sie haben aber den Nachteil, dass damit diejenigen komplexen Gesundheitssituationen außer den Blick geraten können, bei denen ein Patient wegen der Komplexität der Gesundheitssituation insgesamt in eine schwierige Lebenssituation geraten ist (z. B. Depressionen, Probleme im familiären und sozialen Umfeld).

2.1.1.3 Bestimmung der bedarfsauslösenden Situationen

Die Bestimmung der Kriterien für die bedarfsauslösenden Situationen steht im direkten Zusammenhang mit der Bestimmung der Kriterien für die Bedarfsgruppen. Zusammengenommen können diese Kriterien nur bestimmt werden, wenn der Leistungsinhalt der jeweiligen Interventionen von Patientenlotsen bestimmt ist. Beschränkt sich der Leistungsinhalt etwa auf die „Orientierung und Begleitung im Leistungserbringungssystem", so stellt sich die Bestimmung der Bedarfsgruppen und der bedarfsauslösenden Situationen einfacher dar als wenn der Leistungsinhalt auch noch die „Bewältigung gesundheitsbedingter Problemsituationen im familiären und sozialen Umfeld" umfassen soll.

Bei der Bestimmung der Kriterien für die bedarfsauslösenden Situationen ist stets zu beachten, dass Patientenlotsen nicht als Therapeuten oder Pflegefachpersonen tätig werden, sondern im Versorgungssystem Orientierung und Begleitung geben sollen.

Die bedarfsauslösende Situation ergibt sich durch eine komplexe Lebenssituation aufgrund von Krankheit und/oder Pflegebedürftigkeit, die in der Folge dann auch soziale oder psychische Problemlagen hervorrufen

10 Im Sinne von Vorschriften der Europäischen Union und des Europarates.

können. Dabei ist nicht auszuschließen, dass z. B. nach einem eingetretenen Krankheitsereignis, wie bei Schlaganfall oder Herzinfarkt, alle diese Komponenten zusammentreffen können.

Bei der Bestimmung der Bedarfssituationen ist es hilfreich, zusätzlich zur inhaltlichen Bestimmung eine Art Skala der Notwendigkeit des Einsatzes von Patientenlotsen zu erstellen. Diese Notwendigkeit definiert sich wiederum in diachroner Sicht und im Zeitablauf aus der Tatsache des Zusammenwirkens mehrerer Gesundheitsdienstleister. Der Kernbedarf besteht somit in der Orientierung und Begleitung im Gesundheitswesen durch den Patientenlotsen.

Schwieriger zu erfassen sind Situationen, in denen der Patientenlotse auch auf soziale Problemlagen und Beeinträchtigungen orientierend und begleitend zu reagieren hat, die die persönliche Befindlichkeit, das soziale Umfeld und bedeutende Lebensbereiche erfassen. Hier geht es schon um eine sehr personalisierte individuelle Bedarfsermittlung. Die Frage ist, ob man hier ähnlich vorgehen kann wie es das Instrument der Bedarfsermittlung bei den Leistungen der Eingliederungshilfe vorsieht (§ 118 Abs. 1 SGB IX):

§ 118 Instrumente der Bedarfsermittlung

(1) Der Träger der Eingliederungshilfe hat die Leistungen nach den Kapiteln 3 bis 6 unter Berücksichtigung der Wünsche des Leistungsberechtigten festzustellen. Die Ermittlung des individuellen Bedarfes des Leistungsberechtigten muss durch ein Instrument erfolgen, das sich an der Internationalen Klassifikation der Funktionsfähigkeit, Behinderung und Gesundheit orientiert. Das Instrument hat die Beschreibung einer nicht nur vorübergehenden Beeinträchtigung der Aktivität und Teilhabe in den folgenden Lebensbereichen vorzusehen:

1. *Lernen und Wissensanwendung,*
2. *Allgemeine Aufgaben und Anforderungen,*
3. *Kommunikation,*
4. *Mobilität,*
5. *Selbstversorgung,*
6. *häusliches Leben,*
7. *interpersonelle Interaktionen und Beziehungen,*
8. *bedeutende Lebensbereiche und*
9. *Gemeinschafts-, soziales und staatsbürgerliches Leben.*

(...).

Aus dieser Vorschrift geht hervor, wie komplex solche Bedarfsbestimmungen sein können. Bei der Bestimmung der bedarfsauslösenden Situationen sollte deshalb festgelegt werden, ob nur die Notwendigkeit einer Orientierung und Begleitung bei der Erbringung von Gesundheitsdienstleistungen bedarfsauslösend sein soll oder ob bedarfsauslösende Situationen auch in Hinblick auf weitere Bereiche erfasst werden sollen. Diese Bestimmung aber hängt ab von der Festlegung der Aufgaben von Patientenlotsen.

2.1.2 Auswirkungen auf die weiteren Regelungsbereiche

Die Klärung der Fragen nach den Bedarfsgruppen und den bedarfsauslösenden Situationen hat zentralen weichenstellenden Charakter für folgende Regelungsbereiche:

- Leistungsinhalt - Leistungsanspruch,
- zuständige Sozialleistungsträger,
- Finanzierung der Governance-Strukturen / Leistungsfinanzierung,
- Finanzierungsquellen.

2.1.3 Zusammenfassung und Einschätzungen

Bei der Bestimmung der Bedarfsgruppe(n) sollte auf das Vorliegen einer komplexen Gesundheitssituation abgestellt werden. Es bietet sich auch an, die Komplexität anhand des Vorliegens typisierter Krankheitserscheinungen wie Multimorbidität oder chronische Krankheit zu beschreiben.

Für die Bestimmung der bedarfsauslösenden Situationen ist vorrangig der Bedarf an Orientierung und Begleitung bei den Gesundheitsdienstleistungen ausschlaggebend. Indiziert die komplexe Gesundheitssituation weitere Probleme in sonstigen Lebensbereichen, so wäre zu erwägen, ob Patientenlotsen auch hier orientierend und begleitend tätig werden sollen, vor allem auch deswegen, weil in einer konkreten Lebenssituation die Trennung von Gesundheitsproblemen von anderen Problemen nicht immer möglich ist, und weil die Gesamtkomplexität der durch ein Gesundheitsproblem verursachten Lebenssituation in den Blick zu nehmen ist. Im Folgenden ist bei der Schilderung der verschiedenen Leistungsregelungen teilweise zu sehen, dass diese durchaus Elemente enthalten können, die über eine Orientierung und Begleitung hinausreichen. Damit wird auch deutlich, dass Leistungen von Patientenlotsen über die Orientierung und Begleitung hinausgehen können.

So sehr eine Unterstützung durch Patientenlotsen in den letztgenannten Situationen aus Betroffenensicht wünschbar sein mag, so ist doch zu berücksichtigen, dass der Patientenlotse damit sozialarbeiterischen Tätigkeiten nahekommen könnte. Aus diesem Grund sollte zumindest in einem ersten Schritt die Tätigkeit des Patientenlotsen im Kern auf die Orientierung und Begleitung bei den Gesundheitsdienstleistungen konzentriert werden. Damit wäre auch die bedarfsauslösende Situation hinreichend klar bestimmt.

2.2 Leistungsinhalte / Leistungsanspruch

2.2.1 Regelungsmöglichkeiten

2.2.1.1 Allgemeine Leistungsprinzipien

2.2.1.1.1 Wirtschaftlichkeitsgrundsatz

Das Gebot der Wirtschaftlichkeit, teilweise gepaart mit dem Gebot der Sparsamkeit, durchzieht das öffentliche Haushaltsrecht (§ 7 Bundeshaushaltsordnung – BHO; § 6 Abs. 1 Satz 1 Haushaltsgrundsätzegesetz – HGrG). Auch die Sozialversicherungsträger unterliegen bei der Ausführung und Durchführung des Haushaltsplans dem Wirtschaftlichkeits- und Sparsamkeitsgebot (§ 69 Abs. 2 SGB IV). Diese auf die jeweilige Haushaltswirtschaft der öffentlich-rechtlichen Körperschaften bezogenen Gebote setzen sich im Leistungsrecht der gesetzlichen Krankenversicherung (§§ 12, 70 Abs. 1 SGB V) und der Sozialen Pflegeversicherung (§ 29 SGB XI)[11] sowie in der Sozialhilfe (§ 75 Abs.1 Satz 4 SGB XII) und in der Kinder- und Jugendhilfe (§§ 78 Abs. 2 Satz 1, 78c Abs. 1 Satz 3 SGB VIII) fort. Auch im Recht der Rehabilitation und Teilhabe behinderter Menschen wird an vielen Stellen darauf verwiesen (für die Leistungserbringungsverträge s. § 38 Abs. 3 Satz 1 SGB IX).

---

11 S. hierzu *Igl*, Wirtschaftlichkeits- und Wirksamkeitsprüfungen von Pflegeleistungen aus sozial- und verfassungsrechtlicher Perspektive, in: Wallerath (Hrsg.), Festschrift für Peter Krause, Berlin 2006, S. 115 ff.

Das Bundessozialgericht hat sich in zahlreichen Judikaten zum Wirtschaftlichkeitsgebot geäußert. Wirtschaftlich ist danach nicht die billigste zweier notwendiger Leistungen, sondern diejenige mit der besten Kosten-Nutzen-Relation. Die Mehrkosten dürfen im Verhältnis zum medizinischen Vorteil nicht unangemessen hoch sein. Der Nutzen bestimmt sich nach dem Behandlungsziel unter Einbeziehung der Nachhaltigkeit des Heilerfolgs, der Lebensqualität der Betroffenen (§ 70 SGB V) sowie der in anderen Leistungsbereichen und Sozialversicherungszweigen vermiedenen bzw. bewirkten Kosten.[12]

Das Wirtschaftlichkeitsgebot richtet sich demnach an die Träger öffentlicher Haushalte bei der Aufstellung und Durchführung der Haushaltspläne. Weiter richtet sich das Wirtschaftlichkeitsgebot im Sozialrecht an die Träger von Sozialleistungen sowie an die Leistungserbringer.

Wenn im Zusammenhang der Leistungen von Patientenlotsen das Wirtschaftlichkeitsgebot als Argument in dem Sinne verwendet wird, dass die durch den Einsatz von Patientenlotsen bewirkte zusätzliche Leistungsinanspruchnahme als unwirtschaftlich angesehen werden könnte, ist der Gesetzgeber adressiert. Der Gesetzgeber kann aber nur Kraft übergeordneten Rechts (Grundgesetz – GG; Unionsrecht) gebunden werden. Das Wirtschaftlichkeitsprinzip ist per se kein verfassungsrechtliches Prinzip. Es wird nur indirekt bei den Aufgaben des Bundesrechnungshofs erwähnt (Art. 114 Abs. 1 Satz 1 GG).[13]

Damit hat der Gesetzgeber in diesem Rahmen Gestaltungsfreiheit. Er kann eine Leistung wie die Tätigkeit von Patientenlotsen gesetzlich einführen.

Eine Argumentation gegen die Einführung von Leistungen der Patientenlotsen kann deshalb nicht auf rechtlicher, sondern nur auf der Ebene politischer Abwägungen geführt werden. Bei einer solchen politischen Betrachtungsweise wäre auch in Rechnung zu stellen, dass aufgrund des Einsatzes von Patientenlotsen möglicherweise im späteren Krankheitsverlauf Ersparnisse nicht nur in Richtung auf den Patienten, sondern auch im sozialen Umfeld erzielt werden können. Im Übrigen kann hier auf die in etwa gleichgelagerte Diskussion zur Einführung präventiver Maßnahmen im Gesundheitsbereich verwiesen werden.

---

12 Nach *Scholz*, in: Becker/Kingreen, SGB V, 2022, § 12 Rn. 9.

13 Art. 114 Abs. 1 Satz 1 GG lautet: Der Bundesrechnungshof, dessen Mitglieder richterliche Unabhängigkeit besitzen, prüft die Rechnung sowie die Wirtschaftlichkeit und Ordnungsmäßigkeit der Haushalts- und Wirtschaftsführung des Bundes.

2.2.1.1.2 Patientenorientierte Grundsätze

Für die Einführung patientenorientierter Grundsätze bei Leistungen der Patientenlotsen kann auf einige schon jetzt geltende Rechtsvorschriften zurückgegriffen werden.

Für gesetzliche Krankenversicherung gilt das für den Grundsatz der humanen Krankenbehandlung (§ 70 Abs. 2 SGB V).

Für die soziale Pflegeversicherung ist insbesondere der Grundsatz der Selbstbestimmung (§ 2 SGB XI) zu nennen. Auch auf die Vorschrift zur Prävention in Pflegeeinrichtungen ist hinzuweisen (§ 5 SGB XI).

Ein umfangreicher Kriterienkatalog für Grundsätze der Leistungsgestaltung von Patientenlotsen kann § 117 Abs. 1 SGB IX entnommen werden:

§ 117 Gesamtplanverfahren

(1) Das Gesamtplanverfahren ist nach folgenden Maßstäben durchzuführen:

1. *Beteiligung des Leistungsberechtigten in allen Verfahrensschritten, beginnend mit der Beratung,*
2. *Dokumentation der Wünsche des Leistungsberechtigten zu Ziel und Art der Leistungen,*
3. *Beachtung der Kriterien*
   a) *transparent*
   b) *trägerübergreifend,*
   c) *interdisziplinär,*
   d) *konsensorientiert,*
   e) *individuell,*
   f) *lebensweltbezogen,*
   g) *sozialraumorientiert und*
   h) *zielorientiert,*
4. *Ermittlung des individuellen Bedarfes,*
5. *Durchführung einer Gesamtplankonferenz,*
6. *Abstimmung der Leistungen nach Inhalt, Umfang und Dauer in einer Gesamtplankonferenz unter Beteiligung betroffener Leistungsträger.*

Auch die in § 117 Abs. 2 SGB IX und in § 106 Abs. 1 Satz 1 SGB IX erwähnte Beteiligung einer Person des Vertrauens kann als Leistungsgestaltungsprinzip herangezogen werden. § 106 Abs. 1 Satz 2 SGB XI kann als Leistungsgestaltungsprinzip entnommen werden, dass die Beratung in einer für den Leistungsberechtigten wahrnehmbaren Form zu erfolgen hat.

Weiter zu erwähnen sind die Leistungsgrundsätze nach der Vorschrift zu den Leistungen nach der Besonderheit des Einzelfalles (§ 104 SGB IX), die die für das Sozialgesetzbuch insgesamt geltende allgemeine Vorschrift des § 33 SGB I für das Recht der Eingliederungshilfe konkretisiert.

Alle hier aufgeführten Kriterien und Grundsätze könnten auch für die Leistungen von Patientenlotsen als allgemeine Grundsätze zusammengeführt werden.

2.2.1.2 Leistungsinhalte

Die Inhalte der Leistungen von Patientenlotsen sollen Orientierung und Begleitung im Rahmen der Erbringung von Gesundheitsleistungen sein. Dies schließt nicht aus, dass in einem weiteren Schritt damit zusammenhängende besondere Situationen von Angehörigen und Zugehörigen mit in den Blick genommen wird,[14] was auch eine entsprechende Bedarfserhebung und leistungsinhaltliche Reaktion auf diese Bedarfe einschließt.[15]

Hierfür kann der Beratungs- und Unterstützungsanspruch für Leistungen der Eingliederungshilfe (§ 106 SGB IX) als Blaupause dienen, da dieser Anspruch für Situationen formuliert ist, die den Situationen ähnlich sind, in denen Patienten einen Orientierungs- und Begleitungsbedarf haben. Weitere Hinweise können den Vorschriften zum Verfahrenslotsen (§ 10b SGB VIII)[16] und zum Fallmanagement (§ 30 SGB XIV)[17] entnommen werden. Bei der folgenden Auflistung wird nicht zwischen Orientierungs- und Begleitungsleistungen unterschieden. Folgende Leistungsinhalte kommen in Betracht:

- Kontaktaufnahme mit möglicherweise berechtigten Patienten
- Eingangsfeststellung (Assessment) des individuellen Orientierungs- und Begleitungsbedarfs, dann im Ablauf kontinuierliche Überprüfung dieser Bedarfslagen, wobei die persönliche Situation und die Umfeldsituation (Lebenssituation) des Patienten einzubeziehen sind – Beratung über diese Feststellungen mit dem Patienten. In diesen Feststellungen ist von

---

14 Vgl. hierzu § 43 Abs. 1 Nr. 2 SGB V, wonach bei Patientenschulungsmaßnahmen für chronisch Kranke auch Angehörige und ständige Betreuungspersonen einzubeziehen sind, wenn dies aus medizinischen Gründen erforderlich ist.

15 S. dazu oben Abschnitt 2.1.3.

16 S. dazu unten Abschnitt 2.3.1.7.

17 Das Sozialgesetzbuch Vierzehntes Buch – Soziale Entschädigung – tritt am 1.1.2024 in Kraft. Einige Vorschriften sind schon vorher in Kraft getreten. Zu § 30 SGB XIV s. unten Abschnitt 2.3.1.6.

den im einzelnen drittseitig (in der Regel ärztlicherseits) festgestellten Leistungsbedarfen auszugehen.
- Planung der Leistungsabläufe
- Verweis auf weitere, nicht drittseitig festgestellte Leistungen, auch anderer als bisheriger Leistungsträger
- Hinweise auf Leistungsanbieter und andere Hilfemöglichkeiten im Sozialraum und auf Möglichkeiten zur Leistungserbringung (Hilfe bei der Inanspruchnahme von Leistungen)
- Begleitung der Patienten mit dem Ziel des Erhalts zügiger und aufeinander abgestimmter Leistungen,
- Hinweise auf andere Beratungsangebote im Sozialraum
- Allgemeine Aufklärung über die Einleitung und den Ablauf von Verfahren und Verwaltungsabläufen
- Unterstützung bei Antragstellungen
- Unterstützung bei der Klärung weiterer zuständiger Leistungsträger
- Hinwirken auf zeitnahe Entscheidungen und Leistungen der anderen Leistungsträger
- Hilfe bei der Erfüllung von Mitwirkungspflichten
- Vorbereitung von Kontakten und Begleitung zu Leistungsanbietern und anderen Hilfemöglichkeiten.

Bei diesen Tätigkeiten ist stets darauf zu achten, dass keine Rechtsdienstleistungen im Sinne des § 2 Abs. 1 Rechtsdienstleistungsgesetz (RDG)[18] erbracht werden.[19] Nach dieser Vorschrift ist Rechtsdienstleistung jede Tätigkeit in konkreten fremden Angelegenheiten, sobald sie eine rechtliche Prüfung des Einzelfalls erfordert. Als Rechtsdienstleistung gilt z. B. nicht die Hilfe bei der Ausfüllung eines Formulars[20] oder der Hinweis auf bestehende Vorschriften. Der Begriff der rechtlichen Prüfung verlangt jedenfalls

18 Gesetz über außergerichtliche Rechtsdienstleistungen (Rechtsdienstleistungsgesetz - RDG).

19 In dem Beitrag von *Ruppel/Hügel/Gloystein/van den Berg,* Legal advice and care-effective use of care and case management: limits, risks and need for change, in: BMC Health Services Research (2022) 22:1439, wird anhand der dortigen im Zusammenhang der Erprobung von Patientenlotsen gemachten Erfahrungen geschlussfolgert, dass Patientenlotsen in der Regel Rechtsdienstleistungen im Sinne von § 2 Abs. 1 RDG erbringen. In dem Artikel werden die in Bezug genommenen Beispiele allerdings nicht expressis verbis dargestellt. Insofern können die Schlussfolgerungen nicht nachvollziehbar anhand der Darstellungen in diesem Artikel überprüft und einer fundierten rechtlichen Würdigung unterzogen werden.

20 BSG, Urt. vom 14.11.2013, Az.: B 9 SB 5/12 R = BSGE 115, 18, Rn. 32 f.

ein gewisses Maß an substantieller Prüfung, die über eine bloße Rechtsanwendung hinausgeht.[21]

2.2.1.3 Ausgestaltung als Leistungsanspruch

Die Leistungen von Patientenlotsen sind ausdrücklich als Rechtsanspruch gegenüber einem Sozialleistungsträger auszugestalten. Eine Regelung wie zum Versorgungsmanagement in § 11 Abs. 4 SGB V ist nicht angebracht. Auch eine Aufgabennorm, wie sie in § 7c SGB XI für die Pflegestützpunkte zu finden ist, ist nicht angebracht. Regelungsvorbild könnte jedoch hinsichtlich der Anspruchsgetragenheit § 7a SGB XI (Pflegeberatung) sein.

2.2.1.4 Art, Breite und Tiefe der Leistungen („Lotsengrade")

Die nachfolgenden Festlegungen zu den Lotsengraden sind vom Auftraggeber drittseitig[22] veranlasst:

"Patientenlotsen beheben oder mildern komplexe Versorgungs- und Lebenssituationen von Patienten in deren Settings. Die erfolgreiche Umsetzung der Lotsenintervention - das bedeutet konkret die Anwendung des Care und Case Managements im jeweiligen Handlungsfeld des Lotsen - ist abhängig von der Identifikation des Lotsen- bzw. Case Management-Bedarfs. Es stellt sich die Frage, ob sich der Patient in einer komplexen Versorgungs- und Lebenssituation befindet und, wie stark oder wenig diese ausgeprägt ist.

Je höher die Komplexität der Versorgungs- und Lebenssituation mit entsprechenden Auswirkungen auf die Bedarfssituation ist, desto höher ist der Hilfebedarf und desto umfangreicher gestaltet sich die Lotsenintervention.

Mit einem validen, indikatorengestützten Instrument auf Basis eines Vorhersagemodells kann der individuelle Lotsenbedarf und der dazugehörige Leistungsaufwand bestimmt werden. Damit wird die Bedarfsgruppe der Lotsen spezifischer und spezifiziert. Der Ressourcenaufwand des Lotsen kann über eine Gewichtung der Indikatoren graduell eingeordnet werden

---

21 BSGE 115, 18, Rn. 32.

22 In Zusammenarbeit mit *Elmar Stegmeier*. S. dazu *Stegmeier*, Patientenlotsen: Komplexität, Vorhersagemodell und Lotsengrade, in: Case Management 1/2023, S. 51 ff. Ausführungen zu Lotsengraden s. auch bei *Siebdrat/Löcherbach*, Differenzierung im Casemanagement am Beispiel der Patientenlotsen-Intervention, in: Case Management 1/2023, S. 43 ff.

(bspw. Grad I-V) und als ein taugliches Instrument für die Entwicklung eines Abrechnungsmechanismus von Lotsenleistungen dienen.

Die Entwicklung eines solchen Vorhersagemodells beruht auf spezifisch einsetzbaren validen Indikatoren. Die Indikatoren basieren auf dem psychosozialen Modell der ICF (International Classification of Functioning, Disability and Health) und bilden damit die möglichen Bedarfslagen eines Menschen und Wirkmechanismen nahezu umfänglich ab. Gleichzeitig können und müssen kompatibel zur späteren Bedarfserhebung (Assessment) sein."

Im Kern geht es bei der Festlegung von Lotsengraden um eine vor der Intervention stattfindende Bestimmung der Art sowie Breite und Tiefe der jeweiligen Lotsenleistung. Dies schließt nicht aus, dass im Verlauf der Leistungserbringung situations- und bedarfsorientierte Korrekturen an der Festlegung stattfinden können.

2.2.1.5 Initiierung der Lotsentätigkeit

Jenseits der Frage der Ausgestaltung des Leistungsanspruchs, bestimmt anhand der Lotsengrade, bedarf auch das Ingangsetzen der Lotsentätigkeit einer Festlegung, soweit nicht ein Entlassmanagement nach § 39 Abs. 1a SGB V[23] oder §§ 40, 41 SGB V[24] in Frage kommt. In der Regel hat ein Patient zu einem (Vertrags-)Arzt Kontakt, wenn dieser bei einem Krankheitsverdacht oder bei Vorliegen einer Krankheit aufgesucht wird. Der Arzt wird dann auf Grundlage der medizinischen Indikation festzustellen haben, ob ein Patient für die Leistungen eines Patientenlotsen in Frage kommen könnte, ohne dass der Arzt selbst den Bedarf festschreibt und schon eine Zuordnung zu bestimmten Lotsengraden vornimmt. Dies soll dem Patientenlotsen vorbehalten sein. Der Patientenlotse wird dann auch über Art und Umfang des Bedarfs an Lotsentätigkeit zu entscheiden haben.

Zwei Fragen sind in diesem Zusammenhang von rechtlicher Bedeutung.

Die erste Frage ist, wie der Entscheidungsgang der Initiierung einer Lotsentätigkeit aussieht, wenn der Patientenlotse anders als der Arzt der Meinung ist, dass keine Lotsentätigkeit erforderlich ist. Hier ist eine an den Arzt adressierte Information notwendig, der diese Situation für seine weitere Behandlung zur Kenntnis zu nehmen und einzubeziehen hat.

---

23 S. dazu unten Abschnitt 2.4.3.2.

24 S. dazu unten Abschnitt 2.4.3.3.

Die zweite Frage ist, ab welchem Zeitpunkt nach Initiierung der Lotsentätigkeit ein Rechtsanspruch des Patienten auf Lotsentätigkeit begründet wird. Hier ist zu entscheiden zwischen dem Anspruch dem Grunde nach und dem Anspruch dem Inhalt der Lotsentätigkeit nach. Ein *Anspruch dem Grunde* nach besteht ab dem Zeitpunkt, in dem der Arzt festgestellt hat, dass ein Lotsenbedarf besteht. Der Anspruch dem Grunde nach enthält auch die Verpflichtung des Patientenlotsen bzw. des Trägers des Patientenlotsen, ein entsprechendes Assessment vorzunehmen. Dabei kann dieses Assessment auch das Ergebnis haben, dass kein Lotsenbedarf besteht. Mit dieser Mitteilung an den Arzt entfällt dann der Anspruch dem Grunde nach. Der *Anspruch dem Inhalt nach* wird vom Patientenlotsen bzw. dessen Träger festgestellt. Das ist der Zeitpunkt, in dem alle Tatsachen für die Lotsentätigkeit im Sinne von Art und Umfang dieser Tätigkeit feststehen. Die Feststellung ist dem Patienten bekanntzugeben und dem Arzt mitzuteilen.

Unabhängig von der Initiierung des Lotsenverfahrens und der Anspruchsbegründung ist die Frage zu erörtern, wer der zuständige (Sozial-)leistungsträger ist, gegen den sich ein so festgestellter Anspruch richtet. Erst wenn Klarheit über diese Trägerschaft[25] besteht, kann auch genauer dargelegt werden, wie sich das Verhältnis zwischen Patientenlotsen, Träger des Patientenlotsen und zuständigem Sozialleistungsträger darstellt.

2.2.2 Auswirkungen auf die weiteren Regelungsbereiche

Die Klärung der Fragen nach den Leistungsinhalten hat weichenstellenden Charakter für folgende Regelungsbereiche:

- Zuständige Sozialleistungsträger,
- Finanzierung der Governance-Strukturen / Leistungsfinanzierung,
- Finanzierungsquellen.

2.2.3 Zusammenfassung und Einschätzungen

Das im Bereich der Sozialversicherung geltende Wirtschaftlichkeitsgebot kann nicht gegen die Einführung eines Anspruchs auf Leistungen von Patientenlotsen ins Feld geführt werden.

---

25 S. dazu unten Abschnitt 2.4.

Für die Einführung patientenorientierter Grundsätze für Leistungen der Patientenlotsen kann auf einige schon jetzt geltende Rechtsvorschriften zurückgegriffen werden, so in der gesetzlichen Krankenversicherung auf den Grundsatz der humanen Krankenbehandlung (§ 70 Abs. 2 SGB V) und in der sozialen Pflegeversicherung auf den Grundsatz der Selbstbestimmung (§ 2 SGB XI). Ein umfangreicher Kriterienkatalog für Grundsätze der Leistungsgestaltung von Patientenlotsen kann § 117 Abs. 1 SGB IX entnommen werden.

Die Inhalte der Leistungen von Patientenlotsen sollen Orientierung und Begleitung im Rahmen der Erbringung von Gesundheitsleistungen sein. Dies schließt nicht aus, dass in einem weiteren Schritt auch damit zusammenhängende besondere Situationen von Angehörigen und Zugehörigen mit in den Blick genommen wird, was auch eine entsprechende Bedarfserhebung und leistungsinhaltliche Reaktion auf diese Bedarfe einschließt.

Als Muster für die Leistungsinhalte können der Beratungs- und Unterstützungsanspruch für Leistungen der Eingliederungshilfe (§ 106 SGB IX), die Vorschriften zum Verfahrenslotsen (§ 10b SGB VIII) und zum Fallmanagement (§ 30 SGB XIV)[26] dienen. Auch wenn viel dafür spricht, das Leistungsspektrum in Richtung auf eine Bewältigung einer komplexen Gesundheits- und Lebenssituation zu öffnen, mag doch zunächst eine Konzentration in Richtung auf die Orientierung und Begleitung von Patienten in komplexen Gesundheitssituationen einfacher zu gestalten sein.

Die Leistungen von Patientenlotsen sind als Rechtsanspruch gegenüber einem Sozialleistungsträger auszugestalten. Nicht in Frage kommt eine Regelung wie zum Versorgungsmanagement in § 11 Abs. 4 SGB V oder eine Aufgabennorm, wie sie in § 7c SGB XI für die Pflegestützpunkte zu finden ist. Regelungsvorbild könnte jedoch hinsichtlich der Anspruchsgetragenheit § 7a SGB XI (Pflegeberatung) sein.

Der jeweilige Leistungsinhalt ist anhand von Lotsengraden zu bestimmen, wonach die Art sowie Breite und Tiefe der jeweiligen Lotsenleistung zu bemessen ist.

Die Initiierung der Lotsentätigkeit bedarf ebenfalls der Regelung. Hier kommt als erstes der behandelnde Arzt in Frage, der auf Grundlage der medizinischen Indikation festzustellen hat, ob ein Patient für die Leistungen eines Patientenlotsen in Frage kommen könnte, ohne dass der Arzt selbst den Bedarf festschreibt und schon eine Zuordnung zu bestimmten

26 Das Sozialgesetzbuch Vierzehntes Buch – Soziale Entschädigung – tritt am 1.1.2024 in Kraft. Einige Vorschriften sind schon vorher in Kraft getreten.

Lotsengraden vornimmt. Dies soll dem Patientenlotsen vorbehalten sein. Der Patientenlotse wird dann auch über Art und Umfang des Bedarfs an Lotsentätigkeit entscheiden zu haben.

2.3 Adressaten

2.3.1 Regelungsmöglichkeiten

2.3.1.1 Leistungssysteme - Bestimmungskriterien

Im Folgenden soll neben der quantitativ wichtigsten Gruppe der im SGB V und SGB XI versicherten Personen auch auf die Personen eingegangen werden, die Anspruch auf Beihilfe oder Heilfürsorge haben. Einen besonderen Fall stellen Personen dar, die Gesundheitsleistungen aus der gesetzlichen Unfallversicherung erhalten. Für diese Personen besteht dann kein Anspruch auf Leistungen der gesetzlichen Krankenversicherung (§ 11 Abs. 5 SGB V). Besondere Vorschriften für Leistungen bei Krankheit gelten auch für Bezieher von Leistungen im Rahmen des sozialen Entschädigungsrechts (SGB XIV). Schließlich soll auf die bei einem privaten Krankenversicherungsunternehmen versicherten Personen (PKV-Versicherte) als mögliche Adressaten eingegangen werden.

Für die Bestimmung der Adressaten von Patientenlotsen ist es unerheblich, ob die Gesundheitsleistungen im Rahmen eines s[27] wie in der gesetzlichen Krankenversicherung und der gesetzlichen Unfallversicherung oder im Rahmen einer Kostenerstattung wie bei der Beihilfe und der privaten Krankenversicherung erbracht werden. Es kommt nur darauf an, ob die leistungsberechtigte Person bei der Erbringung von verschiedenen Gesundheitsleistungen, wozu auch Pflegeleistungen und Leistungen der medizinischen Rehabilitation gehören, einer Orientierung und Begleitung durch Patientenlotsen bedarf.

Bei der Bestimmung der möglichen Adressaten für Patientenlotsen ist auch darauf abzustellen, ob das jeweilige System, in dem bestimmte Gesundheitsleistungen erbracht werden, bereits selbst Instrumentarien bereithält, die der Tätigkeit von Patientenlotsen gleichkommen oder zumindest

---

27 Der etwas irreführende Begriff des Sachleistungssystems in der gesetzlichen Krankenversicherung meint, dass die Leistungen in Verantwortung der Sozialleistungsträger als direkte Dienstleistungen gegenüber den Versicherten ohne Zwischenschaltung von Kostenvorgängen erbracht werden.

in ihrer Funktion ganz oder teilweise dieser Tätigkeit entsprechen. Sind solche Instrumentarien vorhanden, stellt sich mit Blick auf die möglichen Adressaten die Frage, ob Patientenlotsen hier im Sinne einer Ergänzung oder gar Ersetzung dieser Instrumentarien tätig werden sollen. Diese Frage betrifft insbesondere die Leistungsbezieher der gesetzlichen Unfallversicherung, der Pflegeversicherung, des sozialen Entschädigungsrechts sowie von medizinischen Rehabilitationsleistungen.

Weiter ist klarzustellen, dass die allgemeinen Vorschriften zur Aufklärung, Beratung und Auskunft (§§ 13-15 SGB I), die für alle Sozialleistungsberechtigten gelten, nicht mit der Tätigkeit von Patientenlotsen gleichzusetzen sind, auch wenn gerade der Auskunftsanspruch (§ 15 SGB I) Elemente der Tätigkeit von Patientenlotsen enthalten kann. Die Realisierung des Auskunftsanspruchs setzt voraus, dass eine potentiell leistungsberechtigte Person beim Sozialleistungsträger um Auskunft nachfragt. Die Tätigkeit des Patientenlotsen findet hingegen im Rahmen einer aufsuchenden Struktur statt, in der jedoch keine Rechtsdienstleistungen erbracht werden.[28]

2.3.1.2 Kranken- und Pflegeversicherung (SGB V und SGB XI)

Patientenlotsen sollen im Gesundheitswesen tätig werden. Das Gesundheitswesen wird in Deutschland in seiner Gestalt und Ausprägung ganz wesentlich von der gesetzlichen Krankenversicherung (GKV), geregelt im SGB V, beeinflusst. Weitere Gestaltungen erfährt das Gesundheitswesen durch die soziale Pflegeversicherung (SGB XI). Gestaltungseinflüsse bestehen auch seitens der Gesetzlichen Rentenversicherung, soweit es um die den Rentenversicherungsträgern anvertraute medizinische Rehabilitation geht.

Da Patientenlotsen – im weitesten Sinne verstanden – Orientierung und Begleitung für Personen schaffen sollen, die Leistungen im Gesundheitswesen (unter Einschluss des Pflegewesens) in Anspruch nehmen, sind Adressaten von Patientenlotsen Personen, die solche Leistungen in Anspruch nehmen können.[29] Im Gesundheitswesen sind dies in der Regel die in der gesetzlichen Krankenversicherung versicherten Personen. Da die Versicherungspflicht für die soziale Pflegeversicherung an die Versicherungspflicht in der gesetzlichen Krankenversicherung anknüpft, ergibt sich für die Leistungsinanspruchnahme nach dem SGB XI grundsätzlich eine De-

28 S. dazu oben Abschnitt 2.2.1.2.

29 Zur Definition „Patientenlotsen“ s. oben Abschnitt 1.1.

ckungsgleichheit bei den Adressaten. Für die so versicherten Personen sind im Rahmen der sozialen Pflegeversicherung mit der Pflegeberatung (§ 7a SGB XI) und den Pflegestützpunkten (§ 7c SGB XI) bereits Leistungen und Instrumente vorgesehen sind, die dem Tätigkeitsbereich von Patientenlotsen teilweise entsprechen. Ähnliches gilt für das Versorgungsmanagement (§ 11 Abs. 4 SGB V) und das Entlassmanagement (§ 39 Abs. 1a SGB V).

In der GKV sind etwa 88% der Bevölkerung versichert. Der aus dem SGB V und SGB XI folgende Versicherungsschutz ist also nicht im Sinne einer Bürger- oder Volksversicherung zu verstehen. Vielmehr gibt es die Ausnahmetatbestände der Versicherungsfreiheit (§ 6 SGB V), wozu im Wesentlichen zwei Gruppen gehören: Versicherte, die die Jahresarbeitsentgeltgrenze überschreiten (§ 6 Abs. 1 Nr. 1 SGB V), und bestimmte Angehörige des öffentlichen Dienstes (§ 6 Abs. 1 Nr. 2 SGB V). Für die letztere Gruppe besteht in der Regel ein öffentlich-rechtlicher Anspruch auf Beihilfe oder Heilfürsorge, wobei der Beihilfeanspruch die Krankheitskosten nicht voll abdeckt.

Versicherungsfreie Personen sind grundsätzlich verpflichtet, sich bei einem privaten Krankenversicherungsunternehmen Versicherungsschutz zu besorgen (§ 193 Abs. 3 Versicherungsvertragsgesetz – VVG). Die privaten Krankenversicherungsunternehmen sind verpflichtet, solche Personen im Basistarif aufzunehmen (§ 195 VVG; § 152 Versicherungsaufsichtsgesetz - VAG). In der Pflegeversicherung besteht ebenfalls die Verpflichtung, für diesen Personenkreis privaten Versicherungsschutz zu besorgen. In der GKV besteht weiter die Möglichkeit, sich freiwillig zu versichern. Ausnahmetatbestände bestehen etwa für Berechtigte auf Beihilfe oder Heilfürsorge (§ 193 Abs. 3 Satz 2 VVG).

2.3.1.3 Öffentlich-rechtliche Beihilfe

Öffentlich Bedienstete, soweit sie nicht im Angestelltenverhältnis tätig sind, erhalten im Krankheitsfall und bei Pflegebedürftigkeit Beihilfeleistungen seitens ihres Dienstherrn. Hierfür existieren für die jeweiligen Dienstherrn in Bund und Ländern entsprechende Beihilfeverordnungen, die an die Beihilfeverordnung des Bundes (Bundesbeihilfeverordnung – BBhV) angelehnt sind. Die Leistungen der Beihilfe, die als Kostenerstattungssystem angelegt ist, werden grundsätzlich auf Basis der Leistungen nach dem SGB V und nach dem SGB XI (§ 7 BBhV) berechnet.

Beihilfe wird als prozentualer Anteil der beihilfefähigen Aufwendungen gewährt (§ 46 Abs. 1 BBhV). Wenn die Leistungen von Patientenlotsen als beihilfefähige Aufwendungen eingeführt werden sollen, bleibt der beihilfeberechtigten Person stets ein entsprechender Anteil an Eigenaufwendungen, der entweder selbst zu tragen wäre oder über einen Vertrag mit einem privaten Krankenversicherungsunternehmen zu decken wäre.

Hier wird also deutlich, dass für diesen Fall eine Verschränkung zwischen dem öffentlich-rechtlichen Beihilfesystem und einer ergänzenden privatversicherungsrechtlichen Leistung der privaten Krankenversicherung gegeben ist. Zwar ist es denkbar, die eine Leistung ohne die andere zu regulieren, weil es auch andere Leistungsbereiche gibt, in denen der öffentlich-rechtliche Schutz und der privatversicherungsrechtliche Schutz auseinanderfallen. Die Frage ist jedoch, ob dies sinnvoll ist.

2.3.1.4 Heilfürsorge

Für Angehörige bestimmter Berufe, die besonderen Gefährdungen ausgesetzt sind, etwa Polizeivollzugsbeamte oder Soldaten, existieren auf Bundes- wie auf Landesebene Vorschriften zur Heilfürsorge. In der Regel entsprechen die Leistungen der Heilfürsorge den Leistungen des SGB V und des SGB XI.[30] Eine verallgemeinernde Aussage kann jedoch angesichts der teilweise unterschiedlichen Regelungen auf Bundes- und Landesebene nicht getroffen werden.

2.3.1.5 Gesundheits- und Pflegeleistungen der Unfallversicherung (SGB VII)

Für Bezieher von Gesundheitsleistungen aus der gesetzlichen Unfallversicherung (GUV) nach dem SGB VII besteht kein Anspruch auf Leistungen der gesetzlichen Krankenversicherung (§ 11 Abs. 5 SGB V). In der Pflegeversicherung gehen die Leistungen der gesetzlichen Unfallversicherung den Leistungen der Pflegeversicherung vor (§ 13 Abs. 1 Nr. 2 SGB XI). Zu den Gesundheitsleistungen zählen insbesondere die Heilbehandlung (§§ 27 bis 28 SGB VII) und die Leistungen bei Pflegebedürftigkeit (§ 44 SGB VII) sowie die Leistungen zur medizinischen Rehabilitation (§ 27 Abs. 1 Nr. 7 SGB VII, § 42 Abs. 2 Nr. 1 und 3 bis 7 und Abs. 3 SGB IX).

30 Vgl. etwa § 4 Abs. 2 Bundespolizei-Heilfürsorgeverordnung (BPolHfV); § 69a Abs. 3 Bundesbesoldungsgesetz (BBesG).

Die Leistungen der GUV unterscheiden sich wesentlich von den Leistungen der GKV. Während in der GKV die Leistungen wirksam und wirtschaftlich und nur *im notwendigen Umfang* in Anspruch genommen werden können (§ 2 Abs. 4 SGB V), haben die Unfallversicherungsträger die Gesundheitsleistungen[31] *mit allen geeigneten Mitteln* zu erbringen (§ 26 Abs. 2 SGB VII). Der Umfang der Heilbehandlung ist als „insbesondere"-Regelung ausgestaltet (§ 27 Abs. 1 SGB VII). Die Unfallversicherungsträger haben schon jetzt insgesamt einen breiten Einschätzungsspielraum im Sinne eines pflichtgemäßen Ermessens bei Art, Umfang und Durchführung der Leistungen (§ 26 Abs. 5 SGB VII). Im Einzelnen wird von den Unfallversicherungsträgern selbst ein Fallmanagement durchgeführt.

Für die Durchführung der Heilbehandlung existiert im SGB VII eine besondere Vorschrift (§ 34 Abs. 1 SGB VII):

> *Die Unfallversicherungsträger haben alle Maßnahmen zu treffen, durch die eine möglichst frühzeitig nach dem Versicherungsfall einsetzende und sachgemäße Heilbehandlung und, soweit erforderlich, besondere unfallmedizinische oder Berufskrankheiten-Behandlung gewährleistet wird. Sie können zu diesem Zweck die von den Ärzten und Krankenhäusern zu erfüllenden Voraussetzungen im Hinblick auf die fachliche Befähigung, die sächliche und personelle Ausstattung sowie die zu übernehmenden Pflichten festlegen. Sie können daneben nach Art und Schwere des Gesundheitsschadens besondere Verfahren für die Heilbehandlung vorsehen.*

Zu diesen besonderen Verfahren für die Heilbehandlung zählt z. B. das Durchgangsarztverfahren und das Verletzungsartenverfahren. Weiter existieren z. B. eine Handlungsempfehlung zur Fallsteuerung bei COVID-19-Krankheitsfolgen[32] sowie Handlungsempfehlungen zur Rehabilitation und zur Prävention.[33]

Von Seiten eines Unfallversicherungsträgers[34] wird ausgeführt, dass die Heilbehandlung und die weiteren Teilhabeleistungen in der GUV bei einem

31 Der Begriff der Gesundheitsleistungen wird im SGB VII nicht verwendet. Er wird hier als zusammenfassender Begriff eingeführt.

32 Deutsche Gesetzliche Unfallversicherung Spitzenverband (DGUV), Handlungsempfehlung Fallsteuerung COVID-19-Krankheitsfolgen, Version 1.0, Stand Juni 2021.

33 Die Handlungsempfehlungen sind aufgeführt unter https://dguv.de/de/suche/index.jsp?query=handlungsempfehlungen&filter=language%3Ade&xsl=json&col=1&col=2&col=3&col=4 (Zugriff: 13.10.2022).

34 Zur Einschätzung der Fallmanagementsituation in der GUV wurde ein Gespräch mit einem Vertreter der Berufsgenossenschaft Gesundheit und Wohlfahrtspflege geführt.

Versicherungsfall über den UV-Träger „aus einer Hand“ gesteuert werden. Deshalb bedürfe es hier keines Patientenlotsen. Bei einfacheren Fällen stünden hier den betroffenen Versicherten gut geschulte Sachbearbeiter als Berater zur Verfügung. In komplexeren Fällen übernähmen Reha-Manager die individuelle Betreuung und Beratung. Etwas schwieriger seien die Fallgestaltungen, in denen die Betroffenen neben den Folgen von Unfall bzw. Berufskrankheiten bereits gesundheitliche Beeinträchtigungen mitbringen, für die erstmals im Rahmen der Heilbehandlung ein Behandlungs- bzw. Reha-Bedarf erkannt wird. Hier würden aber auch die Reha-Manager in einem gewissen Umfang die Beratung übernehmen und die Reha-Bedarfe mit den Betroffenen und den zuständigen Trägern abstimmen.

Was die möglichen Leistungen von Patientenlotsen mit Blick auf die Leistungstatbestände der GUV, die zu Gesundheitsleistungen führen (Arbeitsunfall und Berufskrankheiten, § 7 Abs. 1 SGB VII), angeht, ist vor dem geschilderten Hintergrund Folgendes zu erwägen:

Man wird bei der Tätigkeit von Patientenlotsen zu unterscheiden haben zwischen der Heranführung an mögliche Leistungen der GUV und der Gewährung von Leistungen durch die GUV. Für den erstgenannten Tätigkeitsbereich besteht insofern ein Bedarf an Patientenlotsen, als nicht selten streitig ist, ob für ein Unfallgeschehen die GKV oder die GUV zuständig ist. Diese Heranführung stellt so lange noch keine rechtsdienstleistende Tätigkeit im Sinne des § 2 Abs. 1 Rechtsdienstleistungsgesetz (RDG) dar, als die mögliche leistungsberechtigte Person nur darauf hingewiesen wird, dass möglicherweise auch ein Unfallversicherungsträger als Leistungsträger in Frage kommt. Für den Bereich der Gewährung von Leistungen durch einen GUV-Träger haben diese bereits für ihre Versicherten entsprechende Case und Care Management-Vorkehrungen getroffen. Dieses Fallmanagement soll durch Patientenlotsen weder ersetzt noch ergänzt werden.

2.3.1.6 Gesundheitsleistungen nach dem sozialen Entschädigungsrecht (SGB XIV)

Das Sozialgesetzbuch XIV – Soziale Entschädigung – löst das bis zum 31.12.2023 geltende Bundesversorgungsgesetz (BVG) ab, wonach Leistungen der Heilbehandlung und Krankenbehandlung vorgesehen sind, die von der zuständigen Verwaltungsbehörde, aber auch von den Krankenkassen erbracht werden können (§ 18c BVG).

Nach dem ab dem 1.1.2024 geltenden SGB XIV[35] sind Leistungen der Krankenbehandlung vorgesehen (§§ 41 ff. SGB XIV). Auch hier ist die zuständige Verwaltungsbehörde zuständig (§ 57 Abs. 1 SGB XIV). Für Geschädigte, die Mitglied einer Krankenkasse sind oder nach § 10 SGB V familienversichert sind, erbringt die Krankenkasse die Krankenbehandlung für die zuständige Verwaltungsbehörde (§ 57 Abs. 2 Nr. 1 SGB XIV).

Eine bisher im BVG nicht vorgesehene Leistung stellt das Fallmanagement dar (§ 30 SGB XIV).[36] Diese Leistung gehört zu den „Leistungen der Schnellen Hilfen",[37] wozu auch Leistungen in einer Traumaambulanz gehören (§ 29 SGB XIV). § 30 SGB XIV lautet:

> *§ 30*
>
> *Leistungen des Fallmanagements*
> *(1) Beim Fallmanagement werden die Berechtigten von einer Fallmanagerin oder einem Fallmanager aktivierend und koordinierend durch das Antragsverfahren und Leistungsverfahren begleitet.*
> *(2) Leistungen des Fallmanagements werden mit Einwilligung der Berechtigten erbracht, die auch die erforderlichen Datenerhebungen erfasst. Die Einwilligung ist schriftlich zu dokumentieren.*
> *(3) Berechtigte können ein Fallmanagement erhalten.*
> *(4) Geschädigte sollen ein Fallmanagement erhalten, wenn*
>
> 1. *das schädigende Ereignis eine Straftat gegen das Leben oder gegen die sexuelle Selbstbestimmung war oder*
> 2. *sie bei Eintritt des schädigenden Ereignisses minderjährig waren.*
>
> *(5) Das Fallmanagement umfasst insbesondere:*
>
> 1. *die Ermittlung des möglichen Hilfebedarfs, der durch das schädigende Ereignis unter Berücksichtigung der besonderen Umstände des Einzelfalls entstanden ist,*
> 2. *den Hinweis auf die in Betracht kommenden Sozialleistungen,*
> 3. *die Begleitung der Berechtigten mit dem Ziel des Erhalts zügiger und aufeinander abgestimmter Leistungen, soweit Berechtigte Ansprüche ge-*

---

35 Art. 1 des Gesetzes zur Regelung des Sozialen Entschädigungsrechts vom 12. Dezember 2019, BGBl. I S. 2652.

36 Hierzu ausführlich *Mushoff*, in: Knickrehm/Rademacker (Hrsg.), SGB XIV, 2022, § 30.

37 Hierzu *Knickrehm/Mushoff/Schmidt*, Das neue Soziale Entschädigungsrecht – SGB XIV, 2021, S. 81 ff.

gen andere Träger von Sozialleistungen nach den Kapiteln 5, 6, 7 und 11 haben oder haben könnten,

4. *die Unterstützung bei der Antragstellung, die Aufklärung über die Einleitung und den Ablauf des Verfahrens in der Sozialen Entschädigung sowie*
5. *die Begleitung des Verfahrens in der Sozialen Entschädigung.*

(6) Das Fallmanagement kann die Kontaktaufnahme mit möglicherweise berechtigten Personen umfassen.
(7) Soweit eine Bedarfsermittlung und ein Teilhabeplanverfahren nach den Kapiteln 2 bis 4 des Neunten Buches durchzuführen sind, werden Leistungen des Fallmanagements ergänzend erbracht.

In einer weiteren Vorschrift ist geregelt, dass die Träger der Sozialen Entschädigung Kooperationsvereinbarungen mit Organisationen schließen können, die eine umfassende qualitätsgesicherte Beratung und Begleitung der Berechtigten sicherstellen. Dabei sind Angebote zu berücksichtigen, die sich an Angehörige besonders schutzbedürftiger Personengruppen richten. Die Träger der Sozialen Entschädigung können diesen Organisationen Sach- und Geldmittel zur Verfügung stellen (§ 39 SGB XIV). Das Bundesministerium für Arbeit und Soziales kann in einer Rechtsverordnung die Anforderungen an die Qualifikation der Organisationen und der Mitarbeiterinnen und Mitarbeiter der Organisationen regeln (§ 40 SGB XIV). Diese Rechtsverordnung liegt noch nicht vor.[38]

Die Leistungen der Schnellen Hilfen sollen im Erleichterten Verfahren erbracht werden (§ 115 SGB XIV). Danach gelten bestimmte antragserleichternde und beweiserleichternde Vorschriften.

Der Adressatenkreis von Leistungen des Fallmanagements ist grundsätzlich für alle Berechtigten (§ 2 Abs. 1 SGB XIV) geöffnet, allerdings nur im Sinne einer Kann-Leistung. Geschädigte (§ 2 Abs. 2 SGB XIV) sollen hingegen diese Leistungen erhalten.

Die Tätigkeit von Patientenlotsen für mögliche Berechtigte von Leistungen nach dem sozialen Entschädigungsrecht lässt sich grundsätzlich mit der Tätigkeit von Patientenlotsen für mögliche Leistungsberechtigte der gesetzlichen Unfallversicherung vergleichen. Sie stellt sich jedoch insgesamt komplexer dar. Für mögliche Leistungsberechtigte nach dem SGB XIV, die Leistungen seitens der GKV erhalten, ist die Situation mit der der Versicher-

38 S. die Gesetzesbegründung in Deutscher Bundestag, Drucksache 19/13824, S. 183 f.; Deutscher Bundestag, Drucksache 19/14870, S. 7.

ten der GKV vergleichbar, so dass die Begleitung durch Patientenlotsen nicht nur in der Heranführung an die Leistungen, sondern auch in der Begleitung bei der Leistungserbringung bestehen kann. Für Leistungsberechtigte auf ein Fallmanagement nach § 30 SGB XIV wird, vergleichbar der Situation in der GUV, nur eine Heranführung an das Leistungssystem, nicht jedoch ein Fallmanagement durch Patientenlotsen stattfinden können.

2.3.1.7 Gesundheitsleistungen der öffentlichen Jugendhilfe (SGB VIII)

Im Rahmen der Kinder- und Jugendhilfe (SGB VIII) sind Gesundheitsleistungen im Rahmen der Eingliederungshilfe für seelisch behinderte Kinder und Jugendliche (§ 35a SGB VIII) vorgesehen. Zur Bestimmung des Personenkreises s. § 35a Abs. 3 SGB VIII. Im Übrigen ist die Eingliederungshilfe nach dem SGB IX zuständig. Ab dem 1.1.2028 soll die Zuständigkeit für alle behinderten Kinder und Jugendlichen auf den Träger der öffentlichen Jugendhilfe übergehen.[39]

Ab dem 1.1.2024 tritt die Vorschrift zum Verfahrenslotsen (§ 10b SGB VIII) in Kraft (Art. 1 Nr. 14 KJSG). Die Vorschrift lautet wie folgt:

> *§ 10b*
> *Verfahrenslotse*
> *(1) Junge Menschen, die Leistungen der Eingliederungshilfe wegen einer Behinderung oder wegen einer drohenden Behinderung geltend machen oder bei denen solche Leistungsansprüche in Betracht kommen, sowie ihre Mütter, Väter, Personensorge- und Erziehungsberechtigten haben bei der Antragstellung, Verfolgung und Wahrnehmung dieser Leistungen Anspruch auf Unterstützung und Begleitung durch einen Verfahrenslotsen. Der Verfahrenslotse soll die Leistungsberechtigten bei der Verwirklichung von Ansprüchen auf Leistungen der Eingliederungshilfe unabhängig unterstützen sowie auf die Inanspruchnahme von Rechten hinwirken. Diese Leistung wird durch den örtlichen Träger der öffentlichen Jugendhilfe erbracht.*
> *(2) Der Verfahrenslotse unterstützt den örtlichen Träger der öffentlichen Jugendhilfe bei der Zusammenführung der Leistungen der Eingliederungshilfe für junge Menschen in dessen Zuständigkeit. Hierzu berichtet er gegenüber dem örtlichen Träger der öffentlichen Jugendhilfe halbjährlich insbesondere über Erfahrungen der strukturellen Zusammenarbeit mit*

39 Art. 1 Nr. 12 des Kinder- und Jugendstärkungsgesetzes (KJSG) vom 3.6.2021 (BGBl. I S. 1444).

> *anderen Stellen und öffentlichen Einrichtungen, insbesondere mit anderen Rehabilitationsträgern.*

Weiter ist auf den sehr weitgehenden Beratungsanspruch in § 10a SGB VIII hinzuweisen.

Insgesamt ist das Kinder- und Jugendhilferecht sehr stark von Beratungs- und Unterstützungsleistungen geprägt. Hervorzuheben ist, dass auch nicht nur die Kinder und Jugendlichen, sondern alle Erziehungsberechtigte Anspruch auf allgemeine Förderungsleistungen haben (vgl. etwa § 16 SGB VIII)

Eine Begleitung von Anspruchsberechtigten auf Gesundheitsleistungen nach dem SGB VIII durch Patientenlotsen erscheint aus diesen Gründen nicht erforderlich.

2.3.1.8 Gesundheits- und Pflegeleistungen der Sozialhilfe (SGB XII)

In der Sozialhilfe werden als Gesundheitsleistungen die verschiedenen Hilfen zur Gesundheit (§§ 47 bis 52 SGB XII) und die verschiedenen Pflegeleistungen im Rahmen der Hilfe zur Pflege (§§ 61 bis 66a SGB XII) gewährt. Die früher im Sozialhilferecht enthaltene Eingliederungshilfe, die auch Leistungen zur medizinischen Rehabilitation enthielt, ist jetzt im SGB IX (Teil 2; Leistungen zur medizinischen Rehabilitation §§ 109, 110) geregelt.

Die Leistungsberechtigung für die Hilfen zur Gesundheit und die Hilfe zur Pflege bestimmt sich nach § 19 Abs. 3 SGB XII.

Bei den allgemeinen Vorschriften des SGB XII ist auf eine für alle Leistungsbereiche geltende Vorschrift zur Beratung und Unterstützung hinzuweisen (§ 11 SGB XII):

> *§ 11 Beratung und Unterstützung*
> *(1) Zur Erfüllung der Aufgaben dieses Buches werden die Leistungsberechtigten beraten und, soweit erforderlich, unterstützt.*
> *(2) Die Beratung betrifft die persönliche Situation, den Bedarf sowie die eigenen Kräfte und Mittel sowie die mögliche Stärkung der Selbsthilfe zur aktiven Teilnahme am Leben in der Gemeinschaft und zur Überwindung der Notlage. Die aktive Teilnahme am Leben in der Gemeinschaft umfasst auch ein gesellschaftliches Engagement. Zur Überwindung der Notlage gehört auch, die Leistungsberechtigten für den Erhalt von Sozialleistungen zu befähigen. Die Beratung umfasst auch eine gebotene Budgetberatung nach § 29 des Neunten Buches. Leistungsberechtigte nach dem Dritten und Vierten Kapitel erhalten die gebotene Beratung für den Umgang mit dem*

durch den Regelsatz zur Verfügung gestellten monatlichen Pauschalbetrag (§ 27a Absatz 3 Satz 2).
(3) Die Unterstützung umfasst Hinweise und, soweit erforderlich, die Vorbereitung von Kontakten mit und die Begleitung zu sozialen Diensten sowie zu Möglichkeiten der aktiven Teilnahme am Leben in der Gemeinschaft unter Einschluss des gesellschaftlichen Engagements. Soweit Leistungsberechtigte den Wunsch äußern, einer Tätigkeit nachgehen zu wollen, umfasst die Unterstützung nach Maßgabe des § 12 Absatz 1 auch die Vorbereitung sowie zusätzlich die Begleitung der Leistungsberechtigten. Äußern Leistungsberechtigte nach Satz 2 den Wunsch, durch die Aufnahme einer zumutbaren Tätigkeit Einkommen zu erzielen, können sie hierbei durch Angebote von geeigneten Maßnahmen für eine erforderliche Vorbereitung unterstützt werden.
(4) Auf die Möglichkeit der Beratung und Unterstützung durch Verbände der freien Wohlfahrtspflege, durch Angehörige der rechtsberatenden Berufe und durch sonstige Stellen ist hinzuweisen. Ist die Beratung durch eine Schuldnerberatungsstelle oder andere Fachberatungsstellen geboten, ist auf ihre Inanspruchnahme hinzuwirken. Angemessene Kosten einer Beratung nach Satz 2 sollen übernommen werden, wenn eine Lebenslage, die Leistungen der Hilfe zum Lebensunterhalt erforderlich macht oder erwarten lässt, sonst nicht überwunden werden kann; in anderen Fällen können Kosten übernommen werden. Die Kostenübernahme kann auch in Form einer pauschalierten Abgeltung der Leistung der Schuldnerberatungsstelle oder anderer Fachberatungsstellen erfolgen.

Die Vorschrift wird als eine umfassende Verpflichtung des Trägers der Sozialhilfe verstanden, den Leistungsberechtigten zu beraten, zu unterstützen und zu aktivieren.[40]

Mit Blick auf die Patientenlotsen ist sind hier insbesondere die Vorschriften in § 11 Abs. 1, Abs. 2 Satz 1 und Abs. 3 Satz 1 SGB XII von Interesse. Diese Vorschriften sind sehr viel weiter gefasst als die Aufgaben eines Patientenlotsen. Fraglich ist, ob unter diese Vorschrift auch die Tätigkeit von Patientenlotsen zu subsumieren ist, die sich vor allem auf Orientierung und Begleitung im Gesundheits und Pflegewesen richtet, also spezieller ist als der sehr breit gefasste Aufgabenbereich des Sozialhilfeträgers nach § 11 SGB XII.

40 Dazu *Streichsbier*, in: Grube/Wahrendorf, SGB XII, 2018, § 11, Rn. 1 ff. (5).

2.3.1.9 Medizinische Rehabilitationsleistungen (SGB IX)

Leistungen nach dem Recht der Teilhabe und Rehabilitation (SGB IX) erhalten Personen, die die in den §§ 1 und 2 SGB IX aufgeführten Merkmale der Behinderung erfüllen. Die zuständigen Rehabilitationsträger sind in § 6 Abs. 1 SGB IX aufgeführt. Über die für diese Rehabilitationsträger geltenden Vorschriften kann auf deren Leistungszuständigkeit für bestimmte Personengruppen geschlossen werden (§ 7 Abs. 1 SGB IX). Die Leistungen zur medizinischen Rehabilitation (§ 5 Nr. 1 SGB IX) können als Gesundheitsleistungen nach dem SGB IX gelten. Träger der medizinischen Rehabilitation sind außer der Bundesagentur für Arbeit alle in § 6 Abs. 1 SGB IX aufgeführten Träger.[41] Leistungsberechtigte Personengruppen sind damit die in der GKV und GUV versicherten Personen, die in der Rentenversicherung und in der Alterssicherung für Landwirte versicherten Personen, sowie leistungsberechtigte Personen der öffentlichen Jugendhilfe und der Eingliederungshilfe.

Leistungen zur Teilhabe (Rehabilitation) erschöpfen sich in der Regel nicht in einer einzigen Maßnahme. Vielmehr müssen sehr oft verschiedene Teilhabemaßnahmen gleichzeitig oder im Zeitablauf stattfinden. Das bedingt einen erhöhten Koordinierungsbedarf bei der Leistungsfeststellung wie bei der Leistungserbringung. Insofern ergibt sich eine Ähnlichkeit mit den komplexen Gesundheitssituationen, in denen Patientenlotsen orientierend und begleitend tätig werden sollen.

---

41 § 6 Abs. 1 SGB IX:
Träger der Leistungen zur Teilhabe (Rehabilitationsträger) können sein:
1. die gesetzlichen Krankenkassen für Leistungen nach § 5 Nummer 1 und 3,
2. die Bundesagentur für Arbeit für Leistungen nach § 5 Nummer 2 und 3,
3. die Träger der gesetzlichen Unfallversicherung für Leistungen nach § 5 Nummer 1 bis 3 und 5; für Versicherte nach § 2 Absatz 1 Nummer 8 des Siebten Buches die für diese zuständigen Unfallversicherungsträger für Leistungen nach § 5 Nummer 1 bis 5,
4. die Träger der gesetzlichen Rentenversicherung für Leistungen nach § 5 Nummer 1 bis 3, der Träger der Alterssicherung der Landwirte für Leistungen nach § 5 Nummer 1 und 3,
5. die Träger der Kriegsopferversorgung und die Träger der Kriegsopferfürsorge im Rahmen des Rechts der sozialen Entschädigung bei Gesundheitsschäden für Leistungen nach § 5 Nummer 1 bis 5,
6. die Träger der öffentlichen Jugendhilfe für Leistungen nach § 5 Nummer 1, 2, 4 und 5 sowie
7. die Träger der Eingliederungshilfe für Leistungen nach § 5 Nummer 1, 2, 4 und 5.

Für die Leistungsfeststellung sind hier die Vorschriften zur Koordinierung der Leistungen einschlägig (Kapitel 4 SGB IX). Dabei geht es um die Feststellung des leistenden Rehabilitationsträgers (§ 14 SGB IX) und um die Leistungsverantwortung bei Mehrheit von Rehabilitationsträgern (§ 15 SGB IX). Besonders zu nennen sind die Vorschriften zur Teilhabeplanung (§§ 19 bis 23 SGB IX), die zum Teil Tätigkeiten enthalten, die von Patientenlotsen ausgeführt werden könnten.

Soweit Leistungen verschiedener Leistungsgruppen oder mehrerer Rehabilitationsträger erforderlich sind, wird ein Teilhabeplan erstellt. Dieser Teilhabeplan dient dazu, die nach dem individuellen Bedarf voraussichtlich erforderlichen Leistungen hinsichtlich Ziel, Art und Umfang funktionsbezogen festzustellen und so zusammenzustellen, dass sie nahtlos ineinandergreifen (§ 19 Abs. 1 und 2 SGB IX). Hervorzuheben ist, dass der leistende Rehabilitationsträger durchgehend das Verfahren zu sichern hat (§ 19 Abs. 3 Satz 2 SGB IX).

Der Teilhabeplan erfüllt somit zumindest zum Teil Funktionen, für die auch Patientenlotsen zuständig sein sollen. Dieses Teilhabeplansystem sollte aber durch die Tätigkeit der Patientenlotsen nicht ersetzt oder ergänzt werden. Deshalb ist auch hier nur an eine Heranführung der leistungsberechtigten Personen an das Teilhabeplanverfahren sinnvoll.

Ist ein Teilhabeplanverfahren nicht erforderlich, weil die Voraussetzung der Leistungen verschiedener Leistungsgruppen oder mehrerer Rehabilitationsträger nicht gegeben ist, könnte jedoch der Einsatz von Patientenlotsen denkbar sein. Das gilt auch für den Hinweis auf die Begutachtung nach § 17 SGB IX.

Im Rahmen der früher im Sozialhilferecht enthaltenen Eingliederungshilfe, die auch Leistungen zur medizinischen Rehabilitation enthielt, und die jetzt im SGB IX (Teil 2; Leistungen zur medizinischen Rehabilitation §§ 109, 110) geregelt ist, findet ein Gesamtplanverfahren statt (§§ 117 bis 122 SGB IX). Der Gesamtplan dient der Durchführung der einzelnen Leistungen (§ 121 Abs. 1 SGB IX) sowie der Steuerung, Wirkungskontrolle und Dokumentation des Teilhabeprozesses (§ 121 Abs. 2 SGB IX). Das Gesamtplanverfahren und der Gesamtplan stellen ein hochdifferenziertes Instrumentarium der Orientierung und Begleitung im Rahmen des Teilhabeprozesses dar. Deshalb kann auch hier eine Ersetzung dieses Instrumentariums durch Leistungen von Patientenlotsen sinnvollerweise nicht stattfinden.

Insgesamt sind die Leistungen der Eingliederungshilfe sehr stark von der Individualisierung geprägt (Leistungen nach der Besonderheit des Einzelfalles, § 104 SGB IX). Umfassende Beratungs- und Unterstützungsansprüche dienen der Leistungsrealisierung. Die Beratungsansprüche richten sich u. a. auf die Beratung hinsichtlich der Leistungen anderer Leistungsträger, auf die Verwaltungsabläufe und die Hinweise auf Leistungsanbieter und andere Hilfemöglichkeiten im Sozialraum (§ 106 Abs. 2 SGB IX). Bei den Unterstützungsansprüchen geht es u. a. um Hilfen bei der Klärung weiterer zuständiger Leistungsträger und Hilfen bei der Inanspruchnahme von Leistungen (§ 106 Abs. 3 SGB IX). Insgesamt können die Regelungen zu den Beratungs- und Unterstützungsansprüchen nach § 106 SGB IX als Folie für Tätigkeiten von Patientenlotsen gelten.

Mit Blick auf die Unabhängigkeit der Beratung ist die Vorschrift zur ergänzenden unabhängigen Teilhabeberatung von besonderem Interesse (§ 32 Abs. 1 bis 3 SGB IX):

> *§ 32 Ergänzende unabhängige Teilhabeberatung; Verordnungsermächtigung*
> *(1) Zur Stärkung der Selbstbestimmung von Menschen mit Behinderungen und von Behinderung bedrohter Menschen fördert das Bundesministerium für Arbeit und Soziales eine von Leistungsträgern und Leistungserbringern unabhängige ergänzende Beratung als niedrigschwelliges Angebot, das bereits im Vorfeld der Beantragung konkreter Leistungen zur Verfügung steht. Dieses Angebot besteht neben dem Anspruch auf Beratung durch die Rehabilitationsträger.*
> *(2) Das ergänzende Angebot erstreckt sich auf die Information und Beratung über Rehabilitations- und Teilhabeleistungen nach diesem Buch. Die Rehabilitationsträger informieren im Rahmen der vorhandenen Beratungsstrukturen und ihrer Beratungspflicht über dieses ergänzende Angebot.*
> *(3) Bei der Förderung von Beratungsangeboten ist die von Leistungsträgern und Leistungserbringern unabhängige ergänzende Beratung von Betroffenen für Betroffene besonders zu berücksichtigen.*
> *(…).*

2.3.1.10 Gesundheitsleistungen nach dem Asylbewerberleistungsgesetz (AsylbLG)

Leistungen nach dem Asylbewerberleistungsgesetz (AsylbLG) werden nur zur Behandlung akuter Erkrankungen und Schmerzzuständen erbracht (§ 4 Abs. 1 AsylbLG). Werdenden Müttern und Wöchnerinnen sind ärztliche und pflegerische Hilfe und Betreuung, Hebammenhilfe, Arznei-, Verband- und Heilmittel zu gewähren (§ 4 Abs. 2 AsylbLG).

Es kann wohl davon ausgegangen werden, dass Asylbewerber durchaus einen Orientierungs- und Begleitungsbedarf bei gesundheitlichen Leistungen haben können. Es stellt sich jedoch die Frage, ob der Einsatz von Patientenlotsen für diesen Personenkreis geregelt werden soll, wenn man den engen Leistungszuschnitt der Gesundheitsleistungen nach dem AsylbLG in Betracht zieht.

2.3.1.11 Gesundheits- und Pflegeleistungen der privaten Krankenversicherung

Während in der Pflegeversicherung der Versicherungsschutz in der Privatversicherung weitgehend dem gesetzlichen Versicherungsschutz nachgebildet ist (§ 110 Abs. 1 SGB XI),[42] hängt das Leistungsspektrum der privaten Krankenversicherung (PKV) auf dem Gebiet der Krankenversicherung davon ab, ob eine Krankheitskostenvollversicherung (§ 206 Abs. 1 Satz 3 VVG), eine substitutive, d. h. den Versicherungsschutz in der GKV ersetzende Krankenversicherung (§ 195 Abs. 1 Satz 1 VVG) oder eine ergänzende/zusätzliche Versicherung besteht. Zur Krankheitskostenvollversicherung zählt auch die Versicherung der beihilfeberechtigten Beamten und ihrer Angehörigen, bei denen die Kostenerstattung auf einen zur Beihilfe komplementären Prozentsatz beschränkt ist.[43]

Bei Personen, die in der PKV krankheitskostenversichert sind, gilt § 192 Abs. 1 VVG, wonach bei der Krankheitskostenversicherung der Versicherer verpflichtet ist , im vereinbarten Umfang die Aufwendungen für medizinisch notwendige Heilbehandlung wegen Krankheit oder Unfallfolgen und für sonstige vereinbarte Leistungen einschließlich solcher bei Schwangerschaft und Entbindung sowie für ambulante Vorsorgeuntersuchungen zur Früherkennung von Krankheiten nach gesetzlich eingeführten Programmen zu erstatten. Das Nähere hierzu ist in den Allgemeinen Versicherungsbedingungen (AVB)[44] geregelt.

Bei Personen, die im Basistarif versichert sind, muss der Basistarif Vertragsleistungen vorsehen, die in Art, Umfang und Höhe jeweils den Leis-

42 Zu den Einzelheiten s. *Schäfer,* Private Krankenversicherung, in: Igl/Welti, Gesundheitsrecht, 2022, S. 372 f.

43 S. *Schäfer,* Private Krankenversicherung, in: Igl/Welti, Gesundheitsrecht, 2022, S. 320.

44 Zu den AVB *Schäfer,* Private Krankenversicherung, in: Igl/Welti, Gesundheitsrecht, 2022, S. 322 f.

tungen nach dem Dritten Kapitel des Fünften Buches Sozialgesetzbuch, auf die ein Anspruch besteht, vergleichbar sind (§ 152 Abs. 1 VAG).

Für die Einführung von Leistungen von Patientenlotsen wären hier § 192 VVG und die Allgemeinen Versicherungsbedingungen die entsprechenden Regelungsorte.

In beiden Fällen des Krankenversicherungsschutzes durch die PKV ist es also vorstellbar, die Leistung von Patientenlotsen einzuführen.

2.3.2 Auswirkungen auf die weiteren Regelungsbereiche

Die Klärung der Fragen nach den Adressaten von Patientenlotsen hat zentralen weichenstellenden Charakter für folgende Regelungsbereiche:

- Bedarfsgruppen - bedarfsauslösende Situation,
- Leistungsinhalt - Leistungsanspruch,
- zuständige Sozialleistungsträger,
- Finanzierung der Governance-Strukturen / Leistungsfinanzierung,
- Finanzierungsquellen.

2.3.3 Zusammenfassung

Die Bestimmung des Adressatenkreises anhand der im SGB V und im SGB XI versicherten Personen stellt sich als unproblematisch dar.

Ähnliches gilt auch für den Adressatenkreis der Bezieher von Gesundheitsleistungen nach dem Beihilferecht des Bundes und der Länder und der Bezieher von bundes- und landesrechtlich geregelter Heilfürsorge. Allerdings ist bei den letztgenannten Adressaten, soweit sie Bezieher von Beihilfe oder Heilfürsorge nach landesrechtlichen Vorschriften sind, zu bedenken, dass der Bundesgesetzgeber hier keine Einwirkungsmöglichkeit auf die Landesgesetzgebung hat. Ob es eine entsprechende Anpassung landesrechtlicher Vorschriften analog der Situation der an die Bundesbeihilfe-Verordnung angelehnten landesrechtlichen Beihilfevorschriften geben wird, wäre abzuwarten. Bei den Berechtigten von Leistungen der Heilfürsorge kommt hinzu, dass die leistungsrechtlichen Zuständigkeiten auf Bundes- und Landesebene auch in Ansehung der jeweiligen Leistungsberechtigten unterschiedlich sein können, was die Zugänglichkeit für eine Patientenlotsentätigkeit erheblich erschwert.

Die Berechtigten von Gesundheitsleistungen des Sozialhilferechts können problemlos einbezogen werden. Berechtigte von Gesundheitsleistungen nach dem Asylbewerberleistungsgesetz könnten ebenfalls grundsätzlich einbezogen werden. Es stellt sich jedoch die Frage, ob der Einsatz von Patientenlotsen angesichts des engen Leistungszuschnitts der Gesundheitsleistungen nach dem AsylbLG in Betracht kommt.

Schwieriger, aber durchaus regelbar, stellt sich die Situation hinsichtlich der bei der PKV versicherten Personen dar. Die entsprechenden Leistungsregelungen könnten im VVG und dann in den Allgemeinen Versicherungsbedingungen (AVB) stattfinden.

Es ist darauf hinzuweisen, dass es faktisch Personen gibt, die trotz der gesetzlichen Regelungen zum verpflichtenden Versicherungsschutz bei Krankheit durch die GKV oder die PKV keinen Versicherungsschutz haben. Es sind dies nicht nur Wohnungslose, sondern vor allem Selbstständige, Zuwandernde und Rückkehrende aus dem Ausland oder Rentner, die aus unterschiedlichen Gründen keinen oder nur einen stark eingeschränkten Versicherungsschutz haben.[45]

Vorstehend geht es um die Erstreckung des Kreises der Berechtigten auf Leistungen von Patientenlotsen anhand der Zugehörigkeit zu einem bestimmten Schutzsystem. Die Adressatenfrage stellt sich auch hinsichtlich der Sozialleistungsbereiche, die schon jetzt ähnliche oder vergleichbare Leistungen an Orientierung und Begleitung vorsehen. Hier ist die Frage, ob Berechtigte solcher Leistungen ebenfalls (zusätzlich) Leistungen von Patientenlotsen in Anspruch nehmen können.

Bezieher von Gesundheitsleistungen nach dem SGB VII begegnen, anders als die Leistungsbezieher nach dem SGB V, grundsätzlich breiter angelegten Leistungsprinzipien. Auch die Leistungsgestaltung ist für die Versicherungsträger freier angelegt. Das bedeutet auch, dass Leistungsbezieher nach dem SGB VII je nach Praxis des Unfallversicherungsträgers in den Genuss von Leistungen kommen können, wie sie Patientenlotsen erbringen. Eine Ersetzung oder Ergänzung des schon vorhandenen Case Managements seitens der gesetzlichen Unfallversicherung (GUV) verbietet sich. Die Tätigkeit von Patientenlotsen sollte sich auf die Heranführung an das Leistungssystem der GUV beschränken.

Ähnliches gilt für Leistungsberechtigte nach dem sozialen Entschädigungsrecht (SGB XIV), soweit die Leistungsberechtigten nicht schon direkt

45 Darauf wird im Tätigkeitsbericht 2022 der Bürgerbeauftragten für soziale Angelegenheiten des Landes Schleswig-Holstein, S. 28 f., hingewiesen.

in das Leistungssystem der GKV eingegliedert sind oder entsprechende Leistungen beziehen. Allerdings ist hier zu berücksichtigen, dass das Fallmanagement nach dem SGB XIV nicht für alle Leistungsberechtigten nach dem SGB XIV zur Verfügung stehen muss.

Bei der Festlegung des Adressatenkreises der Berechtigten von Leistungen der medizinischen Rehabilitation nach dem SGB IX und Leistungen der Eingliederungshilfe für seelisch behinderte Kinder und Jugendliche nach dem SGB VIII ist der Adressatenkreis zum Teil deckungsgleich mit dem Adressatenkreis der in der GKV und GUV versicherten Personen, zum Teil erstreckt er sich, so insbesondere bei der medizinischen Rehabilitation durch die Rentenversicherung und die Altershilfe für Landwirte, auf einen weiteren Personenkreis. Bei allen Berechtigten auf Leistungen der medizinischen Rehabilitation stellt sich vor allem das Problem der Kenntnis dieser Möglichkeiten, nicht jedoch so sehr das Problem der Steuerung der Rehabilitationsleistungen. Die Begutachtung und vor allem die Teilhabeplanung stellen sich als geeignete Instrumente dar, diese Steuerungsprobleme zu bewältigen. Aus diesem Grund ist auch hier eine Tätigkeit des Patientenlotsen nur im Sinne einer Hinführung zum System erforderlich.

2.3.4 Einschätzungen

Bei der Bestimmung des möglichen Adressatenkreises von Leistungen der Patientenlotsen ist man mit der Schwierigkeit konfrontiert, dass die potenziellen Adressaten bestimmten Sozialleistungssystemen und/oder öffentlichen oder privaten Kostenerstattungssystemen für den Bezug von Gesundheitsleistungen zugeordnet sind. Aus diesem Grund ist es von zentraler Bedeutung zu klären, ob es möglich, sinnvoll und praktikabel ist, die potenziellen Adressaten ungeachtet ihrer jeweiligen Systemzugehörigkeit zu bestimmen, oder ob die Systemzugehörigkeit eine Rolle spielen soll. Eine weitere Frage ist, ob man bei einer grundsätzlichen Bestimmung des Adressatenkreises ohne Beachtung der Systemzugehörigkeit nicht doch beim Empfang bestimmter Gesundheitsleistungen von einer Intervention durch Patientenlotsen ganz oder teilweise absehen kann. Dies gilt vor allem beim Bezug von Leistungen der gesetzlichen Unfallversicherung, der sozialen Entschädigung und bei medizinischen Rehabilitationsleistungen.

Bei einer Bestimmung des möglichen Adressatenkreises von Leistungen der Patientenlotsen ohne Ansehung der Systemzugehörigkeit der jeweiligen Adressaten muss man sich im Klaren sein, dass damit zum ersten Mal in der Geschichte des Sozialleistungsrechts ein individueller Leistungsanspruch über alle Sozialleistungs- und Kostenerstattungssysteme hinweg eingerichtet werden soll. Die Novität liegt in der Individualisierung, d. h. auch ggf. der gerichtlichen Geltendmachung des Leistungsanspruchs im Sinne eines subjektiven Rechts. Diese Leistungssituation ist nicht zu verwechseln mit der Situation, dass Sozialleistungsträger gehalten sind, bestimmte Aktivitäten, so die Aufklärung nach § 13 SGB I, an die gesamte Bevölkerung zu richten. Hieraus erwächst keine individueller Leistungsanspruch, sondern nur eine objektiv-rechtliche Verpflichtung der Sozialleistungsträger. Auch der Beratungsanspruch nach § 14 Satz 1 SGB I („Jeder hat Anspruch auf Beratung über seine Rechte und Pflichten nach diesem Gesetzbuch") richtet sich gegen den jeweiligen Sozialleistungsträger (§ 14 Satz 2 SGB I) und nicht gegen eine Stelle, die (neutral) über allen Sozialleistungsträgern steht.

Im Sozialrecht finden sich jedoch zwei Regelungen mit an einen sehr weiten Personenkreis gerichteten Beratungsansprüchen, die aber nicht trägerunabhängig realisiert werden. Das gilt für den Anspruch auf Beratung und Unterstützung in der sozialhilferechtlichen Altenhilfe (§ 71 SGB XII), der auch ohne Rücksicht auf vorhandenes Einkommen oder Vermögen geleistet werden soll, soweit im Einzelfall Beratung und Unterstützung erforderlich ist (§ 71 Abs. 4 SGB XII).[46] In der Praxis ist dieser Anspruch jedoch von der entsprechenden Bereitstellung einer beratenden Infrastruktur seitens des Sozialhilfeträgers abhängig. In jüngerer Zeit wurde mit der Förderung von ambulanten Krebsberatungsstellen (§ 65e SGB V) ebenfalls eine Beratung eingerichtet, die unabhängig ist von der Zuordnung der zu beratenden Personen zu einem bestimmten Sozialleistungsträger.[47] Die Krebsberatung richtet sich nicht nur an versicherte Personen der gesetzlichen Krankenversicherung, sondern an krebserkrankte Personen und ihre Angehörigen (§ 65e Abs. 2 SGB V). Die Beratung in den ambulanten Krebsberatungsstellen findet sozialleistungsträgerunabhängig statt. Allerdings ist der Beratungsanspruch nicht als subjektives Recht der zu beratenden Personen ausgestaltet.

Auch in anderen Bereichen sind Tendenzen zu erkennen, wonach Leistungen, insbesondere Präventionsmaßnahmen, aber auch Beratungs- und Unterstützungsmaßnahmen, an einen breiteren Personenkreis gerichtet sind als nur den der sozialversicherten Personen. So wird bei der primären Prävention und Gesundheitsförderung zwar auf die Versicherten abgestellt

46 S. dazu *Grube*, in: Grube/Wahrendorf, SGB XII, 2018, § 71.
47 S. dazu ausführlicher unten Abschnitt 2.7.1.5.

(§ 20 Abs. 1 Satz 1 SGB V); jedoch sind etwa die Programme, die im Rahmen der Leistungen zur Gesundheitsförderung und Prävention in Lebenswelten (§ 20a SGB V), bei der betrieblichen Gesundheitsförderung (§ 20b SGB V) oder der Prävention arbeitsbedingter Gesundheitsgefahren (§ 20c SGB V) sowie im Rahmen der Nationalen Präventionsstrategie (§ 20d SGB V) aufgelegt werden, tendenziell ohne Ansehung des Personenkreises der versicherten Personen gestaltet. Allerdings werden auch hier keine individuellen Leistungsansprüche gesetzlich verankert.

Bei der Pflegeberatung nach § 7a SGB XI stehen zwar die Versicherten im Fokus. Jedoch kann Pflegeberatung auch gegenüber deren Angehörigen oder weiteren Personen vorgenommen werden (§ 7a Abs. 2 Satz 1 SGB XI).

Bei diesen Entwicklungen kann eine Tendenz zur Erweiterung des Adressatenkreises abgelesen werden, nicht jedoch, bis auf die ambulante Krebsberatung, in Richtung auf eine Wahrnehmung der Aufgaben durch vom Sozialleistungssystem unabhängige Stellen.

Bei einer Öffnung des Adressatenkreises unabhängig von Sozialleistungs- und Kostenerstattungssystemen geht es auch darum, einen möglichst einfachen Zugang zu den Leistungen von Patientenlotsen zu schaffen. Das wäre bei einer so definierten breiten Öffnung der Fall.

Eine davon zu trennende Frage ist, ob Personen als Adressaten von Patientenlotsenleistungen in Betracht kommen, die als Leistungsberechtigte von Systemen bereits patientenlotsenähnliche Leistungen erhalten, wie es in der gesetzlichen Unfallversicherung und zumindest teilweise im sozialen Entschädigungsrecht und im Kinder- und Jugendhilferecht der Fall ist. Hier ist folgende Unterscheidung anzubringen: Für Personen, die sich als Leistungsbezieher in diesen Systemen befinden, sollte keine Ersetzung des dort stattfindenden Fallmanagements stattfinden. Das heißt aber nicht, dass diese Personen einen Bedarf an Orientierung, auch im Sinne einer Heranführung an diese Leistungssysteme haben können. Außerdem können sich Schnittstellenprobleme zwischen diesen Leistungssystemen und etwa den Gesundheitsleistungen nach der gesetzlichen Krankenversicherung ergeben, die im Rahmen des jeweiligen Fallmanagements nicht gelöst werden. Bei Leistungsberechtigten auf medizinische Rehabilitationsleistungen nach dem SGB IX stellt die Teilhabe- und Gesamtplanung bereits ein sehr differenziertes Instrumentarium der Orientierung und des Fallmanagements dar, so dass auch hier nur eine Heranführung an diese Vorkehrungen durch Patientenlotsen sinnvoll ist, nicht aber eine Ersetzung oder Ergänzung des Instrumentariums durch die Tätigkeit von Patientenlotsen.

Für diese letztgenannten Situationen der Heranführung an die Leistungssysteme ist allerdings einzuräumen, dass hier bereits der Auskunftsanspruch nach § 14 SGB I helfen müsste. Hinzu kommt, dass bei der Klärung in solchen Abgrenzungs- und Zuständigkeitsfragen eine rechtliche Expertise bei den Patientenlotsen gegeben sein muss, die wohl kaum leistbar ist, ungeachtet der Frage, ob man sich hier schon auf dem Gebiet der Rechtsberatung befindet. Patientenlotsen können hier allenfalls hinführend und hinweisend, aber nicht fallsteuernd tätig werden.

Aus diesem Grund spricht viel für eine umfassende Regelung des Adressatenkreises. Nur bei den nach dem SGB VII leistungsberechtigten Personen soll sich die Leistung von Patientenlotsen auf die Heranführung an das Leistungssystem der gesetzlichen Unfallversicherung, nicht aber auf die Binnensteuerung der Leistungsorientierung beziehen. Ähnliches kann für das Fallmanagement nach § 30 SGB XIV und der Verfahrenslotse nach § 10b SGB VIII gelten. Auch für die Berechtigten von medizinischen Rehabilitationsleistungen nach dem SGB IX wäre in diesem Sinne vorzugehen.

Problematisch bleibt allerdings der Einbezug von Personen, die nach Bundes- oder Landesrecht Leistungen der Heilfürsorge in Anspruch nehmen können. Die Vielzahl der unterschiedlichen Regelungen macht den Einsatz von Patientenlotsen hier nur unter Schwierigkeiten steuerbar.

Denkbar wäre auch eine Bestimmung des Adressatenkreises nur unter Einschluss von Versicherten nach dem SGB V und dem SGB XI. Dies hätte den Vorteil, dass Personen, die als Patientenlotsen tätig sind, sich nur für die Leistungserbringung in diesen Leistungssystemen entsprechend qualifizieren müssten.[48] Eine solche Lösung könnte man sich zumindest als Einstiegslösung vorstellen. Eine spätere Öffnung könnte dann in Richtung auf Personen erfolgen, die beihilfeberechtigt und für die von der Beihilfe nicht erstatteten Teile privatsichert sind.

2.4 Organisation der Leistungserbringung von Patientenlotsen

2.4.1 Vorgehensweise

Für die Organisation der Leistungserbringung von Patientenlotsen bieten sich verschiedene Modelle und darauf basierende Lösungsmöglichkeiten

48 Unabhängig davon wäre es wünschenswert, dass Patientenlotsen über alle sozialrechtlich relevanten Gesundheitsleistungen informiert sind.

an.[49] Im Folgenden sollen zunächst die Grundvoraussetzungen für mögliche Organisationsmodelle skizziert werden (Abschnitt 2.4.2). Im Anschluss daran werden Regelungen im SGB V, SGB XI, SGB XII und SGB IX mit Blick auf mögliche Lösungsansätze vorgestellt (Abschnitte 2.4.3 bis 2.4.6). Weiter soll kurz auf die Anbindung an den Öffentlichen Gesundheitsdienst, die Möglichkeiten nach dem Heilpraktikergesetz und die medizinischen Kooperationsgemeinschaften eingegangen werden (Abschnitt 2.4.7). Lösungsansätze aus anderen Rechtsgebieten ohne Gesundheitsthematik werden nur auf dem Gebiet des SGB II und SGB III erörtert (Abschnitt 2.4.8). Schließlich werden die verschiedenen Möglichkeiten zusammenfassend bewertet (Abschnitt 2.4.9). Ein weiterer Abschnitt befasst sich mit der Zusammenarbeit der Sozialleistungsträger bei der Leistungserbringung (Abschnitt 2.4.10).

2.4.2 Strukturelle Ansätze für Organisationsmodelle

2.4.2.1 Grundstruktur

Die Leistung von Patientenlotsen soll eine Leistung sein, auf die ein Patient einen öffentlich-rechtlichen Anspruch gegenüber einem Sozialleistungsträger hat.[50] Auf mögliche direkte Leistungsansprüche von An- und Zugehörigen ist hier nicht einzugehen.

Mit dieser Festlegung sind mehrere Konsequenzen verbunden:

- Es handelt sich bei der Rechtsbeziehung zwischen dem Patienten und dem Sozialleistungsträger um eine öffentlich-rechtliche Rechtsbeziehung.
- Zur Erfüllung des Rechtsanspruchs des Patienten wird sich der Sozialleistungsträger in der Regel dritter Personen bedienen. Dann spricht man von einem sozialrechtlichen Dreiecksverhältnis (Versicherter/Patient – Sozialleistungsträger – Leistungserbringer). Der Leistungserbringer wiederum kann sich als Einzelperson im Sinne der direkten Erbringung einer Dienstleistung für Patienten darstellen. Der Leistungserbringer kann aber auch eine Institution (Leistungsträger) sein (ähnlich einem Krankenhaus oder einer Pflegeeinrichtung), bei der wiederum die di-

49 S. auch die Übersicht bei *Mennemann/Klie*, Case Management – Bezüge in den Sozialgesetzbüchern – eine Synopse, in: Case Management 1/2023, S. 11 ff. (13 ff.).

50 S. ausführlich zur systematischen Ordnung des Leistungserbringungsrechts *Igl*, in: Igl/Welti, Gesundheitsrecht, S. 44 ff.

rekten Dienstleister verortet sind. Weiter sind Konstellationen in die Betrachtung einzubeziehen, in denen der Sozialleistungsträger mit eigenen bei ihm angestellten oder direkt mit ihm vertraglich verbundenen Personen die Leistung erbringt.
- Die Rechtsbeziehung zwischen dem Patienten und dem Leistungserbringer ist in der Regel eine zivilrechtliche Rechtsbeziehung. Diese Rechtsbeziehung ist nicht Gegenstand der nachfolgenden Betrachtungen.

Die Erbringung von Gesundheitsdienstleistungen im Rahmen der geschilderten Grundstruktur hängt damit in der Regel von den folgenden Elementen ab:

- Es muss ein Sozialleistungsträger vorhanden sein, dem die Patienten als Leistungsberechtigte zugeordnet sind. In der Regel werden dies hier die Kranken- und Pflegekassen sowie Träger von medizinischen Rehabilitationsleistungen sein. In Frage kommen auch die Träger der Sozialhilfe und der sozialen Entschädigung.
- Es müssen fachlich qualifizierte Personen vorhanden sein, die die persönliche (direkte) Leistungserbringung bewältigen können. Hierzu bedarf es standardisierter fachlicher Anforderungsprofile.[51]
- Diese fachlich qualifizierten Personen können als direkte Dienstleister tätig werden. Im Sozialleistungsrecht ist es jedoch auch üblich, dass die direkten Dienstleister bei einem institutionellen Leistungsträger verortet sind.
- Es bedarf Verantwortlicher für die Vorhaltung einer Infrastruktur an Leistungsangeboten. Diese Verantwortlichkeiten können unterschiedlich gestaltet sein. So sind etwa die Länder für die Vorhaltung einer entsprechenden Krankenhausinfrastruktur und die kassenärztlichen Vereinigungen für eine bedarfsgerechte Versorgung mit Ärzten verantwortlich. Bei der pflegerischen Versorgung sind ebenfalls die Länder für die pflegerische Infrastruktur verantwortlich.[52]

2.4.2.2 Ergänzungen der Grundstruktur durch Lotsenbüros

Auf dem Gebiet der Patientenlotsen wird eine Ergänzung der geschilderten Grundstruktur diskutiert, wonach neben den Lotsenträgern als leistungs-

51 S. dazu unten Abschnitt 2.8.3.
52 S. dazu unten Abschnitt 2.5.

erbringenden Trägern auch noch Lotsenbüros auf regionaler Ebene tätig werden sollen.[53] Diesen sollen etwa Aufgaben der Vorhaltung, Organisation und bürokratischen Abwicklung zugedacht werden. Im Einzelnen sind die Errichtung und die Ausprägungen von Lotsenbüros noch nicht in Modellvorhaben erprobt worden.

Für solche Lotsenbüros existieren bisher im Sozialrecht keine Vorbilder. Es finden sich jedoch im Sozialrecht teilweise Organisationsmuster, die für die Organisation von Lotsenbüros möglicherweise relevant sein können.

2.4.2.3 Ausformungen der leistungserbringungsrechtlichen Grundstruktur im Sozialrecht

Im sozialrechtlichen Dreiecksverhältnis kann der Leistungserbringer eine natürliche oder juristische Person sein. Handelt es sich um eine juristische Person, so ist diese gegenüber dem Sozialleistungsträger auch für die Leistungserbringung durch die bei ihr tätigen direkten Leistungserbringer verantwortlich.

Angesichts der Situation, in der sich ein Patient befindet, können sich Leistungsansprüche nicht nur gegenüber einem Sozialleistungsträger, sondern gegenüber mehreren Sozialleistungsträgern in unterschiedlicher Zuordnung ergeben, so insbesondere in Richtung auf Krankenkassen, Pflegekassen, Rehabilitationsträger und/oder Sozialhilfeträger. Diese Sozialleistungsträger sind unterschiedlichen Regelungssystemen unterworfen (SGB V, SGB XI, SGB XII, SGB IX). Das Zusammenspiel von verschiedenen Sozialleistungsträgern bedarf dabei wieder besonderer rechtlicher Regulierung.[54]

2.4.2.4 Zur Unabhängigkeit von Patientenlotsen

Es besteht wohl Einigkeit darüber, dass Patientenlotsen in ihrer Tätigkeit unabhängig sein soll.[55] Der Zweck der Unabhängigkeit besteht darin, dem Patientenlotsen die Möglichkeit zu geben, den Patienten Orientierung und Zugang zu den Leistungen zu verschaffen, ohne dass Interessen Dritter hierbei Einfluss nehmen oder eine Rolle spielen können.

---

53 *Brinkmeier,* Eckpunkte zur Governance von Patientenlotsen: Das LEX LOTSEN OWL-Projekt, in: Case Management 1/2023, S. 26 ff. (27 f.).

54 S. dazu unten Abschnitt 2.4.10.

55 S. *Braeseke/Huster/Pflug/Rieckhoff/Ströttchen/Nolting/Meyer-Rötz/IGES Institut GmbH,* Studie zum Versorgungsmanagement durch Patientenlotsen, 2018, S. 100 f.

Bei der Gewährleistung der Unabhängigkeit ist als Erstes zu fragen, in welchen Situationen sich Abhängigkeiten gegenüber welchen Dritten ergeben können. Erst dann ist die Frage nach den Möglichkeiten der Gewährleistung der Unabhängigkeit zu stellen. In diesem Zusammenhang werden stets die Interessen der Sozialversicherungsträger und die Einflussnahme durch Ärzte genannt.[56]

Sozialversicherungsträger können aus verschiedenen Gründen ein Interesse an Einflussnahme auf die Tätigkeit von Patientenlotsen haben, so etwa die Profilierung im Kassenwettbewerb, aber auch ökonomische Erwägungen.[57] Wenn Sozialversicherungsträger Arbeitgeber von Patientenlotsen sind, ist eine Einflussnahme leichter auszuüben als wenn Patientenlotsen bei einem leistungserbringenden Träger angestellt sind. Aber selbst in dieser Situation können Sozialversicherungsträger etwa bei der Gestaltung der Versorgung und Vergütung in Verträgen mit den Leistungserbringern zumindest allgemein Einfluss auf die Tätigkeit von Patientenlotsen nehmen. Diese Art der Einflussnahme steht jedoch nicht im Vordergrund der Unabhängigkeitsthematik. Vielmehr wird es um die Unabhängigkeit im konkreten individuellen Orientierungs- und Begleitgeschehen, also im Rahmen der individuellen patientenbezogenen Leistungserbringung des Patientenlotsen gehen.

Wenn Ärzte Leistungen von Patientenlotsen anordnen oder verordnen, kann sich möglicherweise ein Interesse des Arztes ergeben, aus ökonomischen Gründen zusätzliche Leistungsbedarfe zu generieren.

Aus den genannten Gründen ist es empfehlenswert, den Patientenlotsen als eigenständigen Leistungserbringer zu konfigurieren.[58]

---

56 S. *Braeseke/Huster/Pflug/Rieckhoff/Ströttchen/Nolting/Meyer-Rötz/IGES Institut GmbH,* Studie zum Versorgungsmanagement durch Patientenlotsen, 2018, S. 100 f.

57 Dies wird bei dem Vorschlag, die Patientenlotsen bei den Krankenkassen anzusiedeln, nicht in Betracht gezogen, s. *Klemm,* Gesundheitslotsen – eine Gestaltungsaufgabe für die gesetzlichen Krankenkassen! In: G+S 2/2023, S. 56 ff. (58 ff.).

58 So *Braeseke/Huster/Pflug/Rieckhoff/Ströttchen/Nolting/Meyer-Rötz/IGES Institut GmbH,* Studie zum Versorgungsmanagement durch Patientenlotsen, 2018, S. 101.

2.4.3 Orientierung am SGB V

2.4.3.1 Vorbemerkungen

Im SGB V findet sich eine Reihe unterschiedlicher Ausprägungen von leistungserbringungsrechtlichen Strukturen, die für die Gestaltung der sozialrechtlichen Organisation von Patientenlotsen relevant sein können.

Vorweg ist darauf hinzuweisen, dass das Versorgungsmanagement (§ 11 Abs. 4 SGB V) nicht als Organisationsstruktur herangezogen werden kann, weil die entsprechende Vorschrift nur eine allgemeine Verpflichtung der Leistungserbringer enthält, dem Versicherten beim Übergang in die verschiedenen Versorgungsbereiche ein Versorgungsmanagement anzubieten. Unklar ist, gegen wen sich der Anspruch der Versicherten richtet.[59]

Auch der Beratungsanspruch bei Krankengeldbezug (§ 44 Abs. 4 SGB V) liefert keine Hinweise für die Organisationsstruktur von Patientenlotsen. Dieser Anspruch ist eng begrenzt auf Krankengeldfälle. Er richtet sich gegen die Krankenkasse.

2.4.3.2 Krankenhaus (Entlassmanagement)

Das Entlassmanagement (§ 39 Abs. 1a Satz 1 SGB V) stellt eine Leistung im Rahmen der Krankenhausbehandlung dar. Das Entlassmanagement kann durch Bedienstete des Krankenhauses oder durch Kooperationspartner vorgenommen werden (§ 39 Abs. 1a Satz 3 SGB V).

In § 39 Abs. 1a SGB V wird nicht aufgeführt, wer in einem Krankenhaus die persönlichen Leistungserbringer für die Leistung des Entlassmanagements sind. Hinweise dazu enthält der Rahmenvertrag nach § 39 Abs. 1a Satz 9 SGB V.[60] Danach stellt das Krankenhaus ein standardisiertes Entlass-

---

59 *Becker/Kingreen*, in: Becker/Kingreen, SGB V, 2022, § 11, Rn. 34, sprechen von einer Gewährleistungsverpflichtung der Krankenkassen gegenüber den Versicherten. S. auch *Braeseke/Huster/Pflug/Rieckhoff/Ströttchen/Nolting/Meyer-Rötz/IGES Institut GmbH*, Studie zum Versorgungsmanagement durch Patientenlotsen, 2018, S. 33 f., zu den Möglichkeiten einer Verortung künftiger Vorschriften zu Patientenlotsen im Zusammenhang des Versorgungsmanagements S. 97 f.

60 Rahmenvertrag über ein Entlassmanagement beim Übergang in die Versorgung nach Krankenhausbehandlung nach § 39 Abs. 1a S. 9 SGB V (Rahmenvertrag Entlassmanagement) vom 17.10.2016. Zu diesem Rahmenvertrag liegen mittlerweile neun Änderungsvereinbarungen vor (https://www.gkv-spitzenverband.de/krankenversicherung/ambulant_stationaere_versorgung/entlassmanagement/entlassmanagement.jsp, Zugriff: 24.05.2023.

management in multidisziplinärer Zusammenarbeit sicher und etabliert schriftliche, für alle Beteiligten transparente Standards. Multidisziplinäre Zusammenarbeit beinhaltet die Zusammenarbeit von Ärzten/psychologischen Psychotherapeuten, Pflegepersonal, Sozialdienst, Krankenhausapothekern und weiteren am Entlassmanagement beteiligten Berufsgruppen.[61]

Bei den Kooperationspartnern ist mit dem Verweis auf Leistungserbringer nach § 95 Abs. 1 Satz 1 SGB V bereits gesetzlich klargestellt, dass es sich um zugelassene Ärzte und zugelassene medizinische Versorgungszentren sowie um ermächtigte Ärzte und ermächtigte Einrichtungen handeln kann.

Der Versicherte hat gegenüber der Krankenkasse einen Anspruch auf Unterstützung des Entlassmanagements (§ 39 Abs. 1a Satz 5 SGB V). Im Rahmenvertrag Entlassmanagement wird dazu bestimmt, dass das Krankenhaus den patientenbezogenen Bedarf für die Unterstützung durch die zuständige Krankenkasse bzw. Pflegekasse feststellt und dazu rechtzeitig Kontakt zur Krankenkasse, bei Bedarf zur Pflegekasse, aufnimmt.[62]

Die Organisation der Leistungserbringung beim Entlassmanagement besteht also in Leistungen des Krankenhauses im Rahmen der Krankenbehandlung und durch die Krankenkassen bzw. Pflegekassen selbst. In beiden Fällen wird die Leistung – außer im Kooperationsfall - durch Personal des Krankenhauses selbst und Personal der Krankenkassen und Pflegekassen erbracht.

Ein solches Organisationsmodell erscheint grundsätzlich auch für die Leistungserbringung von Patientenlotsen als geeignet, die dann Bedienstete des Krankenhauses oder der Kranken- bzw. Pflegekassen wären.[63] Bei der Leistungserbringung durch Kranken- bzw. Pflegekassen besteht allerdings das Problem einer möglichen fehlenden Unabhängigkeit in der Gestaltung des Leistungsgeschehens seitens des Patientenlotsen.

2.4.3.3 Stationäre Rehabilitationseinrichtung (Entlassmanagement)

Auch bei der medizinischen Rehabilitation nach §§ 40 und 41 SGB V existiert ein Entlassmanagement (§ 40 Abs. 2 Satz 6, § 41 Abs. 1 Satz 4 in Verbin-

61 § 3 Abs. 1 Satz 1 Rahmenvertrag Entlassmanagement.

62 § 3 Abs. 5 Rahmenvertrag Entlassmanagement.

63 Zu einer Übernahme der Leistungen der Soziotherapie durch Patientenlotsen s. *Braeseke/Huster/Pflug/Rieckhoff/Ströttchen/Nolting/Meyer-Rötz/IGES Institut GmbH*, Studie zum Versorgungsmanagement durch Patientenlotsen, 2018, S. 98.

dung mit § 39 Abs. 1a SGB V). Dazu ist ein entsprechender Rahmenvertrag geschlossen worden.[64] Danach ist das Entlassmanagement Bestandteil von stationären Leistungen zur medizinischen Rehabilitation und liegt in der Verantwortung der jeweiligen Rehabilitationseinrichtung. Für die Umsetzung wirken Rehabilitationseinrichtungen und Krankenkassen sowie Pflegekassen partnerschaftlich zusammen. Das Entlassmanagement beinhaltet die Organisation einer strukturierten Zusammenarbeit zwischen Rehabilitationseinrichtungen und weiterbehandelnden Ärzten und Leistungserbringern.[65]

In der Rehabilitationseinrichtung ist es das Rehabilitationsteam unter ärztlicher Leitung, das den Rehabilitanden über die geplanten und eingeleiteten Maßnahmen des Entlassmanagements berät und informiert.[66]

Im Rahmenvertrag Entlassmanagement-Reha werden die Verantwortlichkeiten von Rehabilitationseinrichtungen und Krankenkasse konkretisiert. Danach hat der Rehabilitand einen Anspruch auf Entlassmanagement gegenüber der Rehabilitationseinrichtung und einen Anspruch auf Unterstützung des Entlassmanagements durch seine Krankenkasse. Von der Krankenkasse wird in der Leistungsbewilligung ein Ansprechpartner für das Entlassmanagement benannt. Die Verantwortung für die Unterstützung des Entlassmanagements liegt bei der Krankenkasse.[67]

Die Organisation der Leistungserbringung beim Entlassmanagement-Reha besteht strukturell vergleichbar mit dem Entlassmanagement bei Krankenhäusern in Leistungen der Rehabilitationseinrichtung und durch die Krankenkassen bzw. Pflegekassen selbst. In beiden Fällen wird die Leistung – außer im Kooperationsfall - durch Personal der Rehabilitationseinrichtung selbst und Personal der Krankenkassen und Pflegekassen erbracht.

Ein solches Organisationsmodell eignet sich grundsätzlich auch für die Leistungserbringung von Patientenlotsen, die dann Bedienstete der Rehabilitationseinrichtung oder der Kranken- bzw. Pflegekassen wären. Bei der

---

64 Rahmenvertrag zum Entlassmanagement von stationären medizinischen Rehabilitationseinrichtungen nach §§ 40 Abs. 2 Satz 6 und 41 Abs. 1 Satz 4 in Verbindung mit 39 Abs. 1a SGB V für Rehabilitanden der gesetzlichen Krankenversicherung (Rahmenvertrag Entlassmanagement-Reha) vom 01.02.2019 (https://www.gkv-spitzenverband.de/krankenversicherung/rehabilitation/r_entlassmanagement/entlassmanagement_reha.jsp, Zugriff: 24.05.2023).

65 § 2 Satz 1 bis 3 Rahmenvertrag Entlassmanagement-Reha.

66 § 5 Satz 1 Rahmenvertrag Entlassmanagement-Reha.

67 § 2 Satz 4 bis 6 Rahmenvertrag Entlassmanagement-Reha.

Leistungserbringung durch Kranken- bzw. Pflegekassen besteht allerdings auch hier das Problem einer möglichen fehlenden Unabhängigkeit bei der Gestaltung des Leistungsgeschehens seitens des Patientenlotsen.

2.4.3.4 Ärztliche Behandlung – vertragsärztliche Versorgung

2.4.3.4.1 Ärztliche Behandlung durch Vertragsärzte

Die ärztliche Behandlung (§ 28 Abs. 1 SGB V)[68] wird durch Vertragsärzte im Rahmen der kassenärztlichen Versorgung (§ 73 SGB V) durchgeführt.[69] An der vertragsärztlichen Versorgung nehmen zugelassene Ärzte teil (§ 95 Abs. 1 SGB V). Die Kassenärzte sind auf Landesebene in der kassenärztlichen Vereinigung pflichtorganisiert (§ 77 Abs. 1 SGB V). Kassenärztliche Vereinigungen sind Körperschaften des öffentlichen Rechts (§ 77 Abs. 5 SGB V). Sie sind für die Sicherstellung der ärztlichen Versorgung der Versicherten verantwortlich. Dieser Verpflichtung kommen sie durch Aufstellung von Bedarfsplänen nach (§ 99 Abs. 1 SGB V).

Der Vertragsarzt steht als Pflichtmitglied in einer Rechtsbeziehung zur kassenärztlichen Vereinigung. Von dieser erhält er seine Vergütung, deren Gestaltung wiederum einem komplexen Regelungsregime unterworfen ist. Der Vertragsarzt steht nicht in einer Rechtsbeziehung zu einer einzelnen Krankenkasse.

Die Struktur der vertragsärztlichen Versorgung ist somit nicht als sozialrechtliches Dreiecksverhältnis zu bezeichnen. Vielmehr handelt es sich um ein Vierecksverhältnis (Arzt – kassenärztliche Vereinigung – Krankenkasse – versicherter Patient).[70]

Der Vertragsarzt wird freiberuflich selbstständig tätig. Er trägt damit ein Unternehmerrisiko.

---

68 Für die zahnärztliche Behandlung gilt strukturell das Gleiche.

69 Zu Primärversorgungszentren nach Art. 1 Nr. 4 des Referentenentwurfs des Bundesministeriums für Gesundheit, Entwurf eines Gesetzes zur Stärkung der Gesundheitsversorgung in der Kommune (Gesundheitsversorgungsstärkungsgesetz – GVSG) (Bearbeitungsstand: 15.06.2023 – noch nicht ressortabgestimmmt), s. unten Abschnitt 2.4.3.18.2.

70 *Igl*, in: Igl/Welti, Gesundheitsrecht, 2022, S 54 ff.; *Clemens*, in: Laufs/Kern/Rehborn, Handbuch des Arztrechts, S. 32 ff.

Die Figur des Vertragsarztes stellt aus den folgenden Gründen kein taugliches Muster für die Patientenlotsen dar:

- Für Patientenlotsen existiert kein öffentlich-rechtlich organisiertes Regelungssystem, wie es das Vertragsarztwesen darstellt. Dieses Regelungssystem kann auch nicht nachgebildet werden.
- Patientenlotsen werden in der Regel nicht freiberuflich selbstständig tätig werden.

2.4.3.4.2 Ärztliche Behandlung durch Hilfeleistungen anderer Personen

Ärztliche Behandlung kann auch durch Hilfeleistungen anderer Personen durchgeführt werden (§ 15 Abs. 1 Satz 2, § 28 Abs. 1 Satz 2 SGB V).[71]

Es sind vor allem zwei Gründe, warum Vertragsärzte Unterstützung seitens dritter Personen suchen. Der eine Grund ist die Unterstützung vor Ort, in der eigenen Praxis. Dabei geht es im Kern um das Praxismanagement. Ein anderer Grund ist eher versorgungspolitischer Art: Vor allem aus Gründen von Versorgungsdefiziten in populationsarmen und strukturschwachen ländlichen Räumen wird seitens der Ärzteschaft und seitens der gesundheitspolitisch Verantwortlichen seit einiger Zeit erkannt, dass eine gewisse personelle Diversifizierung bei der auf die Ärzte konzentrierten medizinischen Versorgung notwendig geworden ist. Die Ärzteschaft und ihre verbandlichen wie gesetzlich verfassten Korporationen reagieren darauf vor allem mit Konzepten, die die Delegation ärztlicher Leistungen an dritte Personen zum Gegenstand haben. In diesen Konzepten werden vornehmlich medizinische Fachangestellte nach zusätzlichen Qualifizierungen tätig. Oft geht dies einher mit dem technologischen Einsatz von Telemedizin.

Dazu sind mittlerweile auch die entsprechenden rechtlichen Vorkehrungen leistungserbringungsrechtlicher wie vergütungsrechtlicher Art auf gesetzlicher wie auf Vereinbarungsebene im Rahmen des SGB V geschaffen worden. Die wichtigsten einschlägigen Rechtsdokumente hierzu sind die beiden Delegations-Vereinbarungen, die als Anlagen 8 und 24 zu dem Bundesmantelvertrag-Ärzte (BMA-Ä)[72] geschaffen worden sind. Mit diesen beiden Delegations-Vereinbarungen wird die Unterstützung von Ärzten

71 S. zum Folgenden auch *Burgi/Igl*, Rechtliche Voraussetzungen und Möglichkeiten der Etablierung von Community Health Nursing (CHN) in Deutschland, 2021, S. 94 f.

72 https://www.kbv.de/html/bundesmantelvertrag.php, Zugriff: 24.05.2023.

in der ambulanten Praxis (Anlage 24) ebenso wie in der Häuslichkeit der Patienten, Alten- oder Pflegeheimen oder in anderen beschützenden Einrichtungen (Anlage 8) geregelt. Während in der Anlage 8 zum BMV-Ä die Herausbildung einer neuen Fortbildungsqualifikation „Praxisassistent" aufgrund einer standardisierten Zusatzqualifikation im Vordergrund steht, geht es bei der Delegations-Vereinbarung nach Anlage 24 zum BMV-Ä vor allem um die Aufzählung der für eine Delegation bestimmten Tätigkeiten.

Bei den in den diesen Delegations-Vereinbarungen aufgeführten Personen der Arztunterstützung handelt es sich ganz überwiegend um medizinische Fachangestellte (MFA), wobei es sich bei den „Praxisassistenten" um eine Zusatzqualifikation auf Basis einer MFA-Ausbildung handelt.[73] Diese Personen werden in den Bereichen tätig, die unter Ausschluss des Kernbereichs ärztlicher Tätigkeiten dem Arzt berufs- wie krankenversicherungsrechtlich vorbehalten sind. Bei den medizinischen Fachangestellten handelt es sich um einen Ausbildungsberuf.[74]

Der Kernbereich der ärztlichen Tätigkeiten wird in § 2 der Anlage 24 BMV-Ä unter der Überschrift „Nicht delegierbare (höchstpersönliche) Leistungen des Arztes" wie folgt definiert:

> *Dazu gehören insbesondere Anamnese, Indikationsstellung, Untersuchung des Patienten einschließlich invasiver diagnostischer Leistungen, Diagnosestellung, Aufklärung und Beratung des Patienten, Entscheidungen über die Therapie und Durchführung invasiver Therapien und operativer Eingriffe.*

Betrachtet man die Entwicklung der Möglichkeiten bei der Delegation ärztlicher Leistungen, so kann man unter rechtlichen Aspekten anmerken, dass hier doch zahlreiche Tätigkeiten heilkundlicher Art von Angehörigen nicht heilberuflich konfigurierter Berufe durchgeführt werden. Da es sich heilberuferechtlich nicht um selbstständige Ausübung von Heilkunde[75] handelt, ist dies insofern unproblematisch. Man hat es also mit einer Verlagerung

73 § 6 Satz 2 Buchst. a der Vereinbarung über die Erbringung ärztlich angeordneter Hilfeleistungen in der Häuslichkeit der Patienten, in Alten- oder Pflegeheimen oder in anderen beschützenden Einrichtungen gem. § 28 Abs. 1 Satz 2 SGB V oder in hausärztlichen Praxen (Delegations-Vereinbarung) vom 17. März 2009, in der Fassung vom 6. Januar 2022 (https://www.kbv.de/html/bundesmantelvertrag.php, Zugriff: 30.05.2023).

74 Verordnung über die Berufsausbildung zum Medizinischen Fachangestellten/zur Medizinischen Fachangestellten (MedFAngAusbV) vom 26. April 2006, BGBl. I S. 1097.

75 Vgl. § 1 Abs. 2 Heilpraktikergesetz.

ärztlicher und zum Teil heilkundlicher Tätigkeiten auf dritte Personen, in der Regel medizinische Fachangestellte, zu tun.

Bisher wurde noch nicht diskutiert, ob Patientenlotsen auch in der Figur als Hilfsperson im Rahmen ärztlicher Tätigkeit tätig werden sollen oder können. Dies wäre insofern problematisch, als dass das gesamte Spektrum der Tätigkeit von Patientenlotsen nicht ohne weiteres der ärztlichen Behandlung zugerechnet werden kann. Die Approbationsordnung für Ärzte (ÄApprO 2002) gibt nur wenige Anhaltspunkte für eine solche Betrachtung. Unter den dort aufgeführten Ausbildungszielen (§ 1 Abs. 1 ÄApprO 2002) werden die „Fähigkeit, die Behandlung zu koordinieren" und die „Bereitschaft zur Zusammenarbeit mit anderen Ärzten und mit Angehörigen anderer Berufe des Gesundheitswesens" genannt. Von einer Begleitung und Orientierung der Patienten im Leistungssystem der Krankenversicherung und in den anderen gesundheitsbezogenen Leistungssystemen ist jedoch nicht die Rede. Auch in den Prüfungsgegenständen der Ärztlichen Prüfung ist diese Begleitung und Orientierung der Patienten nicht aufgeführt. Als buchstäblich letzter Punkt der mündlich-praktischen Prüfung des dritten Abschnitts der Ärztlichen Prüfung wird nur die Fähigkeit „zu Hilfe und Betreuung auch bei chronisch und unheilbar Kranken sowie Sterbenden" genannt (§ 30 Abs. 3 Satz 2 Nr. 8 ÄApprO 2002). Dieser Punkt betrifft jedoch allenfalls einen kleinen Ausschnitt der Tätigkeit von Patientenlotsen.

Stellt man auf die Weiterbildung zum Facharzt/zur Fachärztin für Allgemeinmedizin ab, so lautet deren Gebietsdefinition gemäß der (Muster-)Weiterbildungsordnung 2018[76] u. a.:

> *Das Gebiet hat zudem auch die besondere Funktion, als erste ärztliche Anlaufstelle bei allen Gesundheitsproblemen verfügbar zu sein sowie die sektorenübergreifende Versorgungskoordination und Integration mit anderen Arztgruppen und Fachberufen im Gesundheitswesen zu gewährleisten. Es umfasst die haus- und familienärztliche Funktion unter Berücksichtigung eines ganzheitlichen Fallverständnisses und der Multimorbidität im unausgelesenen Patientenkollektiv, insbesondere die Betreuung des Patienten im Kontext seiner Familie oder sozialen Gemeinschaft, auch im häuslichen Umfeld.*

76 In der Fassung vom 25.06.2022 (https://www.bundesaerztekammer.de/themen/aerzte/aus-fort-und-weiterbildung/aerztliche-weiterbildung/fewp, Zugriff: 25.05.2023).

Als Weiterbildungsinhalte werden u. a. aufgeführt:

> *Interdisziplinäre Koordination, insbesondere bei multimorbiden Patienten einschließlich der Indikationsstellung zur häuslichen Krankenpflege, Einbeziehung weiterer ärztlicher, pflegerischer, therapeutischer und sozialer Hilfen in Behandlungs- und Betreuungskonzepte*
> *(…)*
> *Behandlung von Patienten mit Erkrankungen und Behinderungen des höheren Lebensalters, geriatrischer Krankheitsbilder und Funktionsstörungen unter Berücksichtigung von Aspekten der Multimorbidität einschließlich Erstellung und Durchführung eines Hilfeplans zum Erhalt der Selbständigkeit und Autonomie, auch unter Einbeziehung eines multiprofessionellen Teams, Anpassung des Wohnumfeldes sowie Angehörigen- und Sozialberatung,*
> *(…)*

Aus dieser Gebiets- und Inhaltsbeschreibung wird deutlich, dass die Weiterbildung zum Facharzt/zur Fachärztin für Allgemeinmedizin zentrale Elemente enthält, die auch die Tätigkeit von Patientenlotsen definieren.

Im Einheitlichen Bewertungsmaßstab (EBM)[77] (§ 87 Abs. 1 SGB V) finden sich einzelne ärztliche Leistungen, die auf den ersten Blick zum Teil auch in den Tätigkeitsbereich von Patientenlotsen fallen oder zumindest eng damit zusammenhängen können. Als Beispiel seien hier zwei Gebührenordnungspositionen (GOP) genannt:

> *03372 Zuschlag zu den Gebührenordnungspositionen 01410 oder 01413 für die palliativmedizinische Betreuung in der Häuslichkeit*
>
> *Obligater Leistungsinhalt*
>
> - *Persönlicher Arzt-Patienten-Kontakt,*
> - *Dauer mindestens 15 Minuten,*
> - *Palliativmedizinische Betreuung des Patienten (z. B. Schmerztherapie, Symptomkontrolle),*
>
> *Fakultativer Leistungsinhalt*
>
> - *Koordinierung der palliativmedizinischen und -pflegerischen Versorgung in Zusammenarbeit mit anderen spezialisierten Leistungserbrin-*

77 https://www.kbv.de/html/ebm.php. Zugriff: 15.02.2023.

gern wie z. B. Vertragsärzten, Psychotherapeuten, Pflegediensten, psychosozialen Betreuungsdiensten, Hospizen,
- *Anleitung und Beratung der Betreuungs- und Bezugspersonen,*

03220 Zuschlag zu der Versichertenpauschale nach der Gebührenordnungsposition 03000 für die Behandlung und Betreuung eines Patienten mit mindestens einer lebensverändernden chronischen Erkrankung
Obligater Leistungsinhalt

- *Persönlicher Arzt-Patienten-Kontakt,*

Fakultativer Leistungsinhalt

- *Fortlaufende Beratung hinsichtlich Verlauf und Behandlung der chronischen Erkrankung(en),*
- *Leitliniengestützte Behandlung der chronischen Erkrankung(en),*
- *Anleitung zum Umgang mit der/den chronischen Erkrankung(en),*
- *Koordination ärztlicher und/oder pflegerischer Maßnahmen im Zusammenhang mit der Behandlung der chronischen Erkrankung(en),*
- *Erstellung und ggf. Aktualisierung eines Medikationsplans und ggf. Anpassung der Selbstmedikation und der Arzneimittelhandhabung,*
- *Überprüfung und fortlaufende Kontrolle der Arzneimitteltherapie mit dem Ziel des wirtschaftlichen und versorgungsgerechten Umgangs mit Arzneimitteln,*

Aus diesen beispielhaft ausgewählten Beschreibungen zweier Gebührenpositionen geht jedoch klar hervor, dass die ärztliche Beratungstätigkeit im Vordergrund steht. Weder kann ein Patientenlotse ärztliche und/oder pflegerische Maßnahmen im Zusammenhang mit der Behandlung der chronischen Erkrankung(en) (GOP 03220) noch die palliativmedizinische und -pflegerische Versorgung in Zusammenarbeit mit anderen spezialisierten Leistungserbringern wie z. B. Vertragsärzten, Psychotherapeuten, Pflegediensten, psychosozialen Betreuungsdiensten, Hospizen (GOP 03372) koordinieren. Selbst die Anleitung und Beratung der Betreuungs- und Bezugspersonen (GOP 03372) kann nur vom Arzt vorgenommen werden. Alle diese Tätigkeiten sind Teil der ärztlichen Behandlung oder stehen zumindest in sehr engem Zusammenhang damit. Genuine Tätigkeiten von Patientenlotsen sind davon nicht erfasst.

In diesem Zusammenhang erhebt sich die Frage, ob das gesamte Spektrum der Leistungen von Patientenlotsen auch Gegenstand ärztlicher Behandlungsleistungen werden soll und dass diese Leistungen dann auch an Patientenlotsen delegiert werden können. Da die ÄApprO bis auf die genannten eher spärlichen Koordinations- und Kooperationstätigkeiten keine Ausbildungsinhalte kennt, die das gesamte Leistungsspektrum von Patientenlotsen enthalten, müsste die ÄApprO in § 1 entsprechend geändert werden. Hingegen enthalten die Gebietsbezeichnung und die Inhalte gemäß der (Muster-)Weiterbildungsordnung für Fachärzte der Allgemeinmedizin Elemente der Tätigkeit von Patientenlotsen. Dann könnten diese Leistungen zumindest für die Fachärzte der Allgemeinmedizin als ärztliche Leistungen auch in die Delegationskataloge der Anlagen 8 und 24 zum BMV-Ä aufgenommen werden.

Eine andere Frage ist, ob ein Arzt einen Patientenlotsen beschäftigen würde, um entsprechende Patientenlotsenleistungen an ihn delegieren zu können. Voraussetzung hierfür wäre die Einführung einer entsprechenden Gebührenordnungspositition im EBM.

Die vorstehenden Ausführungen zeigen, dass das Konzept der Einbindung der Tätigkeit von Patientenlotsen in die ärztliche Versorgung im Wege der Delegation eher weniger tauglich ist, weil es bei der ärztlichen Ausbildung nach der BÄO eine entsprechende Erweiterung erfordern würde. Anderes gilt für die Fachärzte für Allgemeinmedizin, bei denen die Weiterbildungsinhalte wesentliche Elemente der Tätigkeit von Patientenlotsen enthalten. Allerdings ist zu sehen, dass nicht das gesamte Leistungsspektrum von Patientenlotsen von der ärztlichen Tätigkeit erfasst wird. Unabhängig davon bleibt die Frage, ob bei einer Delegation solcher Leistungen die erforderliche Unabhängigkeit von Patientenlotsen gewährleistet ist.

2.4.3.4.3 Kassenärztliche Versorgung

Unabhängig von der Einschätzung, dass die Tätigkeit von Patientenlotsen nicht im Rahmen ärztlicher Behandlung stattfinden kann,[78] ist hier noch darauf hinzuweisen, dass die Aufgaben im Rahmen der vertragsärztlichen Versorgung durchaus Elemente enthalten, die einer Tätigkeit von Patientenlotsen nahekommen (§ 73 Abs. 1 SGB V):

> *(1) Die vertragsärztliche Versorgung gliedert sich in die hausärztliche und die fachärztliche Versorgung. Die hausärztliche Versorgung beinhaltet insbesondere*

78 S. dazu oben Abschnitt 2.4.3.4.1 und 2.4.3.4.2.

1. *die allgemeine und fortgesetzte ärztliche Betreuung eines Patienten in Diagnostik und Therapie bei Kenntnis seines häuslichen und familiären Umfeldes; Behandlungsmethoden, Arznei- und Heilmittel der besonderen Therapierichtungen sind nicht ausgeschlossen,*
2. *die Koordination diagnostischer, therapeutischer und pflegerischer Maßnahmen einschließlich der Vermittlung eines aus medizinischen Gründen dringend erforderlichen Behandlungstermins bei einem an der fachärztlichen Versorgung teilnehmenden Leistungserbringer,*
3. *die Dokumentation, insbesondere Zusammenführung, Bewertung und Aufbewahrung der wesentlichen Behandlungsdaten, Befunde und Berichte aus der ambulanten und stationären Versorgung,*
4. *die Einleitung oder Durchführung präventiver und rehabilitativer Maßnahmen sowie die Integration nichtärztlicher Hilfen und flankierender Dienste in die Behandlungsmaßnahmen.*

Die Koordination diagnostischer, therapeutischer und pflegerischer Maßnahmen (§ 73 Abs. 1 Nr. 2 SGB V) sowie die Einleitung (nicht: die Durchführung) präventiver und rehabilitativer Maßnahmen sowie die Integration nichtärztlicher Hilfen und flankierender Dienste in die Behandlungsmaßnahmen sind Tätigkeiten, die auch dem Spektrum der Tätigkeiten von Patientenlotsen zugerechnet werden können.

2.4.3.4.4 Medizinische Versorgungszentren

Im Rahmen der vertragsärztlichen Versorgung ist auch die Zulassung von medizinischen Versorgungszentren (MVZ) möglich (§ 95 Abs. 1 Satz 1 SGB V). Medizinische Versorgungszentren können neben zugelassenen Ärzten u. a. auch von zugelassenen Krankenhäusern und von Kommunen[79] gegründet werden (§ 95 Abs. 1a Satz 1 SGB V). Patientenlotsen könnten in einem MVZ nur im Rahmen einer Delegation durch einen Vertragsarzt

79 Für die der Gründung kommunalen MVZ sind Erleichterungen bei den Sicherheitsleistungen geplant, s. hierzu Art. 1 Nr. 8 des Referentenentwurfs des Bundesministeriums für Gesundheit, Entwurf eines Gesetzes zur Stärkung der Gesundheitsversorgung in der Kommune (Gesundheitsversorgungsstärkungsgesetz – GVSG)(Bearbeitungsstand: 15.06.2023 – noch nicht ressortabgestimmt). S. dazu unten Abschnitt 2.4.3.18.

tätig werden. Dafür würden die üblichen Vorschriften zur ärztlichen Behandlung durch Hilfeleistung anderer Personen[80] gelten.

2.4.3.5 Besondere Versorgung – integrierte Versorgungsverträge

Verträge zur integrierten Versorgung nach § 140a SGB V und § 92b SGB XI können zwischen den Kranken- bzw. Pflegekassen und verschiedenen Leistungserbringern geschlossen werden. Diese Verträge dienen der Leistungssektoren übergreifenden oder interdisziplinär fachübergreifenden Versorgung (integrierte Versorgung) (§ 140a Abs. 1 Satz 1 SGB V). Mit diesen Verträgen, auch Selektivverträge genannt, kann von zahlreichen Vorschriften des SGB V bzw. SGB XI abgewichen werden (§ 140a Abs. 3 SGB V; § 92b Abs. 2 SGB XI). Diese Verträge eröffnen damit eine Kooperation auf zwei Ebenen: auf der Ebene der Sozialleistungsträger mit den Leistungserbringern, und auf der Ebene zwischen verschiedenen Leistungserbringern. Insofern sind diese Verträge auch zu den Kooperationsinstrumenten zu rechnen.[81]

In Selektivverträgen ist die Tätigkeit von Care- und Casemanagern/Patientenlotsen mittlerweile zulässiger Vertragsinhalt. Allerdings gibt es Schwierigkeiten bei der praktischen Ausgestaltung.[82]

Bezogen auf die Erbringung von Leistungen von Patientenlotsen könnten Krankenkassen mit Trägern von Patientenlotsen als Leistungserbringer zusammen mit anderen Leistungserbringern Selektivverträge schließen. Allerdings ist zu bedenken, dass damit nur Versicherte von Krankenkassen, die solche Selektivverträge geschlossen haben, in den Genuss von entsprechenden Leistungen kommen. Deshalb sollte das Grundmuster der Selektivverträge mit Blick auf die Patientenlotsen dauerhaft in die Regelversorgung übernommen werden.

2.4.3.6 Strukturierte Behandlungsprogramme

Es besteht für Krankenkassen die Möglichkeit, strukturierte Behandlungsprogramme bei chronischen Krankheiten zu entwickeln (§ 137f Abs. 1 Satz 1

80 S. dazu oben Abschnitt 2.4.3.4.2.

81 S. dazu unten Abschnitt 2.4.10.

82 Zu den Einzelheiten s. *Ruppel/Fahrinsland*, Care- und Casemanagement als Hauptleistung von Selektivverträgen gem. § 140a SGB V und Leistungserbringung durch „beliebige“ Anbieter, in: Sozialgerichtsbarkeit (SGb) 11/2022, S. 668 ff. (673).

SGB V). Der Gemeinsame Bundesausschuss erlässt Richtlinien zu den Anforderungen an die Ausgestaltung dieser Behandlungsprogramme (§ 137f Abs. 2 SGB V).[83] Die Teilnahme der Versicherten an diesen Programmen ist freiwillig (§ 137f Abs. 3 Satz 1 SGB V). Das Bundesamt für Soziale Sicherung lässt die Programme zu (§ 137g SGB V).

Die strukturierten Behandlungsprogramme dienen u. a. der Bewältigung von Problemen beim sektorenübergreifenden Behandlungsbedarf (§ 137f Abs. 1 Satz 2 Nr. 3 SGB V). Weiter kann es um die Beeinflussbarkeit des Krankheitsverlaufs durch Eigeninitiative des Versicherten gehen (§ 137f Abs. 1 Satz 2 Nr.4 SGB V).

Diese Programmkriterien können auch den Vorstellungen für ein Tätigwerden von Patientenlotsen zugrunde liegen. Auch der davon erfasste Personenkreis entspricht grosso modo dem Personenkreis, den Patientenlotsen mit ihrer Tätigkeit unterstützen sollen. Aus diesem Grund ist zu erwägen, ob die Tätigkeit von Patientenlotsen ausgerichtet werden kann an dem Organisationsmuster, das den strukturierten Behandlungsprogrammen zugrunde liegt.

Das Grundmuster der Organisation von strukturierten Behandlungsprogrammen besteht aus den folgenden Elementen:

- Vorliegen einer geeigneten chronischen Krankheit gemäß den Richtlinien des Gemeinsamen Bundesausschusses;
- Erstellen eines Programms gemäß den Richtlinien des Gemeinsamen Bundesausschusses;
- Zulassung des Programms durch das Bundesamt für Soziale Sicherung;
- Abschluss von Verträgen mit verschiedenen Leistungserbringern;
- externe Evaluation (§ 137f Abs. 4 Satz 1 SGB V);
- jährliche Qualitätsberichte an das Bundesamt für Soziale Sicherung (§ 137f Abs. 4 Satz 2 SGB V).

Dieses Grundmuster könnte auch für die Organisation der Trägerschaft von Patientenlotsen verwendet werden. Der Gemeinsame Bundesausschuss erlässt Richtlinien zu den Voraussetzungen und zur Art und Weise der Tätigkeit von Patientenlotsen. Die Krankenkassen erstellen nach diesen

83 Richtlinie des Gemeinsamen Bundesausschusses zur Zusammenführung der Anforderungen an strukturierte Behandlungsprogramme nach § 137f Absatz 2 SGB V (DMP-Anforderungen-Richtlinie/DMP-A-RL), in der Fassung vom 20. März 2014, veröffentlicht im Bundesanzeiger (BAnz AT 26. Juni 2014 B3, AT 26. August 2014 B2), in Kraft getreten am 1. Juli 2014, zuletzt geändert am 18. August 2022, veröffentlicht im Bundesanzeiger (BAnz AT 03.02.2023 B2), in Kraft getreten am 1. April 2023.

Vorgaben ein Patientenlotsenprogramm, holen die Zulassung durch das Bundesamt für Soziale Sicherung ein und schließen auf dieser Grundlage Verträge mit den Trägern von Patientenlotsen als Leistungserbringer. Eine externe Evaluation und jährliche Qualitätsberichte sind ebenfalls denkbar. Die Einschreibung in dieses Programm ist für die Versicherten freiwillig.

Zu bedenken ist, dass nur Versicherte von Krankenkassen, die solche strukturierten Behandlungsprogramme aufgelegt haben, in den Genuss der entsprechenden Leistungen kommen.

2.4.3.7 Psychotherapie-Richtlinie und Psychotherapievereinbarung

Die Richtlinie des Gemeinsamen Bundesausschusses über die Durchführung der Psychotherapie (Psychotherapie-Richtlinie)[84] ist auf Grundlage des § 92 Abs. 6a SGB V beschlossen worden. Es handelt sich um eine Richtlinie zur ärztlichen Behandlung im Sinne von § 92 Abs. 1 Satz 2 Nr. 1 SGB V. Die Psychotherapie-Richtlinie ist sehr an den Besonderheiten der psychotherapeutischen Behandlung orientiert. Gleiches gilt für die Vereinbarung über die Anwendung von Psychotherapie in der vertragsärztlichen Versorgung (Psychotherapie-Vereinbarung).[85] Aus diesem Grund können aus diesen beiden Regelungswerken keine Hinweise für die Versorgung mit Patientenlotsen gewonnen werden.

2.4.3.8 KSVPsych-RL

Die Richtlinie des Gemeinsamen Bundesausschusses über die berufsgruppenübergreifende, koordinierte und strukturierte Versorgung insbesondere für schwer psychisch kranke Versicherte mit komplexem psychiatrischen oder psychotherapeutischen Behandlungsbedarf (KSVPsych-RL)[86] enthält

84 Richtlinie des Gemeinsamen Bundesausschusses über die Durchführung der Psychotherapie (Psychotherapie-Richtlinie) in der Fassung vom 19. Februar 2009, veröffentlicht im Bundesanzeiger Nr. 58 (S. 1399) vom 17. April 2009, in Kraft getreten am 18. April 2009, zuletzt geändert am 20. November 2020, veröffentlicht im Bundesanzeiger (BAnz AT 17.02.2021 B1), in Kraft getreten am 18. Februar 2021.

85 Vereinbarung über die Anwendung von Psychotherapie in der vertragsärztlichen Versorgung (Psychotherapie-Vereinbarung) vom 2. Februar 2017, zuletzt geändert am 15.09.2021; Inkrafttreten am 01.10.2021. Diese Vereinbarung stellt die Anlage 1 zum Bundesmantelvertrag-Ärzte (BMV-Ä) dar.

86 In der Fassung vom 2. September 2021, veröffentlicht im Bundesanzeiger (BAnz 17.12.2021 B3), in Kraft getreten am 18. Dezember 2021.

zahlreiche und wichtige Hinweise zur Organisation von Patientenlotsen. Im Folgenden werden nur diejenigen Inhalte von einzelnen Vorschriften der KSVPsych-RL erläutert, die für eine mögliche Übertragbarkeit auf die Organisation von Patientenlotsen von Interesse sind, wobei darauf hinzuweisen ist, dass sich die Richtlinie insgesamt auf die ärztliche und sonstige Versorgung eines bestimmten Personenkreises bezieht. Die Richtlinie beruht auf einer besonderen Ermächtigungsgrundlage in § 92 Abs. 6b SGB V, die den Gemeinsamen Bundesausschuss zu einem Beschluss der Richtlinie bis spätestens zum 31.12.2020 verpflichtet hat. Es handelt sich um eine Richtlinie zur ärztlichen Behandlung im Sinne von § 92 Abs. 1 Satz 2 Nr. 1 SGB V.

In § 1 KSVPsych-RL werden neben dem schon im Titel der Richtlinie genannten allgemeinen Ziel vier Unterziele genannt (§ 1 Abs. 2 Satz 2 Nr. 1 bis 4 KSVPsych-RL):

- Förderung der Bildung einer leicht erreichbaren und flexiblen Versorgungsstruktur,
- Zurverfügungstellen einer im Vergleich zu den bestehenden Versorgungsformen zeitnäherer Diagnostik- und Therapiemöglichkeiten,
- Unterstützung einer Verkürzung oder Vermeidung von stationären Aufenthalten sowie die Möglichkeit der Versorgung in der häuslichen Umgebung,
- bei Patienten mit langfristigem Behandlungsbedarf: Gewährleistung einer patientenindividuell notwendigen Koordinierung der Versorgungsangebote, Sicherstellung einer bedarfsgerechten Behandlung und Ermöglichung einer gezielten Überleitung in die Versorgung außerhalb der KSVPsych-RL

Mit diesen Unterzielen werden Care und Case Managementaufgaben angesprochen.

Weiter werden die Maßnahmen zum Erreichen dieser Ziele genannt (§ 1 Abs. 3 KSVPsych-RL). Unter diesen Maßnahmen sind unter organisatorischen Aspekten besonders hervorzuheben die Behandlungsleitung durch einen Bezugsarzt oder einen Bezugspsychotherapeuten (§ 1 Abs. 3 Nr. 4 KSVPsych-RL), die Koordination der Versorgung der Patienten im Netzverbund (§ 1 Abs. 3 Nr. 5 KSVPsych-RL), die Erstellung eines abgestimmten verbindlichen Gesamtbehandlungsplans (§ 1 Abs. 3 Nr.6 KSVPsych-RL) und der strukturierte Austausch und die Erleichterung der Kooperation mit Einrichtungen außerhalb des SGB V (§ 1 Abs. 3 Nr. 9 KSVPsych-RL). Die anderen Maßnahmen betreffen vor allem Inhalte, die auch für die sonstige Versorgung von Patienten im Rahmen ärztlicher Behandlung selbstverständlich sein sollten (Zugang zur bedarfsgerechten Krankenbehandlung, zeitnahe Diagnostik, qualitätsgesicherte Behandlung, Erleichterung des Übergangs zwischen stationärer und ambulanter Behandlung, Einbezug des sozialen Umfelds).

§ 3 KSVPsych-RL regelt im Rahmen der Bestimmung der an der Versorgung nach der KSVPsych-RL teilnahmeberechtigten Leistungserbringer auch die Netzverbünde. Der Netzverbund ist ein vertraglicher Zusammenschluss von zur Teilnahme an der vertragsärztlichen Versorgung zugelassenen Leistungserbringern einer Region (Netzverbundmitglieder), die unter Beachtung der jeweiligen berufs- und leistungsrechtlichen Vorgaben eine kontinuierliche, vernetzte, berufsgruppenübergreifende und sektorenübergreifende Versorgung von psychisch Erkrankten im Sinne des § 2 KSV-Psych-RL in der Region gewährleisten (§ 3 Abs. 2 Satz 1 KSVPsych-RL). Weiter werden die Leistungserbringer im Einzelnen aufgeführt und eine Mindestzahl dieser Leistungserbringer im Netzverbund festgelegt (§ 3 Abs. 1 Satz 2 und 3 KSVPsych-RL). Die sektoren- und berufsgruppenübergreifende Versorgung durch den Netzverbund ist durch Kooperationsverträge mit bestimmten stationären Einrichtungen und Leistungserbringern zu gewährleisten (§ 3 Abs. 3 KSVPsych-RL). Weitere Leistungserbringer können im begründeten Einzelfall einbezogen werden (§ 3 Abs. 4 KSVPsych-RL). Weiter sollen verschiedene andere Dienste, Leistungserbringer, Einrichtungen und Stellen in- und außerhalb des SGB V bei Bedarf einbezogen werden (§ 3 Abs. 5 KSVPsych-RL). Die Netzverbundverträge und Kooperationsverträge sind der jeweils zuständigen Kassenärztlichen Vereinigung zur Genehmigung vorzulegen (§ 3 Abs. 9 KSVPsych-RL). Die Aufgaben und die Organisation des Netzverbundes werden in § 6 KSVPsych-RL beschrieben.

Für die Versorgung der Patienten im Einzelnen ist ein Gesamtbehandlungsplan durch einen Bezugsarzt oder einen Bezugspsychotherapeuten zu erstellen (§ 3 Abs. 7, § 4 Abs. 1, § 9 KSVPsych-RL).

Die Koordination der Versorgung der Patienten im Netzverbund (§ 10 KSVPsych-RL) ist vom Bezugsarzt an nichtärztliche Personen zu übertragen (§ 5 Abs. 1 KSVPsych-RL). Die entsprechenden Berufsgruppen, denen diese nichtärztlichen Personen angehören müssen, werden in § 5 Abs. 2 Satz 1 KSVPsych-RL exklusiv aufgeführt. Es sind dies:

- Soziotherapeutische Leistungserbringerinnen und Leistungserbringer, die einen Vertrag zur Erbringung von Soziotherapie nach § 132b SGB V abgeschlossen haben,

- Zugelassene Ergotherapeutinnen und Ergotherapeuten nach § 124 SGB V,
- Leistungserbringer, die einen Vertrag für die Erbringung von psychiatrischer häuslicher Krankenpflege gemäß § 132a SGB V abgeschlossen haben,
- Medizinische Fachangestellte,
- Sozialarbeiterinnen und Sozialarbeiter,
- Sozialpädagoginnen und Sozialpädagogen,
- Pflegefachpersonen,
- Psychologinnen und Psychologen.

Sie müssen weiter über eine fachspezifische Zusatzqualifikation oder über eine zweijährige Berufserfahrung (inklusive Ausbildungszeiten) in der Versorgung von Patienten mit psychischen Erkrankungen verfügen (§ 5 Abs. 2 Satz 2 KSVPsych-RL).

Die Koordination der Versorgung der Patienten erfolgt durch eine der vorgenannten nichtärztlichen Personen. Die Koordinationsaufgaben werden entsprechend der berufsrechtlichen Vorgaben durch den Bezugsarzt oder den Bezugspsychotherapeuten an eine der in § 5 Abs. 2 KSVPsych-RL genannten Berufsgruppen übertragen. Dabei soll darauf geachtet werden, dass die die Koordination durchführende Person der Patientin oder dem Patienten vertraut ist (§ 5 Abs. 1 KSVPsych-RL).

Die Vorschrift des § 5 KSVPsych-RL ist von besonderem Interesse für die Patientenlotsen, als hier eine Delegation durch Ärzte oder Psychotherapeuten auf Angehörige nichtärztlicher Berufe stattfindet und dass bestimmte Qualifikationsanforderungen erhoben werden.

Die Richtlinie enthält weiter Vorschriften zum Zugang der Patienten zur Versorgung (§ 7 KSVPsych-RL), zur Diagnostik und Behandlung (§ 8 KSVPsych-RL) und zur Verlaufskontrolle und Beendigung der Versorgung nach der KSVPsych-RL (§ 12 KSVPsych-RL).

In der KSVPsych-RL wird im Rahmen der Regelungen zur Erleichterung des Sektorenübergangs (§ 11 KSVPsych-RL) auch auf vorhandene Strukturen Bezug genommen, so auf das Entlassmanagement (§ 11 Abs. 1 bis 3 KSVPsych-RL).

Die vorliegende Richtlinie ist zur Versorgung schwer psychisch kranker Versicherter mit komplexem psychiatrischen oder psychotherapeutischem Behandlungsbedarf erlassen worden. Sie stellt ein differenziertes und komplexes Regelwerk für alle an der Versorgung dieser Patienten beteiligten Personen und Institutionen dar. Zum Verständnis dieser Richtlinie mit

Blick auf Patientenlotsen muss gesehen werden, dass hier ein gesamter Versorgungskomplex für bestimmte Patienten im Rahmen der ärztlichen Behandlung geregelt wird. Vereinfachend gesagt: Die KSVPsych-RL regelt vor allem die ärztliche Behandlungstätigkeit für einen bestimmten Personenkreis. Nur dort, wo die gesetzliche Grundlage für die Richtlinie auch Regelungen zur Erleichterung des Übergangs von der stationären in die ambulante Versorgung fordert (§ 92 Abs. 6b Satz 3 SGB V), ist direkt auch die Versorgungsstruktur betroffen (§ 11 KSVPsych-RL).

Der zentrale Rahmen für die Versorgung wird vom Netzverbund und durch die Kooperationsverträge gestaltet. Die Herstellung dieses durch die Kooperationsverträge organisierten Verbundes liegt in den Händen der Mitglieder des Netzverbundes, also den zur vertragsärztlichen Versorgung zugelassenen Leistungserbringern. Die KSVPsych-RL enthält keine Bestimmungen für den Fall, dass Netzverbünde oder Kooperationen nicht zustande kommen.

Die zentrale Steuerungsfigur für die individuelle Versorgung der Patienten ist der Bezugsarzt bzw. der Bezugspsychotherapeut, der sich dann auf Basis des Gesamtbehandlungsplans zur Koordination der Versorgung im Wege der Delegation nichtärztlicher Personen bedient. Für die Versorgung mit Leistungen von Patientenlotsen wäre insbesondere die Vorschrift des § 5 KSVPsych-RL als Regelungsmuster einschlägig.

2.4.3.9 Kooperationsvereinbarungen zum Kinder- und Jugendschutz

Die Kooperationsvereinbarungen von kassenärztlichen Vereinigungen mit den kommunalen Spitzenverbänden auf Landesebene über die Zusammenarbeit von Vertragsärzten mit den Jugendämtern dienen dazu, die vertragsärztliche Versorgung von Kindern und Jugendlichen zu verbessern, bei denen Vertragsärzte im Rahmen von Früherkennungsuntersuchungen nach § 26 SGB V oder im Rahmen ihrer Behandlung oder der ärztlichen Behandlung ihrer Familienangehörigen nach § 28 SGB V Anhaltspunkte für eine Gefährdung ihres Wohls feststellen (§ 73c Satz 1 SGB V).

Diese Vorschrift dient dazu, die Versorgung bei der Gefährdung des Wohls von Kindern und Jugendlichen zu verbessern. Zu diesem Zweck soll die Expertise der ärztlichen und psychotherapeutischen Leistungserbringerinnen und Leistungserbringer und der Jugendämter in gemeinsamen Fallbesprechungen zusammengebracht werden.[87] Insofern enthält diese Vorschrift Elemente, die auch einer Tätigkeit von Patientenlotsen gleichkommen können, wobei der Patientenlotse allerdings nicht Teilnehmer einer Fallbesprechung sein kann, sondern eine Fallbesprechung nur initiieren kann.

2.4.3.10 Häusliche Krankenpflege

Von der leistungsrechtlichen Seite her gesehen ist die Versorgung mit häuslicher Krankenpflege (§ 37 SGB V) als (Krankenhaus-)Vermeidungspflege (§ 37 Abs. 1 SGB V), als Unterstützungspflege (§ 37 Abs. 1a SGB V und als Sicherungspflege (§ 37 Abs. 2 SGB V) ausgestaltet. Allerdings besteht der Anspruch auf häusliche Krankenpflege nur, soweit eine im Haushalt lebende Person den Kranken in dem erforderlichen Umfang nicht pflegen und versorgen kann (§ 37 Abs. 3 SGB V). Die Leistungen sind verordnungspflichtig. Hierzu hat der Gemeinsame Bundesausschuss eine Richtlinie erlassen (§ 92 Abs. 1 Satz 2 Nr. 6 SGB V).[88]

Die Leistung ist als „häusliche Krankenpflege durch geeignete Pflegekräfte" definiert (§ § 37 Abs. 1 Satz 1 SGB V). Der Leistungsumfang variiert je nachdem, ob Vermeidungspflege, Sicherungspflege oder Unterstützungspflege geleistet wird. Kann die Krankenkasse keine Kraft für die häusliche Krankenpflege stellen oder besteht Grund, davon abzusehen, sind den Versicherten die Kosten für eine selbstbeschaffte Kraft in angemessener Höhe zu erstatten (§ 37 Abs. 4 SGB V). Persönliche (Dienst-)Leistungserbringer können damit neben den geeigneten Pflegefachkräften auch selbstbeschaffte Kräfte sein.

Von der leistungserbringungsrechtlichen Seite her gesehen schließen die Krankenkassen Verträge mit den Leistungserbringern über die Preise und deren Abrechnung und die Verpflichtung der Leistungserbringer zur Fortbildung (§ 132a Abs. 4 Satz 1 SGB V).

---

87 Deutscher Bundestag, Drucksache 19/26107, S. 125.

88 Richtlinie des Gemeinsamen Bundesausschusses über die Verordnung von häuslicher Krankenpflege (Häusliche Krankenpflege-Richtlinie) in der Fassung vom 17. September 2009, veröffentlicht im Bundesanzeiger Nr. 21a (Beilage) vom 9. Februar 2010, in Kraft getreten am 10. Februar 2010, zuletzt geändert am 20. Oktober 2022, veröffentlicht im Bundesanzeiger (BAnz AT 23.12.2022 B8), in Kraft getreten am 24. Dezember 2022 sowie zuletzt geändert am 20. Oktober 2022, veröffentlicht im Bundesanzeiger (BAnz AT 11.01.2023 B4), in Kraft getreten am 12. Januar 2023.

Gemeinsame Rahmenempfehlungen[89] des Spitzenverbandes Bund der Krankenkassen und der für die Wahrnehmung der Interessen von Pflegediensten maßgeblichen Spitzenorganisationen auf Bundesebene[90] enthalten Hinweise u. a. zur Eignung der Leistungserbringer, zu den Maßnahmen zur Qualitätssicherung und Fortbildung, und zu den Grundsätzen der Vergütungen (§ 132a Abs. 1 Satz 4 SGB V).

Anders als es der Wortlaut zur Leistung der häuslichen Krankenpflege vermuten lässt („häusliche Krankenpflege durch geeignete Pflegekräfte") wird im Leistungserbringungsrecht vom ambulanten Pflegedienst als Leistungserbringer gesprochen, so in § 1 Abs. 1 der Rahmenempfehlungen: „Die vom ambulanten Pflegedienst angebotenen Leistungen der häuslichen Krankenpflege...". Es werden auch Qualitätsanforderungen an den Pflegedienst aufgestellt, wobei die vom ambulanten Pflegedienst angebotenen Leistungen der häuslichen Krankenpflege unter ständiger Verantwortung einer Pflegefachkraft durchzuführen sind, deren Qualifikationsanforderungen im Einzelnen beschrieben werden (§ 1 der Rahmenempfehlungen). In den Rahmenempfehlungen werden jedoch keine Qualifikationsanforderungen für die Person aufgestellt, die die jeweils persönliche Pflegeleistung erbringt.

Im Leistungserbringungsrecht wird zwischen einem Versorgungsvertrag zwischen Krankenkasse und Leistungserbringer nach § 132a Abs. 4 SGB V und einer Vergütungsvereinbarung (§ 7 Rahmenempfehlung) unterschieden. Vergütungsverträge können nur geschlossen werden, wenn ein Versorgungsvertrag existiert (§ 7 Abs. 1 Satz 2 der Rahmenempfehlungen). In den Rahmenempfehlungen sind weiter die Qualitätsanforderungen an die Grundsätze für das System der Vergütung von häuslicher Krankenpflege niedergelegt (§ 7 Abs. 2 der Rahmenempfehlungen).

Die leistungserbringungsrechtlichen Vorschriften zur häuslichen Krankenpflege gehen damit grundsätzlich davon aus, dass der Leistungserbringer in der Regel nicht eine natürliche Person, etwa eine Pflegefachkraft, sondern eine Einheit ist, die als ambulanter Pflegedienst bezeichnet wird. Mit dem Pflegedienst bzw. dessen Träger wird der Versorgungs- und Vergütungsvertrag abgeschlossen. Der Pflegedienst ist verantwortlich für die

---

89 Zum Regelungsinstrument der Rahmenempfehlungen s. auch unten Abschnitt 3.4.4.

90 Rahmenempfehlungen nach § 132a Abs. 1 SGB V zur Versorgung mit Häuslicher Krankenpflege vom 10.12.2013 i. d. F. vom 28.10.2021 (https://www.gkv-spitzenverband.de/krankenversicherung/ambulante_leistungen/haeusliche_krankenpflege/haeusliche_krankenpflege_1.jsp, Zugriff: 24.03.2023).

Einhaltung der Anforderungen an die Qualifikation der verantwortlichen Pflegefachkraft.

Die Regelungsstruktur der häuslichen Krankenpflege kann auch auf die Leistungserbringung durch Patientenlotsen übertragen werden, wobei der Pflegedienst als Leistungserbringer dem Träger von Lotsenleistungen entsprechen würde. Für die Qualifikation der persönlichen Leistungserbringer müsste jedoch ein Anforderungsprofil vorgesehen werden.

2.4.3.11 Soziotherapie

Die Vorschrift über die Leistung von Soziotherapie lautet wie folgt (§ 37a Abs. 1 und 2):

> *(1) Versicherte, die wegen schwerer psychischer Erkrankung nicht in der Lage sind, ärztliche oder ärztlich verordnete Leistungen selbständig in Anspruch zu nehmen, haben Anspruch auf Soziotherapie, wenn dadurch Krankenhausbehandlung vermieden oder verkürzt wird oder wenn diese geboten, aber nicht ausführbar ist. Die Soziotherapie umfasst im Rahmen des Absatzes 2 die im Einzelfall erforderliche Koordinierung der verordneten Leistungen sowie Anleitung und Motivation zu deren Inanspruchnahme. Der Anspruch besteht für höchstens 120 Stunden innerhalb von drei Jahren je Krankheitsfall.*
>
> *(2) Der Gemeinsame Bundesausschuss bestimmt in den Richtlinien nach § 92 das Nähere über Voraussetzungen, Art und Umfang der Versorgung nach Absatz 1, insbesondere*
>
> 1. *die Krankheitsbilder, bei deren Behandlung im Regelfall Soziotherapie erforderlich ist,*
> 2. *die Ziele, den Inhalt, den Umfang, die Dauer und die Häufigkeit der Soziotherapie,*
> 3. *die Voraussetzungen, unter denen Ärzte zur Verordnung von Soziotherapie berechtigt sind,*
> 4. *die Anforderungen an die Therapiefähigkeit des Patienten,*
> 5. *Inhalt und Umfang der Zusammenarbeit des verordnenden Arztes mit dem Leistungserbringer.*
>
> *(...)*

Hierzu ist die Richtlinie des Gemeinsamen Bundesausschusses über die Durchführung von Soziotherapie in der vertragsärztlichen Versorgung (Soziotherapie-Richtlinie/ST-RL)[91] ergangen.

Die Leistung von Soziotherapie kommt in Inhalt wie Organisation der Leistungserbringung den Leistungen von Patientenlotsen sehr nahe. Das gilt insbesondere

- für die Abhängigkeit der Leistung von bestimmten Merkmalen einer Krankheit (§ 37a Abs. 2 Nr. 1 SGB V), die in § 2 ST-RL näher definiert werden, und
- für den Leistungsinhalt, der in § 3 ST-RL näher bestimmt wird (Erstellung eines Betreuungsplans, Koordination von Behandlungsmaßnahmen und Leistungen, Arbeit im sozialen Umfeld, soziotherapeutische Dokumentation (§ 3 Abs. 2 ST-RL).

Die Leistung wird ärztlich verordnet, wobei die Befugnis zur Verordnung von Soziotherapie der Genehmigung durch die Kassenärztliche Vereinigung bedarf. Die Verordnungsbefugnis ist auf bestimmte Berufsgruppen von Fachärzten und Psychotherapeuten beschränkt (§ 4 ST-RL). Es ist auch eine Verordnung im Rahmen des Entlassmanagements nach Krankenhausbehandlung (§ 39 Abs. 1a SGB V) möglich (§ 4a ST-RL). Die Verordnung bedarf der vorherigen Genehmigung durch die Krankenkasse des Versicherten (§ 9 Abs. 1 Satz 1 ST-RL).

Damit stellt sich die Leistung von Soziotherapie als Sachleistung der Krankenkassen dar, auch wenn in § 37a Abs. 3 SGB V eine Zuzahlungspflicht geregelt ist.

Insgesamt ist die Leistung von Soziotherapie an sehr enge Voraussetzungen geknüpft.

Die entsprechende leistungserbringungsrechtliche Vorschrift findet sich in § 132b SGB V. Danach können die Krankenkassen oder deren Landesverbände mit geeigneten Personen oder Einrichtungen Verträge über die Versorgung mit Soziotherapie abschließen, soweit dies für eine bedarfsgerechte Versorgung notwendig ist (§ 132b Abs. 1 SGB V). Bei Nichteinigung wird der Vertrag durch eine unabhängige Schiedsperson festgelegt (§ 132 Abs. 2 SGB V).

---

91 In der Fassung vom 22. Januar 2015, BAnz AT 14.04.2015 B5, in Kraft getreten am 15. April 2015, zuletzt geändert am 18. März 2021, BAnz AT 15.04.2021 B3, in Kraft getreten am 1. April 2021.

In der bis zum 1.7.2008 geltenden Fassung der Vorschrift des § 132b Abs. 2 SGB V war auch eine Rechtsgrundlage für gemeinsame Empfehlungen[92] der Anforderungen an die Leistungserbringer für Soziotherapie gegeben.[93] Nach Wegfall der Rechtsgrundlage hierfür sind auch diese Gemeinsamen Empfehlungen nicht mehr gültig. In der Kommentarliteratur wird jedoch geäußert, dass die Krankenkassen diese Gemeinsamen Empfehlungen noch als Anhaltspunkte für die Bestimmung der Eignung der Leistungserbringer heranziehen können.[94] In diesen Verträgen sind auch die Vergütungen und die Qualitätssicherung zu regeln. Die Abrechnung vollzieht sich nach den Vorschriften über die Abrechnung der sonstigen Leistungserbringer (§ 302 SGB V).

Die Vorschriften zur Leistungserbringung sind insgesamt eher rudimentär.[95] Sie können jedoch in der ihnen zugrunde liegenden Struktur zumindest im Ansatz auch für das Verhältnis von Patientenlotsen zu den Sozialleistungsträgern herangezogen werden. Von Interesse ist dabei, dass die Verträge mit den Leistungserbringern sowohl mit Einzelpersonen als auch mit Einrichtungen geschlossen werden können. Einrichtungen können Organisationseinheiten gleich welcher Rechtsform sein.[96] Übertragen auf mögliche Organisationsmodelle für Patientenlotsen könnte damit eine Einzelperson als Leistungserbringer ebenso erfasst werden wie ein Patientenlotse, der bei einem Träger von Patientenlotsenleistungen angestellt ist.

2.4.3.12 Spezialisierte ambulante Palliativversorgung

Die Vorschrift zur Leistung von spezialisierter ambulanter Palliativversorgung (SAPV) lautet auszugsweise (§ 37b Abs. 1 SGB V):

> *Versicherte mit einer nicht heilbaren, fortschreitenden und weit fortgeschrittenen Erkrankung bei einer zugleich begrenzten Lebenserwartung,*

---

92 Zum Regelungsinstrument der Rahmenempfehlungen s. auch unten Abschnitt 3.4.4.

93 Gemeinsame Empfehlungen der Spitzenverbände der Krankenkassen gemäß § 132b Abs. 2 SGB V zu den Anforderungen an die Leistungserbringer für Soziotherapie in der Fassung vom 29. November 2001 (https://www.gkv-spitzenverband.de/krankenversicherung/ambulante_leistungen/soziotherapie/soziotherapie.jsp, Zugriff: 24.05.2023).

94 So *Rixen*, in: Becker/Kingreen, SGB V, 2022, § 132b, Rn. 9.

95 *Rixen*, in: Becker/Kingreen, SGB V, 2022, § 132b, Rn. 10. Zur Kritik an der praktischen Umsetzung s. *Braeseke/Huster/Pflug/Rieckhoff/Ströttchen/Nolting/Meyer-Rötz/IGES Institut GmbH,* Studie zum Versorgungsmanagement durch Patientenlotsen, 2018, S. 35.

96 *Rixen*, in: Becker/Kingreen, SGB V, 2022, § 132b, Rn. 2.

die eine besonders aufwändige Versorgung benötigen, haben Anspruch auf spezialisierte ambulante Palliativversorgung. Die Leistung ist von einem Vertragsarzt oder Krankenhausarzt zu verordnen. Die spezialisierte ambulante Palliativversorgung umfasst ärztliche und pflegerische Leistungen einschließlich ihrer Koordination insbesondere zur Schmerztherapie und Symptomkontrolle und zielt darauf ab, die Betreuung der Versicherten nach Satz 1 in der vertrauten Umgebung des häuslichen oder familiären Bereichs zu ermöglichen; hierzu zählen beispielsweise Einrichtungen der Eingliederungshilfe für behinderte Menschen und der Kinder- und Jugendhilfe. Versicherte in stationären Hospizen haben einen Anspruch auf die Teilleistung der erforderlichen ärztlichen Versorgung im Rahmen der spezialisierten ambulanten Palliativversorgung. Dies gilt nur, wenn und soweit nicht andere Leistungsträger zur Leistung verpflichtet sind. Dabei sind die besonderen Belange von Kindern zu berücksichtigen.

Auch Versicherte in stationären Pflegeeinrichtungen haben einen Anspruch auf SAPV (§ 37b Abs. 2 SGB V).

In Richtlinien des Gemeinsamen Bundesausschuss (Spezialisierte Ambulante Palliativversorgungs-Richtlinie/SAPV-RL)[97] wird das Nähere zur SAPV geregelt (§ 37b Abs. 3 SGB V):

Der Gemeinsame Bundesausschuss bestimmt in den Richtlinien nach § 92 das Nähere über die Leistungen, insbesondere

1. *die Anforderungen an die Erkrankungen nach Absatz 1 Satz 1 sowie an den besonderen Versorgungsbedarf der Versicherten,*
2. *Inhalt und Umfang der spezialisierten ambulanten Palliativversorgung einschließlich von deren Verhältnis zur ambulanten Versorgung und der Zusammenarbeit der Leistungserbringer mit den bestehenden ambulanten Hospizdiensten und stationären Hospizen (integrativer Ansatz); die gewachsenen Versorgungsstrukturen sind zu berücksichtigen,*
3. *Inhalt und Umfang der Zusammenarbeit des verordnenden Arztes mit dem Leistungserbringer.*

97 Richtlinie des Gemeinsamen Bundesausschusses zur Verordnung von spezialisierter ambulanter Palliativversorgung (Spezialisierte Ambulante Palliativversorgungs-Richtlinie/SAPV-RL) in der Fassung vom 20. Dezember 2007, veröffentlicht im Bundesanzeiger Nr. 39 (S. 911) vom 11. März 2008, in Kraft getreten am 12. März 2008, zuletzt geändert am 15. September 2022, veröffentlicht im Bundesanzeiger (BAnz AT 23.11.2022 B2), in Kraft getreten am 24. November 2022.

Im Zusammenhang der Organisation von Patientenlotsen sind hier von besonderem Interesse § 37b Abs. 1 Satz 3 SGB V (Koordination der ärztlichen und pflegerischen Leistungen) sowie die SAPV-Richtlinie zu § 37b Abs. 3 Nr. 2 und 3 SGB V.

Im Leistungserbringungsrecht ist geregelt, dass in einem Rahmenvertrag[98] des Spitzenverbandes Bund der Krankenkassen mit den maßgeblichen Spitzenorganisationen der Hospizarbeit und Palliativversorgung auf Bundesebene[99] die sächlichen und personellen Anforderungen an die Leistungserbringung, Maßnahmen zur Qualitätssicherung und die wesentlichen Elemente der Vergütung festgelegt werden (§ 132d Abs. 1 Satz 1 und 3 SGB V).

Die Leistungen der SAPV bestehen je nach Bedarf aus Beratungsleistung, Koordinationsleistung, additiv unterstützender Teilversorgung oder vollständiger Versorgung, wobei diese Leistungen wieder ausführlich beschrieben werden (§ 9 Abs. 6 Rahmenvertrag SAPV, Abdruck in Anlage 6.1). Die Zugehörigen sollen in die Versorgung einbezogen werden (§ 9 Abs. 7 Rahmenvertrag SAPV).

In § 6 SAPV-RL ist die Zusammenarbeit der Leistungserbringer geregelt. Die an der Versorgung beteiligten Leistungserbringer erbringen die erforderlichen Maßnahmen aufeinander abgestimmt und bedarfsgerecht; die diesbezügliche Koordination ist sicherzustellen. Hierüber sind verbindliche Kooperationsvereinbarungen schriftlich oder mündlich zu treffen. Kooperationspartner ist auch der ambulante Hospizdienst, der auf Wunsch der Versicherten oder des Versicherten an der Versorgung beteiligt wird. Bei Bedarf und entsprechender Qualifikation kann die dauerbehandelnde Ärztin oder der dauerbehandelnde Arzt im Einzelfall Kooperationspartnerin oder Kooperationspartner werden.

Detailliertere Regelungen zur Qualifikation der Leistungserbringer und insgesamt zur Leistungserbringung finden sich im Rahmenvertrag SAPV. Leistungserbringer ist ein SAPV-Team, das aus mindestens zwei speziell qualifizierten Ärztinnen und Ärzten sowie vier speziell qualifizierten Pflegefachkräften besteht (§ 3 Abs. 1 und 2, Qualifikationsanforderungen in § 7 Abs. 3 und 4 Rahmenvertrag SAPV). Weiter werden strukturelle und

---

98 Zum Regelungsinstrument des Rahmenvertrags s. auch unten Abschnitt 3.4.4.

99 Rahmenvertrag nach § 132d Abs. 1 Satz 1 SGB V zur Erbringung von Spezialisierter ambulanter Palliativversorgung (SAPV) vom 26.10.2022 (https://www.gkv-spitzenverband.de/krankenversicherung/hospiz_und_palliativversorgung/sapv_start/spez_amb_palliativ/sapv.jsp, Zugriff: 16.05.2023).

sachliche Anforderungen an das SAPV-Team erhoben (§ 6 Rahmenvertrag SAPV).

Die Form der Leistungserbringerschaft des SAPV-Teams kann entweder rechtlich verselbstständigt (eigene Rechtsform) oder durch Anbindung an einen bereits bestehenden Träger organisiert sein. Bei Anbindung an einen bereits bestehenden Träger ist aufgrund seines Versorgungsauftrages die organisatorische und wirtschaftliche Selbstständigkeit des SAPV-Teams zu gewährleisten (§ 4 Abs. 3 Rahmenvertrag SAPV). Die SAPV-Teams werden von den Krankenkassen durch Versorgungsvertrag nach § 132d Abs. 1 Satz 6 SGB V zugelassen (§ 4 Abs. 1 Rahmenvertrag SAPV). Der Rahmenvertrag enthält sehr detaillierte Anforderungen an den Nachweis der organisatorischen und personellen Voraussetzungen, einschließlich der erforderlichen Eignung und Zuverlässigkeit (§ 4 Abs. 5 Rahmenvertrag SAPV). Das SAPV-Team nimmt die Versorgung auf der Grundlage eines verbindlichen, strukturierten und schriftlich dargelegten Versorgungskonzeptes wahr (§ 5 Abs. 1 Rahmenvertrag SAPV).

Mit Blick auf die Patientenlotsen ist bei der SAPV auf der leistungserbringungsrechtlichen Seite die Festlegung der Einzelheiten der Leistungserbringung in einem Rahmenvertrag auf Bundesebene von Interesse. Das Regelungsinstrument eines solchen Rahmenvertrages auf Bundesebene würde aber voraussetzen, dass sich auf Bundesebene Spitzenorganisationen der Patientenlotsen finden, die einen Rahmenvertrag mit dem Spitzenverband Bund der Krankenkassen abschließen können.

2.4.3.13 Außerklinische Intensivpflege

Die Vorschrift zur Leistung von außerklinischer Intensivpflege (§ 37c SGB V) (AKI) lautet auszugsweise (§ 37c Abs. 1 Satz 1 bis 7 SGB V):

> *Versicherte mit einem besonders hohen Bedarf an medizinischer Behandlungspflege haben Anspruch auf außerklinische Intensivpflege. Ein besonders hoher Bedarf an medizinischer Behandlungspflege liegt vor, wenn die ständige Anwesenheit einer geeigneten Pflegefachkraft zur individuellen Kontrolle und Einsatzbereitschaft oder ein vergleichbar intensiver Einsatz einer Pflegefachkraft erforderlich ist. Der Anspruch auf außerklinische Intensivpflege umfasst die medizinische Behandlungspflege, die zur Sicherung des Ziels der ärztlichen Behandlung erforderlich ist, sowie eine Beratung durch die Krankenkasse, insbesondere zur Auswahl des geeigneten Leistungsorts nach Absatz 2. Die Leistung bedarf der Verordnung*

durch eine Vertragsärztin oder einen Vertragsarzt, die oder der für die Versorgung dieser Versicherten besonders qualifiziert ist. Die verordnende Vertragsärztin oder der verordnende Vertragsarzt hat das Therapieziel mit dem Versicherten zu erörtern und individuell festzustellen, bei Bedarf unter Einbeziehung palliativmedizinischer Fachkompetenz. Bei Versicherten, die beatmet werden oder tracheotomiert sind, sind mit jeder Verordnung einer außerklinischen Intensivpflege das Potenzial zur Reduzierung der Beatmungszeit bis hin zur vollständigen Beatmungsentwöhnung und Dekanülierung sowie die zu deren Umsetzung notwendigen Maßnahmen zu erheben, zu dokumentieren und auf deren Umsetzung hinzuwirken. Zur Erhebung und Dokumentation nach Satz 6 sind auch nicht an der vertragsärztlichen Versorgung teilnehmende Ärztinnen oder Ärzte oder nicht an der vertragsärztlichen Versorgung teilnehmende Krankenhäuser berechtigt; sie nehmen zu diesem Zweck an der vertragsärztlichen Versorgung teil.

Die Leistungsorte der AKI reichen von vollstationären Pflegeeinrichtungen bis zur eigenen Häuslichkeit (§ 37c Abs. 2 Satz 1 SGB V).

In Richtlinien des Gemeinsamen Bundesausschusses (Außerklinische Intensivpflege-Richtlinie/AKI-RL)[100] wird das Nähere zur AKI geregelt (§ 37c Abs. 1 Satz 8 SGB V):

Der Gemeinsame Bundesausschuss bestimmt in den Richtlinien nach § 92 Absatz 1 Satz 2 Nummer 6 bis zum 31. Oktober 2021 jeweils für Kinder und Jugendliche bis zur Vollendung des 18. Lebensjahres, für junge Volljährige, bei denen ein Krankheitsbild des Kinder- und Jugendalters weiterbesteht oder ein typisches Krankheitsbild des Kinder- und Jugendalters neu auftritt oder ein dem Kindesalter entsprechender psychomotorischer Entwicklungsstand vorliegt, und für volljährige Versicherte getrennt das Nähere zu Inhalt und Umfang der Leistungen sowie die Anforderungen

1. *an den besonders hohen Bedarf an medizinischer Behandlungspflege nach Satz 2,*
2. *an die Zusammenarbeit der an der medizinischen und pflegerischen Versorgung beteiligten ärztlichen und nichtärztlichen Leistungser-*

100 Richtlinie des Gemeinsamen Bundesausschusses über die Verordnung von außerklinischer Intensivpflege (Außerklinische Intensivpflege-Richtlinie/AKI-RL) in der Fassung vom 19. November 2021, veröffentlicht im Bundesanzeiger (BAnz AT 17. März 2022 B2), in Kraft getreten am 18. März 2022.

bringer, insbesondere zur Sicherstellung der ärztlichen und pflegerischen Versorgungskontinuität und Versorgungskoordination,

3. *an die Verordnung der Leistungen einschließlich des Verfahrens zur Feststellung des Therapieziels nach Satz 5 sowie des Verfahrens zur Erhebung und Dokumentation des Entwöhnungspotenzials bei Versicherten, die beatmet werden oder tracheotomiert sind und*
4. *an die besondere Qualifikation der Vertragsärztinnen oder Vertragsärzte, die die Leistung verordnen dürfen.*

Im Zusammenhang mit der Organisation von Patientenlotsen sind hier von besonderem Interesse § 37c Abs. 1 Satz 8 Nr. 2 SGB V (Zusammenarbeit der an der medizinischen und pflegerischen Versorgung beteiligten ärztlichen und nichtärztlichen Leistungserbringer, insbesondere zur Sicherstellung der ärztlichen und pflegerischen Versorgungskontinuität und Versorgungskoordination) sowie die AKI-Richtlinie.

Im Leistungserbringungsrecht ist geregelt, dass der Spitzenverband Bund der Krankenkassen und die Vereinigung der Träger von vollstationären Pflegeeinrichtungen sowie verschiedene andere Spitzenorganisationen auf Bundesebene gemeinsame Rahmenempfehlungen[101] über die einheitliche und flächendeckende Versorgung mit außerklinischer Intensivpflege zu vereinbaren haben (§ 132l Abs. 1 Satz 1 SGB V).[102] Darin werden auch die personellen und strukturellen Anforderungen an die Leistungserbringung, die Maßnahmen zur Qualitätssicherung und die Grundsätze der Vergütung festgelegt (§ 132l Abs. 2 SGB V).

Die Leistungen der AKI umfassen die medizinische Behandlungspflege, die zur Sicherung des Ziels der ärztlichen Behandlung erforderlich ist, sowie eine Beratung durch die Krankenkasse, insbesondere zur Auswahl des geeigneten Leistungsorts (§ 37e Satz 3 SGB V, konkretisiert in § 3 AKI-RL). Die An- und Zugehörigen sollen in die Versorgung einbezogen werden (§ 12 Abs. 2 Satz 3, Abs. 6 AKI-RL; § 10 Abs. 11 und 12 AKI-Rahmenempfehlung).

In § 9 AKI-Rahmenempfehlung sowie in § 12 AKI-RL ist die Zusammenarbeit des Leistungserbringers mit dem verordnenden Arzt, dem Krankenhaus und mit weiteren nichtärztlichen Leistungserbringern geregelt. So

---

101 Zum Regelungsinstrument der Rahmenempfehlungen s. auch unten Abschnitt 3.4.4.

102 Rahmenempfehlungen nach § 132l Abs. 1 SGB V zur Versorgung mit außerklinischer Intensivpflege vom 03.04.2023 (https://www.gkv-spitzenverband.de/krankenversicherung/ambulante_leistungen/ausserklinische_intensivpflege/ausserklinische_intensivpflege.jsp, Zugriff: 16.05.2023).

wird darauf hingewiesen, dass die an der außerklinischen Versorgung beteiligten Vertragsärztinnen und Vertragsärzte und weiteren Angehörigen von Gesundheitsfachberufen (zum Beispiel geeignete Pflegefachkräfte, Logopäden, Ergo- und Physiotherapeuten, Hilfsmittelversorger, Atmungstherapeuten) im Rahmen eines Netzwerkes eng zusammenarbeiten (§ 12 Abs. 2 Satz 1 AKI-RL).

Detailliertere Regelungen zur Qualifikation der leistungserbringenden Personen finden sich in §§ 8 und 9 AKI-RL (zu den beteiligten Ärzten) und in §§ 2 bis 5 AKI-Rahmenempfehlung (zu den Pflegefachkräften).

Die Leistungserbringer werden in § 132l Abs. 5 Satz 1 SGB V wie folgt beschrieben:

> *Über die außerklinische Intensivpflege einschließlich deren Vergütung und Abrechnung schließen die Landesverbände der Krankenkassen und die Ersatzkassen gemeinsam und einheitlich Verträge mit zuverlässigen Leistungserbringern, die*
>
> 1. *eine Wohneinheit für mindestens zwei Versicherte betreiben, die Leistungen nach § 37c in Anspruch nehmen,*
> 2. *Leistungen nach § 43 des Elften Buches erbringen,*
> 3. *Leistungen nach § 103 Absatz 1 des Neunten Buches in Einrichtungen oder Räumlichkeiten im Sinne des § 43a des Elften Buches in Verbindung mit § 71 Absatz 4 des Elften Buches erbringen oder*
> 4. *außerklinische Intensivpflege an den in § 37c Absatz 2 Satz 1 Nummer 4 genannten Orten erbringen.*

Die Grundsätze der Vergütung und ihrer Strukturen sind in den AKI-Rahmenempfehlungen geregelt (§ 132l Abs. 2 Nr. 7 SGB V; §§ 14 bis 18 AKI-Rahmenempfehlung). Gleiches gilt für Maßnahmen der Qualitätssicherung (§ 132l Abs. 2 Nr. 4 SGB V; § 10 AKI-Rahmenempfehlung).

Mit Blick auf die Patientenlotsen ist bei der AKI auf der leistungserbringungsrechtlichen Seite Folgendes von Interesse: Es werden zwei Regelungsinstrumente auf Bundesebene verwendet, deren inhaltliche Regelungskompetenz jeweils gesetzlich sehr ausführlich beschrieben wird, so für die AKI-Richtlinie in § 37c Abs. 1 Satz 8 SGB V zu Inhalt und Umfang der Leistungen im Sinne der Konkretisierung des Leistungsanspruchs, und in § 132l Abs. 2 SGB V für die AKI-Rahmenempfehlung zu den Einzelheiten der Leistungserbringung.

2.4.3.14 Sozialmedizinische Nachsorgemaßnahmen

Im Rahmen der ergänzenden Leistungen zur Rehabilitation (§ 43 SGB V) ist auch eine Vorschrift zu den Nachsorgemaßnahmen enthalten (§ 43 Abs. 2 SGB V):

> *Die Krankenkasse erbringt aus medizinischen Gründen in unmittelbarem Anschluss an eine Krankenhausbehandlung nach § 39 Abs. 1 oder stationäre Rehabilitation erforderliche sozialmedizinische Nachsorgemaßnahmen für chronisch kranke oder schwerstkranke Kinder und Jugendliche, die das 14. Lebensjahr, in besonders schwerwiegenden Fällen das 18. Lebensjahr, noch nicht vollendet haben, wenn die Nachsorge wegen der Art, Schwere und Dauer der Erkrankung notwendig ist, um den stationären Aufenthalt zu verkürzen oder die anschließende ambulante ärztliche Behandlung zu sichern. Die Nachsorgemaßnahmen umfassen die im Einzelfall erforderliche Koordinierung der verordneten Leistungen sowie Anleitung und Motivation zu deren Inanspruchnahme. Angehörige und ständige Betreuungspersonen sind einzubeziehen, wenn dies aus medizinischen Gründen erforderlich ist. Der Spitzenverband Bund der Krankenkassen bestimmt das Nähere zu den Voraussetzungen sowie zu Inhalt und Qualität der Nachsorgemaßnahmen.*

Hierzu existiert eine Bestimmung des GKV-Spitzenverbandes zu Voraussetzungen, Inhalt und Qualität der sozialmedizinischen Nachsorgemaßnahmen nach § 43 Abs. 2 SGB V.[103] Darin sind auch Vorschriften zur Koordinierung der verordneten Leistungen und zur Anleitung und Motivierung zur Inanspruchnahme der verordneten Leistungen enthalten.[104]

Die Koordinierung der verordneten Leistungen und die Anleitung und Motivation zu deren Inanspruchnahme sowie der Einbezug der Angehörigen und ständigen Betreuungspersonen könnten auch Tätigkeiten von Patientenlotsen sein.

Die entsprechende leistungserbringungsrechtliche Vorschrift ist in § 132c SGB V enthalten. Die Krankenkassen oder die Landesverbände der Krankenkassen schließen Verträge mit geeigneten Personen oder Einrichtungen als Leistungserbringer (§ 132c Abs. 1 SGB V). Hierzu existieren Empfehlun-

103 GKV-Spitzenverband, Bestimmung zu Voraussetzungen, Inhalt und Qualität der sozialmedizinischen Nachsorgemaßnahmen nach § 43 Abs. 2 SGB V vom 1. April 2009, in der Fassung vom 12.06.2017.

104 Nr. 3 der Bestimmungen. Abdruck unten in Anlage 6.3.

gen[105] der Spitzenverbände der Krankenkassen (§ 132c Abs. 2 SGB V).[106] Danach hat der Leistungserbringer ein interdisziplinäres Nachsorgeteam zu stellen, dem die Professionen Kinderkrankenschwestern- und pfleger, Sozialarbeiterinnen und – arbeiter, Sozialpädagoginnen und –pädagogen, Psychologinnen und Psychologen sowie Kinderärztinnen und -ärzte angehören sollen.[107]

Von Interesse ist hier neben dem Leistungsinhalt (Koordinierung der verordneten Leistungen sowie Anleitung und Motivation zu deren Inanspruchnahme sowie Einbezug von Angehörigen und ständigen Betreuungspersonen) das Instrument der Verträge zwischen den Krankenkassen oder ihren Landesverbänden mit den Leistungserbringern sowie die Konkretisierung der Leistungen und der Anforderungen an die Leistungserbringer durch den Spitzenverband Bund der Krankenkassen. Insofern könnten diese Vorschriften als Regelungsmuster für die Organisation von Patientenlotsen dienen.

2.4.3.15 Nichärztliche Leistungen

Versicherte Erwachsene mit geistiger Behinderung oder schweren Mehrfachbehinderungen haben Anspruch auf nichtärztliche Leistungen, insbesondere auf psychologische, therapeutische und psychosoziale Leistungen, wenn sie unter ärztlicher Verantwortung durch ein medizinisches Behandlungszentrum nach § 119c SGB V erbracht werden und erforderlich sind, um eine Krankheit zum frühestmöglichen Zeitpunkt zu erkennen und einen Behandlungsplan aufzustellen. Dies umfasst auch die im Einzelfall erforderliche Koordinierung von Leistungen (§ 43b SGB V).

Der Leistungsanspruch nach § 43b SGB V flankiert damit den ambulanten Behandlungsanspruch in den medizinischen Behandlungszentren (§ 119 c SGB V). Die nichtärztlichen Leistungen können durch Pflegefachkräfte, Heilmittelerbringer oder Hilfsmittelerbringer erbracht werden.[108] Die Pla-

105 S. auch unten Abschnitt 3.4.4.

106 Empfehlungen der Spitzenverbände der Krankenkassen zu den Anforderungen an die Leistungserbringer sozialmedizinischer Nachsorgemaßnahmen nach § 132c SGB V vom 1. Juli 2005, in der Fassung vom 30. Juni 2008 (https://www.gkv-spitzenverband.de/krankenversicherung/rehabilitation/sozialmedizinische_nachsorge/sozialmedizinische_nachsorge.jsp, Zugriff: 24.05.2023).

107 Aufgeführt unter 1.2 und 1.2.1 der Empfehlungen.

108 Deutscher Bundestag, Drucksache 18/4095, S. 78.

nung und Koordination kann sich auch auf Leistungen anderer Träger erstrecken, etwa auf Pflegeleistungen nach dem SGB XI oder der Sozialhilfe oder Leistungen zur Sozialen Teilhabe der Eingliederungshilfe (§§ 76, 99, 113 SGB XI), die mit der Behandlung in Verbindung stehen.[109]

Medizinische Behandlungszentren können vom Zulassungsausschuss zur ambulanten Behandlung von Erwachsenen mit geistiger Behinderung oder schweren Mehrfachbehinderungen ermächtigt werden (§ 119c Abs. 1 SGB V). Die medizinischen Behandlungszentren sollen dabei mit anderen behandelnden Ärzten, den Einrichtungen und Diensten der Eingliederungshilfe und mit dem Öffentlichen Gesundheitsdienst eng zusammenarbeiten (§ 119c Abs. 2 Satz 2 SGB V).

Die Leistungen werden unmittelbar von der Krankenkasse vergütet (§ 120 Abs. 2 Satz 1 SGB V). Die Vergütung kann auch pauschaliert werden (§ 120 Abs. 3 Satz 1 SGB V).

Solche Koordinierungsleistungen nichtärztlicher Art könnten auch zum Tätigkeitsbereich von Patientenlotsen zählen und von diesen in einer den medizinischen Behandlungszentren vergleichbaren Struktur der Träger von Patientenlotsen erbracht werden.

2.4.3.16 Gesundheitliche Versorgungsplanung für die letzte Lebensphase

Die gesundheitliche Versorgungsplanung für die letzte Lebensphase findet in Pflegeeinrichtungen nach § 43 SGB XI und in Einrichtungen der Eingliederungshilfe für behinderte Menschen statt. Versicherte sollen über die medizinisch-pflegerische Versorgung und Betreuung in der letzten Lebensphase beraten werden, und ihnen sollen Hilfen und Angebote der Sterbebegleitung aufgezeigt werden. Im Rahmen einer Fallbesprechung soll nach den individuellen Bedürfnissen des Versicherten insbesondere auf medizinische Abläufe in der letzten Lebensphase und während des Sterbeprozesses eingegangen, sollen mögliche Notfallsituationen besprochen und geeignete einzelne Maßnahmen der palliativ-medizinischen, palliativ-pflegerischen und psychosozialen Versorgung dargestellt werden. Die Fallbesprechung kann bei wesentlicher Änderung des Versorgungs- oder Pflegebedarfs auch mehrfach angeboten werden (§ 132g SGB XI). In die Fallbesprechung sind der den Versicherten behandelnde Hausarzt oder sonstige Leistungserbringer der vertragsärztlichen Versorgung nach § 95 Abs. 1 Satz 1 SGB V

109 So *Welti*, in: Becker/Kingreen, SGB V, 2022, § 43b, Rn. 4.

einzubeziehen. Auf Wunsch des Versicherten sind Angehörige und weitere Vertrauenspersonen zu beteiligen (§ 132g Abs. 2 Satz 1 und 2 SGB V). Hierzu existiert eine Vereinbarung zwischen dem Spitzenverband Bund der Krankenkassen und mit verschiedenen Vereinigungen und Organisationen auf Bundesebene (§ 132g Abs. 3 SGB V).[110]

Die gesundheitliche Versorgungsplanung ist nicht als Sozialleistungsanspruch ausgestaltet, sondern als Soll-Angebot der Pflegeeinrichtungen nach § 43 SGB XI und der Einrichtungen der Eingliederungshilfe. Ein Anspruch gegenüber der Einrichtung besteht dann, wenn ein Angebot an gesundheitlicher Versorgungsplanung vorgehalten wird (§ 3 Abs. 3 Vereinbarung nach § 132g Abs. 3 SGB V)). Die genannten Träger stellen damit die Träger der gesundheitlichen Versorgungsplanung dar, die für die Durchführung der Beratung verantwortlich sind. Den Trägern stehen folgende Varianten für die Sicherstellung der Versorgungsplanung zur Verfügung (§ 7 Abs. 2 Vereinbarung nach § 132g Abs. 3 SGB V):

a) *Durchführung durch das qualifizierte eigene Personal der Einrichtung.*
b) *Durchführung durch das qualifizierte Personal des Einrichtungsträgers im Rahmen von Kooperationen mehrerer vollstationärer Pflegeeinrichtungen und/oder Einrichtungen der Eingliederungshilfe für Menschen mit Behinderung; dies ist auch trägerübergreifend möglich. Dazu sind vertragliche Vereinbarungen zwischen den jeweiligen Trägern zu schließen.*
c) *Durchführung in Kooperation mit externen regionalen Anbietern. Dazu sind vertragliche Vereinbarungen zwischen den jeweiligen Trägern zu schließen.*

Leistungsinhalt sind die Beratung des Leistungsberechtigten (Beratungsprozess), die interne Vernetzung und die externe Vernetzung (§ 4 Vereinbarung).

Für die Berater ist eine entsprechende Qualifikation erforderlich (§ 12 Vereinbarung).

Die leistungserbringungsrechtlichen Regelungen zur gesundheitlichen Versorgungsplanung sind strukturell auch für die Leistungen von Patientenlotsen von Interesse.

110 Vereinbarung nach § 132g Abs. 3 SGB V über Inhalte und Anforderungen der gesundheitlichen Versorgungsplanung für die letzte Lebensphase vom 13.12.2017 (https://www.gkv-spitzenverband.de/krankenversicherung/hospiz_und_palliativversorgung/letzte_lebensphase/gesundheitliche_versorgungsplanung.jsp, Zugriff: 24.05.2023).

2.4.3.17 Heilmittelerbringung

In der Literatur[111] ist der Vorschlag gemacht worden, Patientenlotsen bzw. Case und Care Management als Heilmittel anzubieten. Die Versorgung mit Heilmitteln rechnet zur Krankenbehandlung (§ 27 Abs. 1 Satz 2 Nr. 3 SGB V). Heilmittel sind verordnungspflichtig (vgl. § 92 Abs. 1 Satz 2 Nr. 6 SGB V). Zur Heilmittelversorgung ist eine Richtlinie des Gemeinsamen Bundesausschusses ergangen, die Heilmittel-Richtlinie (HeilM-RL)[112].

Heilmittel werden als Dienstleistungen abgegeben. In § 124 Abs. 1 SGB V werden dazu beispielhaft bestimmte Leistungen und Leistungserbringer genannt. Die Leistungen sind solche der Physiotherapie, der Stimm-, Sprech- und Sprachtherapie, der Ergotherapie, der Podologie oder der Ernährungstherapie. Die Leistungserbringer bedürfen einer dafür erforderlichen Ausbildung sowie eine entsprechende zur Führung der Berufsbezeichnung berechtigende Erlaubnis oder einen vergleichbaren akademischen Abschluss. Weiter müssen sie über eine entsprechende Praxisausstattung verfügen und die Heilmittelversorgungsverträge anerkennen. Die Leistungserbringer müssen zur Leistungserbringung zugelassen sein. Hierfür sind die Arbeitsgemeinschaften der Landesverbände der Krankenkassen und der Ersatzkassen zuständig (§ 124 Abs. 2 SGB V). Heilmittelerbringer werden in der Regel selbstständig tätig.

Während bei der Soziotherapie, bei der nach gegenwärtigem Recht, anders als nach früherem Rechtszustand, nichts zur Qualifikation der soziotherapeutischen Leistungserbringer gesagt wird, wird bei der Heilmittelerbringung explizit auf die berufliche Qualifikation abgestellt. Die Anforderungen für die einzelnen Gruppen von Leistungserbringern sind in den Verträgen nach § 125 Abs. 1 SGB V geregelt. Diese Verträge schließt der Spitzenverband Bund der Krankenkassen mit den für die Wahrnehmung der Interessen der Heilmittelerbringer maßgeblichen Spitzenorganisationen auf Bundesebene für jeden Heilmittelbereich. Die Verträge haben bindende Wirkung für die Krankenkassen.

---

111 *Ruppel u. a.*, Care- und Casemanagement in der Regelversorgung, in: GesR 2022, S. 488 (493 ff.)

112 Richtlinie über die Verordnung von Heilmitteln in der vertragsärztlichen Versorgung (Heilmittel-Richtlinie/HeilM-RL), in der Fassung vom 19. Mai 2011 Bundesanzeiger Nr. 96 (S. 2247) vom 30. Juni 2011, in Kraft getreten am 1. Juli 2011, zuletzt geändert am 17. November 2022, BAnz AT 20.01.2023 B2, in Kraft getreten am 21. Januar 2023.

Wegen dieses für die Heilmittelerbringung zentralen Abstellens auf bestimmte Berufe oder vergleichbare akademische Abschlüsse sowie wegen der Leistungserbringung als selbstständig Tätige kann das den entsprechenden leistungserbringungsrechtlichen Vorschriften zugrunde liegende Strukturmodell nicht für die Organisation der Leistungserbringung von Patientenlotsen herangezogen werden. Der Patientenlotse stellt keinen bestimmten Beruf dar, sondern eine Tätigkeit, die für bestimmte Berufsgruppen im Rahmen entsprechender Weiterbildungsmaßnahmen gestaltet wird. Auch kommen als Leistungserbringer von Patientenlotsen bestimmte Einheiten als Träger in Frage, bei denen Patientenlotsen angestellt sind. Patientenlotsen werden grundsätzlich nicht selbstständig tätig.[113]

2.4.3.18 Referentenentwurf zum Gesundheitsversorgungsstärkungsgesetz (GVSG)

Der Referentenentwurf des Bundesministeriums für Gesundheit zum Gesundheitsversorgungsstärkungsgesetz (GVSG)[114] enthält drei Gesetzesvorhaben, die auch im Zusammenhang mit der Einführung von Patientenlotsen von Interesse sind: Gesundheitskioske,[115] Primärversorgungszentren[116] und Gesundheitsregionen[117]. Diese drei Vorhaben sollen im Folgenden kurz vorgestellt werden. Die dabei besonders interessierenden Finanzierungsfragen im Rahmen von Kooperationen werden unten in den Abschnitten 2.6.2.2.5 und 2.6.2.2.6 eingehender behandelt. Eine verfassungsrechtliche Würdigung kann hier nicht vorgenommen werden.

2.4.3.18.1 Gesundheitskioske

Als Gesundheitskiosk werden niedrigschwellige Beratungsangebote von Krankenkassen und Kommunen über medizinische Behandlung und Prä-

113 S. dazu unten Abschnitt 2.8.1.

114 Referentenentwurf des Bundesministeriums für Gesundheit, Entwurf eines Gesetzes zur Stärkung der Gesundheitsversorgung in der Kommune (Gesundheitsversorgungsstärkungsgesetz – GVSG) (Bearbeitungsstand: 15.06.2023), im Folgenden abgekürzt als RefE GVSG. Es handelt sich um einen zum Zeitpunkt der Fertigstellung dieses Gutachtens (Ende Juni 2023) noch nicht ressortabgestimmten Referentenentwurf.

115 Art. 1 Nr 3 RefE GVSG.

116 Art. 1 Nr. 4 RefE GVSG.

117 Art. 1 Nr. 14 RefE GVSG.

vention in Bedarfsregionen bezeichnet. Diese Angebote beraten insbesondere über medizinische Behandlungsmöglichkeiten, Prävention (Primär-, Sekundär- und Tertiärprävention) und Gesundheitsförderung sowie soziale Versorgungsangebote. Die Angebote sollen in sozial benachteiligten Regionen eingerichtet werden (§ 65g Abs. 1 Satz 1 SGB V RefE GVSG). Es handelt sich demnach um Angebote, denen kein individueller Sozialleistungsanspruch zugrunde liegt. Das Angebot steht allen Einwohnern unabhängig von ihrem Versichertenstatus zur Verfügung und muss bei Bedarf auch mehrsprachig angeboten werden (§ 65g Abs. 2 Satz 3 SGB V RefE GVSG).

§ 65g Abs. 2 Satz 1 SGB V RefE GVSG beschreibt die Aufgaben der Gesundheitskioske:

> *(2) Aufgaben der Gesundheitskioske können insbesondere sein:*
>
> 1. *die allgemeine Beratungs- und Unterstützungsleistungen zur medizinischen, präventiven und sozialen Bedarfsermittlung,*
> 2. *die Beratung zu sowie die Empfehlung und Vermittlung von Leistungen zur Prävention (Primär-, Sekundär-, Tertiärprävention) und Gesundheitsförderung und Anleitung zu deren Inanspruchnahme, § 20 Absatz 5 Satz 2 gilt entsprechend,*
> 3. *die Beratung zu und die Vermittlung von Leistungen zur medizinischen Behandlung einschließlich ambulanter telemedizinischer Leistungen und Anleitung zu deren Inanspruchnahme,*
> 4. *die Koordinierung der erforderlichen Gesundheitsleistungen und Anleitung zu deren Inanspruchnahme einschließlich der Anleitung zur Inanspruchnahme ambulanter telemedizinischer Leistungen,*
> 5. *die Unterstützung bei der Klärung gesundheitlicher und sozialer Angelegenheiten,*
> 6. *Informationsveranstaltungen zu Gesundheitsthemen mit dem Ziel, die Gesundheitskompetenz dauerhaft zu verbessern,*
> 7. *die Bildung eines sektorenübergreifenden Netzwerkes,*
> 8. *die Durchführung einfacher medizinischer Routineaufgaben im Rahmen ärztlicher Delegation.*

Im Zusammenhang der Einführung von Patientenlotsen interessiert hier vor allem die Nr. 3. In der Entwurfsbegründung wird hier von der Stärkung der Gesundheitskompetenz der Beratenen durch „Navigation im Gesundheitswesen“ gesprochen.[118] Solche Aufgaben könnten auch durch Patientenlotsen im Rahmen von Gesundheitskiosken durchgeführt werden.

Die Qualifikation der Leitung des Gesundheitskiosk ist die einer Pflegefachperson (§ 65g Abs. 2 Satz 2 SGB V RefE GVSG). In der Entwurfsbegründung wird ausgeführt, dass perspektivisch Pflegefachkräfte mit Heilkundekompetenz im Sinne von community health nursing in Frage kommen.[119]

Das Initiativrecht für die Errichtung eines Kioskes liegt bei den Kreisen oder kreisfreien Städten. Das ergibt sich aus § 65g Abs. 1 Satz 1 SGB V RefE GVSG). Kreise oder kreisfreie Städte können von den Landesverbänden der Krankenkassen den Abschluss eines schiedsfähigen Vertrages nach § 65g Abs. 3 SGB V RefE GVSG verlangen und damit die Errichtung eines Kioskes initiieren, sofern dabei eine enge Zusammenarbeit mit dem öffentlichen Gesundheitsdienst gewährleistet ist.[120] Die privaten Krankenversicherungsunternehmen beteiligen sich an den Beratungsangeboten (§ 65g Abs. 1 Satz 2 SGB V RefE GVSG). Weitere Leistungsträger nach § 12 SGB I können sich beteiligen (§ 65 Abs. 1 Satz 3 SGB V RefE GVSG).

Die Einzelheiten zur Errichtung, Organisation und Aufgabenerfüllung der Gesundheitskioske sowie zum Einsatz der Finanzmittel sind in den Verträgen der Landesverbände der Krankenkassen und der Ersatzkassen mit dem Kreis oder der kreisfreien Stadt auf deren Verlangen im Benehmen mit dem Verband der Privaten Krankenversicherung e.V. in einem Vertrag nach § 65g Abs. 1 Satz 1 SGB V RefE GVSG zu regeln (§ 65g Abs. 3 Satz 1 SGB V RefE GVSG).

§ 65g SGB V RefE GVSG enthält keinerlei Hinweise zur Rechtsform eines Gesundheitskioskes.

Zur Finanzierung von Gesundheitskiosken s. unten Abschnitt 2.6.2.2.5.

2.4.3.18.2 Primärversorgungszentren

In Primärversorgungszentren wird Versicherten neben der regulären hausärztlichen Versorgung nach § 73 Abs. 1 Satz 2 SGB V ein besonderes hausärztliches Versorgungangebot zur Verfügung gestellt, das durch zusätzliche berufsgruppenübergreifende, koordinierte, kooperative und versorgungs-

118 RefE GVSG, S. 33.
119 RefE GVSG, S. 33.
120 RefE GVSG, S. 33.

steuernde Versorgungelemente gekennzeichnet ist (§ 73a Abs. 1 SGB V RefE GVSG).

Zur Einführung von Primärversorgungszentren wird in der Entwurfsbegründung[121] Folgendes ausgeführt:

> *„Sie bieten neben der regulären hausärztlichen Versorgung ein besonderes hausärztliches Versorgungsangebot an, das insbesondere den besonderen medizinischen Bedürfnissen älterer und multimorbider Patientinnen und Patienten gerecht wird. Zudem werden durch die Kooperation mit einem in erreichbarer Nähe liegenden Gesundheitskiosk oder der jeweiligen Kommune ergänzende soziale Beratungs- und Unterstützungsangebote zur Verfügung gestellt. Indem Primärversorgungszentren mit anderen Fachärztinnen und Fachärzten sowie weiteren nichtärztlichen Leistungserbringern kooperieren, wird eine effektive Versorgungssteuerung, sowie eine zeitgerechte, den medizinischen Notwendigkeiten entsprechende Behandlung ermöglicht."*

Um die in der Entwurfsbegründung genannten Aufgaben zu erfüllen, müssen die Primärversorgungszentren eine Kooperationsvereinbarung mit einem Gesundheitskiosk nach § 65g SGB V abschließen, sofern es im jeweiligen Landkreis oder der jeweiligen kreisfreien Stadt einen solchen gibt, oder eine Kooperationsvereinbarung mit der jeweiligen Kommune abschließen, sofern es keinen Gesundheitskiosk gibt. Weiter müssen sie Kooperationen mit an der fachärztlichen Versorgung teilnehmenden Ärzten oder Einrichtungen und mit nichtärztlichen Leistungserbringern gewährleisten (§ 73a Abs. 3 Nr. 1 bis 3 SGB V RefE GVSG).

Ein Primärversorgungszentrum kann von einem zugelassenen Arzt, einer ärztlichen Berufsausübungsgemeinschaft oder einem medizinischen Versorgungszentrum mit jeweils mindestens drei vollen hausärztlichen Versorgungsaufträgen errichtet werden. Primärversorgungszentren können in Gebieten errichtet werden, für die im hausärztlichen Bereich eine eingetretene oder drohende Unterversorgung festgestellt wurde (§ 73a Abs. 2 SGB V RefE GVSG).

Die Leistungsfinanzierung findet im üblichen Finanzierungsrahmen für ärztliche und delegationsfähige Leistungen statt (Bundesmantelvertrag Ärzte, einheitlicher Bewertungsmaßstab). Hier sind die entsprechenden Anpassungen durchzuführen (§ 73a Abs. 5 und 6 SGB V RefE GVSG).

121 RefE GVSG, S. 24.

Ob und wie der Einsatz von Patientenlotsen in Primärversorgungszentren im Wege der Delegation stattfinden kann, kann gegenwärtig nicht beurteilt werden.[122]

2.4.3.18.3 Gesundheitsregionen

Anders als bei den Gesundheitskiosken, die Leistungen für ein spezifisches Klientel anbieten, und anders als bei den Primärversorgungszentren, die ein besonderes hausärztliches Versorgungsangebot mit Leistungsansprüchen für alle Versicherten vorsehen, geht es bei den Gesundheitsregionen[123] darum, Strukturen zu schaffen, die, einfach gesagt, der Leistungserschließung dienen. Dies wird in der allgemeinen Zielbestimmung in § 140b Abs. 1 Satz 1 SGB V RefE GVSG deutlich:

> *„Die Landesverbände der Krankenkassen und die Ersatzkassen können gemeinsam und einheitlich mit einem oder mehreren Kreisen oder einer oder mehreren kreisfreien Städten auf deren Antrag einen Vertrag mit dem Ziel der Behebung regionaler Defizite der Gesundheitsförderung und Prävention sowie der Versorgung, der Überwindung von Schnittstellen oder der Verbesserung des Zugangs zur regionalen Versorgung (Gesundheitsregion) schließen."*

In der Aufgabennorm werden die Instrumente zur Erreichung dieser Ziele aufgeführt (§ 140b Abs. 2 Satz 1 SGB V RefE GVSG):

> *„Aufgaben einer Gesundheitsregion können insbesondere sein:*
>
> 1. *Bildung von Netzwerken und Kooperationen der regionalen Versorger und des öffentlichen Gesundheitsdienstes,*
> 2. *Sicherstellung einer vernetzten und koordinierten Gesundheitsförderung und Versorgung über Sektorengrenzen hinweg entsprechend der regionalen Bedarfe unter Berücksichtigung der gewachsenen Strukturen,*
> 3. *Ausbau von Dienstleistungen zur Erhöhung von Mobilitätsangeboten, um den Zugang zu kurativer und präventiver Versorgung zu erleichtern,*
> 4. *Weiterentwicklung der genannten Ziele und Maßnahmen."*

---

122 Zu Delegation s. oben Abschnitt 2.4.3.4.2.

123 In dem Beitrag von *Klemm*, Gesundheitslotsen – eine Gestaltungsaufgabe für die gesetzlichen Krankenkassen! In: G+S 2/2023, S. 56 ff. (61 f.), wird die Installierung von Patientenlotsen in Gesundheitsregionen positiv gesehen.

Die Träger von Patientenlotsen könnten vor allem als Beteiligte von Netzwerken und Kooperationen auftreten.

Wie bei den Gesundheitskiosken haben die Kreise und die kreisfreien Städte das Initiativrecht zur Errichtung einer Gesundheitsregion, wobei drei Voraussetzungen für die Aufnahme von Vertragsverhandlungen zu erfüllen sind: Unter Nennung der teilnehmenden Leistungserbringer sind qualifizierte Angaben zu den Zielen und Aufgaben der Gesundheitsregion zu machen, weiter die Bereitschaft, sich an den Kosten nach § 40b Abs. 3 Satz 3 SGB V RefE GVSG zu beteiligen, schließlich die Gewährleistung einer engen Zusammenarbeit mit dem öffentlichen Gesundheitsdienst.

Es bestehen mehrere Möglichkeiten für die Organisation einer Gesundheitsregion: Die Organisation einer Gesundheitsregion kann von den Vertragspartnern einzeln oder gemeinsam durchgeführt werden. Die Vertragspartner können die Organisationsaufgabe auch an beteiligte Leistungserbringer der Gesundheitsregion oder deren Gemeinschaften oder Verbünde übertragen oder sich darauf verständigen, dass diese Aufgabe durch Dritte erbracht wird (§ 140b Abs. 3 Satz 1 und 2 SGB V RefE GVSG).

In der Entwurfsbegründung[124] wird hierzu Folgendes ausgeführt:

> *„Wenn die Kommunen und Krankenkassen die Bildung einer Gesundheitsregion vereinbart haben, muss deren konkrete Umsetzung, etwa der Abschluss von Verträgen mit teilnehmenden Leistungserbringern oder die Begleitung eventuell vereinbarter besonderer Vergütungsvereinbarungen, organisiert werden. Die Vertragspartner einer Gesundheitsregion sind frei, wie sie die Organisation einer Gesundheitsregion (Management), umsetzen. Das Management kann je nach Vereinbarung aus dem entsprechenden Gesundheitsregionenvertrag von den beteiligten Krankenkassen, den Kommunen (ÖGD) oder von kommunalen Gesundheitskonferenzen übernommen oder an Organisationen des GKV-Systems (z.B. KV als Dienstleister oder Praxisnetze, die von den KVen anerkannt sind) übertragen werden. Externen (privaten) Managementgesellschaften kann – wie bereits jetzt in § 140a SGB V – ebenfalls das Management der Region übertragen werden. Managementgesellschaften sind aber nicht regelhaft als neue Akteure vorzusehen.“*

124 RefE GVSG, S. 49.

Gemäß diesen Ausführungen ist es auch vorstellbar, dass Patientenlotsenbüros entsprechend eingerichtet werden.[125]

Zur Finanzierung von Gesundheitsregionen s. unten Abschnitt 2.6.2.2.6.

2.4.3.18.4 Zusammenfassende Einschätzung

Wiewohl das Angebot der Gesundheitskioske Elemente enthält, die auch durch die Tätigkeit von Patientenlotsen erfasst werden können, ist doch zu sehen, dass diese Angebote an einen spezifischen Personenkreis, möglicherweise auch an spezifische Regionen gerichtet sind. Aus diesem Grund kann die künftig einzurichtende Tätigkeit von Patientenlotsen nicht mit dem Verweis auf die Gesundheitskioske als erledigt betrachtet werden.

Bei der Einrichtung von Gesundheitsregionen können die Träger von Patientenlotsen insbesondere in Netzwerken und Kooperationsformen auftreten. Auch für die Einrichtung von Patientenlotsenbüros wäre in Gesundheitsregionen Raum.

2.4.4 Orientierung am SGB XI

2.4.4.1 Pflegestützpunkte

2.4.4.1.1 Aufgaben der Pflegestützpunkte

Pflegestützpunkte dienen der wohnortnahen Beratung, Versorgung und Betreuung der Versicherten (§ 7c Abs. 1 Satz 1 SGB XI). Die Aufgaben werden im Einzelnen in § 7c Abs. 2 Satz 1 Nr. 1 bis 3 SGB XI aufgeführt. Dabei handelt es sich um Aufgaben, die dem Care Management im Sinne der Organisation der Versorgungsstruktur zuzurechnen sind. Bei einzelnen Aufgaben ist jedoch auch das Case Management im Sinne der Unterstützung von Versicherten genannt, so bei der Auskunft und Beratung, wo explizit auch auf die Pflegeberatung nach § 7a SGB XI Bezug genommen wird (§ 7c Abs. 2 Satz 1 Nr. 1 SGB XI). Weiter wird im Zusammenhang mit der Leistungskoordinierung auf die Hilfestellung bei der Inanspruchnahme der in § 7c Abs. 2 Satz 1 Nr. 2 SGB XI aufgeführten Leistungen hingewiesen. Die in § 7c Abs. 2 Satz 1 Nr. 3 SGB XI genannte Aufgabe der Vernetzung ist hingegen dem Care Management zuzurechnen.

125 S. hierzu oben Abschnitt 2.4.2.2.

2.4.4.1.2 Rechtscharakter der Pflegestützpunkte

Pflegestützpunkte haben keine eigene Rechtspersönlichkeit. Das legt nahe, die Pflegestützpunkte als nicht rechtsfähige Anstalten des öffentlichen Rechts zu betrachten.[126] Unter Anstalt wird eine Zusammenfassung von personellen, sächlichen und finanziellen Mitteln verstanden, die der Nutzung durch die Allgemeinheit oder durch einen bestimmten Personenkreis dient. Im Gegensatz zur Körperschaft, die Mitglieder hat, hat die Anstalt Nutzer. Nutzer von Pflegestützpunkten sind die Versicherten (§ 7c Abs. 1 Satz 1 SGB XI).

2.4.4.1.3 Trägerschaft und Beteiligte

Während die Vorschriften des SGB XI zu den Pflegestützpunkten keine expliziten Hinweise zum Rechtscharakter der Pflegestützpunkte enthalten, ergeben sich doch Hinweise zu den Trägerschaften der Pflegestützpunkte.

Nimmt man den Gesetzeswortlaut zum Ausgangspunkt, so ist hinsichtlich der Trägerschaft nur eine Vorschrift explizit aufschlussreich: In § 7c Abs. 2 Satz 5 SGB XI heißt es, dass die Träger der Pflegestützpunkte die beteiligten Kosten- und Leistungsträger sind. Das Gesetz geht also davon aus, dass Pflegestützpunkte eines Trägers bedürfen. Die begriffliche Verwendung von „Kosten- und Leistungsträger" bedeutet allgemein, dass Leistungsträger Sozialleistungsträger sind, während unter Kostenträger die Unternehmen der privaten Kranken- und Pflegeversicherung verstanden werden (vgl. § 7c Abs. 4 Satz 4 SGB XI).

Nach dem Gesetzeswortlaut bleibt jedoch unklar, ob nur die Pflegekassen oder auch die Krankenkassen Träger von Pflegestützpunkten sein müssen. In § 7c Abs. 1 Satz 1 SGB XI wird zwar auf die gemeinsame Verpflichtung von Pflege- und Krankenkassen hingewiesen, nach Bestimmung durch die zuständige oberste Landesbehörde Pflegestützpunkte einzurichten. Daraus könnte man schließen, dass Pflege- und Krankenkassen gemeinsam als Träger von Pflegestützpunkten fungieren. Das geht aber aus dem Wortlaut nicht hervor. In § 7c Abs. 2 Satz 4 SGB XI wird besonders erwähnt, dass sich die Krankenkassen an den Pflegestützpunkten zu beteiligen haben. In § 7c Abs. 2 Satz 5 SGB XI wird dann postuliert, dass die Träger der Pflege-

---

126 So *Baumeister*, Der rechtliche Rahmen, in: WISO Diskurs 07/2016, S. 37 ff. (46); Krauskopf/Gebhardt, SGB XI, § 7c, Rn. 5.

stützpunkte die beteiligten Kosten- und Leistungsträger sind. Damit kann aus dem Zusammenwirken dieser Vorschriften geschlossen werden, dass Krankenkassen und Pflegekassen immer Träger von Pflegestützpunkten sind.

Von besonderem Interesse ist die Vorschrift des § 7c Abs. 2 Satz 4 SGB XI auch hinsichtlich des Einbezugs der in § 7c Abs. 2 Satz 3 SGB XI genannten weiteren Beteiligten. Die Eigenschaft als beteiligter Kosten- und Leistungsträger führt dann zur Eigenschaft als Träger (§ 7c Abs. 2 Satz 5 SGB V). Fraglich ist nur, ob auch die im Land zugelassenen und tätigen Pflegeeinrichtungen als Kosten- und Leistungsträger gelten, denn diese sind zwar Leistungserbringer (vgl. § 7c Abs. 3 SGB XI), aber dem Wortlaut nach nicht Leistungsträger. Deshalb spricht viel dafür, diesen Pflegeeinrichtungen nicht die Eigenschaft als Träger zu verleihen, wenn sie sich an einem Pflegestützpunkt beteiligen.[127]

Beteiligte und Träger der Pflegestützpunkte können (nicht: müssen) hingegen auch die für die Hilfe zur Pflege zuständigen Träger der Sozialhilfe nach dem SGB XII sowie die nach Landesrecht zu bestimmenden Stellen der Altenhilfe sein (§ 7c Abs. 1a Satz 1 SGB XI).[128]

Die Beteiligung der privaten Kranken- und Pflegeversicherungsunternehmen ist nicht im Sinne einer Beteiligung in der Eigenschaft als Träger vorgesehen, sondern nur als Beteiligung im Sinne einer Finanzierungsbeteiligung (§ 7c Abs. 4 Satz 4 SGB XI).

2.4.4.1.4 Zusammenwirken der Träger

§ 7c SGB XI enthält nur indirekte Hinweise darauf, wie sich das Zusammenwirken der Träger und der anderen Beteiligten darstellt.[129] Dabei handelt es sich um die Vorschriften zu den Rahmenverträgen zur Arbeit und Finanzierung der Pflegestützpunkte (§ 7c Abs. 6 Satz 1 SGB XI). In diesen

127 *Shafaei*, in: Udsching/Schütze, SGB XI, 2018, § 7c, Rn. 4.

128 Die mit Abstand häufigste Form der Trägerschaft stellt zu rund 70 % die gemeinsame Verantwortung von Kranken-/Pflegekassen und Kommunen dar, s. dazu die Übersichten bei *Braeseke/Pflug/Beikirch/IGES Institut GmbH*, Studie zur Erfüllung der Koordinierungs- und Vernetzungsaufgaben sowie der Qualitätssicherung in Pflegestützpunkten, 2018, S. 108 f.

129 Zu den verschiedenen Formen der Zusammenarbeit in der Praxis s. *Braeseke/Pflug/Beikirch/IGES Institut GmbH*, Studie zur Erfüllung der Koordinierungs- und Vernetzungsaufgaben sowie der Qualitätssicherung in Pflegestützpunkten, 2018, S. 148 ff.

Rahmenverträgen auf Landesebene werden wesentliche Grundlagen der Arbeit von Pflegestützpunkten geregelt (§ 7c Abs. 6 Satz 3 bis 6 SGB XI). Die Rahmenverträge sind schiedsstellenfähig (§ 7c Abs. 7 SGB XI). Die in § 7c Abs. 9 SGB XI erwähnten Empfehlungen auf Bundesebene liegen noch nicht vor. Im Folgenden soll auf drei Rahmenverträge zurückgegriffen werden.

Im *Rahmenvertrag Bayern nach § 7c Abs. 6 SGB XI*[130] ist eine Kommission Pflegestützpunkte vorgesehen, deren Aufgabe es ist, Entscheidungen grundsätzlicher Art herbeizuführen (§ 8 Rahmenvertrag).

Auch Im *Rahmenvertrag Baden-Württemberg nach § 7c Abs. 6 SGB XI*[131] ist eine Kommission Pflegestützpunkte vorgesehen, deren Aufgabe es u. a. ist, Entscheidungen grundsätzlicher Art herbeizuführen und eine regelmäßige Information über die Einrichtung, den Ausbau und den Betrieb von Pflegestützpunkten (zum Beispiel Organisationsstruktur, Personal-, Raum- und Sachausstattung) durch die Stadt- und Landkreise zu leisten (§ 10 Rahmenvertrag).

Im *Rahmenvertrag Schleswig-Holstein nach § 7c Abs. 6 SGB XI*[132] stellt eine Koordinierungsstelle die Koordinierung der Pflegestützpunkte sicher (§ 4 Rahmenvertrag). Hierzu werden zwei Mal jährlich Treffen der Steuerungsgruppe Pflegestützpunkte initiiert und durchgeführt. Als Aufgabenbereiche werden u. a. genannt die Information und Unterstützung der Pflegestützpunkte in übergeordneten aufgabenrelevanten Fragestellungen, die Unterstützung bei der Weiterentwicklung allgemeiner Stützpunkt- und Beratungsstandards sowie die Prüfung der Kosten-, Personal- und Finanzpläne der Pflegestützpunkte.

2.4.4.1.5 Ergebnisse und Zusammenfassung

Kranken- und Pflegekassen können gemeinsam als Träger von Pflegestützpunkten handeln. Eine haushaltsrechtlich und verfassungsrechtlich nicht zulässige Mischfinanzierung ist hier nicht gegeben, da in § 7c Abs. 4 Satz 3

130 Rahmenvertrag in Kraft ab 01.01.2020 (https://www.demenz-pflege-bayern.de/beratung-in-der-pflege/informationen-fuer-traeger/pflegestuetzpunkte/, Zugriff: 24.05.2023).

131 Rahmenvertrag, in Kraft ab 01.07.2018 (https://www.bw-pflegestuetzpunkt.de/komission/rahmenvertrag/, Zugriff: 24.05.2023).

132 Rahmenvertrag in Kraft ab 01.01.2021 (https://www.vdek.com/LVen/SHS/Vertragspartner/Pflegeversicherung61806/pflegestuetzpunkte.html, Zugriff: 24.05.2023).

SGB XI eine Kostenbegrenzungsklausel gegeben ist, die dazu führt, dass die Pflegekasse im Verhältnis zur Krankenkasse, bei der sie errichtet ist, jedenfalls nie mehr als die Hälfte der Aufwendungen für einen Pflegestützpunkt zu tragen hat.

Anderes gilt in Richtung auf die anderen öffentlich-rechtlichen Träger. Zwar sagt die Vorschrift über die Finanzierungsbeteiligung (§ 7c Abs. 4 Satz 2 SGB XI) nichts darüber aus, wie sich die Anteile an den Aufwendungen bemessen sollen. Aus der Vorschrift kann umgekehrt aber nicht geschlossen werden, dass sich auch die anderen öffentlichen Träger an der Finanzierung zu beteiligen haben.[133]

Eine solche Verpflichtung kann aber gemäß den nach § 7c Abs. 6 SGB XI abzuschließenden Rahmenverträgen entstehen, in denen auch die Kostenaufteilung zwischen den verschiedenen Trägern zu vereinbaren ist. Aus dieser Vorschrift kann gefolgert werden, dass eine gemeinsame Trägerschaft der Kranken- und Pflegekassen und der anderen öffentlich-rechtlichen Träger möglich ist. Da die Pflegestützpunkte selbst keine Verwaltungsträger sind, entsteht hierdurch keine Mischverwaltung, sondern eine Zusammenführung der weiterhin zuständigen und alleinverantwortlich handelnden Leistungsträger.[134]

Zu diskutieren ist, ob die Organisationsstruktur von Pflegestützpunkten entsprechende Anhaltspunkte für die Trägerschaft von Patientenlotsen, ggf. auch die Einrichtung von Lotsenbüros, liefern kann. Ein Anhaltspunkt könnte das Zusammenwirken von Kranken- und Pflegekassen bei der Organisation der Trägerschaft sein, wie es in den zitierten Rahmenverträgen einiger Bundesländer zum Ausdruck kommt. Die dort genannten Kommissionen bzw. Koordinierungsstellen üben Funktionen aus, die auch für Lotsenbüros in Frage kommen. Die Pflegestützpunkte selbst haben Aufgaben, die denen von Patientenlotsen bzw. deren Trägern sehr ähnlich, wenn nicht gleich sind. Problematisch kann jedoch sein, dass die Anstellungsträger von Patientenlotsen die Kranken- und Pflegekassen sind. Ob damit die gewollte Unabhängigkeit von Patientenlotsen erreicht wird, ist zumindest fraglich.

133 *Shafaei*, in: Udsching/Schütze, SGB XI, 2018, § 7c, Rn. 4 u. 11.

134 *Burgi*, Kommunale Verantwortung, S. 91.

2.4.4.2 Modellvorhaben (§ 123 SGB XI)

2.4.4.2.1 Gesetzgebungsgeschichte

Die bis zum 30. September 2023 geltende Vorschrift zu den Modellvorhaben nach dem SGB XI war rechtlich insofern bedenklich, als die Beteiligung der Pflegekassen an Aufgaben der kommunalen Daseinsvorsorge nicht klar geregelt war. Dem hat der Gesetzgeber durch eine Änderung der Vorschrift Rechnung getragen.

Die Vorschrift zu den Modellvorhaben nach § 123 SGB XI ist durch das Gesetz zur Unterstützung und Entlastung in der Pflege (Pflegeunterstützungs- und -entlastungsgesetz – PUEG)[135] geändert worden. Das Inkrafttreten für diese geänderte Vorschrift ist zum 1. Oktober 2023 bestimmt.[136]

Das Bundesministerium für Gesundheit hat im März 2023 einen Referentenentwurf eines Gesetzes zur Unterstützung und Entlastung in der Pflege vorgelegt.[137] Darin ist auch eine Neuregelung der Modellvorhabensvorschrift in § 123 SGB XI enthalten.[138] In dem Gesetzentwurf der Bundesregierung[139] ist die entsprechende Vorschrift nicht mehr enthalten gewesen. Der Bundesrat hat dies moniert und ersucht, die kommunalen Modellvorhaben wieder aufzugreifen.[140] Der Ausschuss für Gesundheit hat am 24.05.2023 die Vorschrift mit wenigen Änderungen in der Fassung des Referentenentwurfs vom März 2023 in seiner Beschlussempfehlung[141] wieder aufgenommen. Das Gesetz zur Unterstützung und Entlastung in der Pflege (Pflegeunterstützungs- und -entlastungsgesetz – PUEG) ist am 23.06.2023 im Bundesgesetzblatt veröffentlicht worden.[142]

---

135 BGBl. 2023 I Nr. 155 vom 23.06.2023.

136 Art. 10 Abs. 3 PUEG.

137 Referentenentwurf des Bundesministeriums für Gesundheit, Entwurf eines Gesetzes zur Unterstützung und Entlastung in der Pflege (Pflegeunterstützungs- und -entlastungsgesetz – PUEG), Stand: 24.03.2023.

138 Referentenentwurf PUEG, S. 29 f., Begründung dazu S. 109 ff.

139 Entwurf eines Gesetzes zur Unterstützung und Entlastung in der Pflege (Pflegeunterstützungs- und -entlastungsgesetz – PUEG), Deutscher Bundestag, Drucksache 20/6544.

140 Deutscher Bundestag, Drucksache 20/6869, S. 33 und 36.

141 Deutscher Bundestag, Drucksache 20/6983, S. 45 ff., Begründung S. 93 ff.

142 BGBl. 2023 I Nr. 155 vom 23.06.2023.

2.4.4.2.2 Zusammenfassung des Inhalts

Der Spitzenverband Bund der Pflegekassen fördert im Wege der Anteilsfinanzierung aus Mitteln des Ausgleichsfonds mit 30 Millionen Euro je Kalenderjahr im Zeitraum von 2025 bis 2028 regionalspezifische Modellvorhaben für innovative Unterstützungsmaßnahmen und -strukturen für Pflegebedürftige, ihre Angehörigen und vergleichbar Nahestehenden vor Ort und im Quartier (§ 123 Abs. 1 Satz 1 SGB XI). Die Förderzwecke werden im Einzelnen aufgeführt (§ 123 Abs. 1 Satz 2 SGB XI). An der Finanzierung werden die privaten Pflegeversicherungsunternehmen mit 7% des Fördervolumens der Pflegekassen beteiligt (§ 123 Abs. 2 SGB XI). Die Förderung aus Mitteln der sozialen und privaten Pflegeversicherung erfolgt, wenn das jeweilige Land oder die jeweilige kommunale Gebietskörperschaft Modellvorhaben fördert (§ 123 Abs. 1 Satz 3 SGB XI). Die Förderung wird in jeweils gleicher Höhe gewährt wie die Förderung durch das Land oder die kommunale Gebietskörperschaft, sodass insgesamt ein Fördervolumen von 60 Millionen Euro im Kalenderjahr erreicht wird (§ 123 Abs. 1 Satz 4 SGB XI). Der Spitzenverband Bund der Pflegekassen beschließt im Einvernehmen mit dem Verband der privaten Krankenversicherung e. V. und den Ländern Empfehlungen zu Zielen, Inhalt, Fördervoraussetzung etc. (§ 123 Abs. 3 Satz 1 SGB XI).

2.4.4.2.3 Errichtungszuständigkeit - Trägerschaft

Die Errichtungszuständigkeit für die geplanten Modellvorhaben ist im Gesetzestext nicht geregelt. Es ist abzuwarten, ob sich der Spitzenverband Bund der Pflegekassen in den in § 123 Abs. 3 SGB XI vorgesehenen Empfehlungen hierzu äußert. Da die Anteilsfinanzierung durch den Spitzenverband Bund der Pflegekassen jedoch nur stattfindet, wenn das Land oder die Gebietskörperschaft die entsprechende Förderung bereitstellt, ist davon auszugehen, dass die Errichtungszuständigkeit beim Land oder einer Gebietskörperschaft liegt (vgl. § 123 Abs. 1 Satz 3 SGB XI).

Auch zur Trägerschaft der Modellvorhaben wird im Gesetz nichts gesagt. In der Begründung des Gesundheitsausschusses heißt es hingegen, dass die

Modellvorhaben gemeinsam von den Kommunen bzw. den Ländern und der Pflegeversicherung getragen werden sollen.[143]

2.4.4.2.4 Förderungszwecke

Die Förderzwecke sind im Einzelnen in § 123 Abs. 1 Satz 2 SGB XI aufgeführt:

1. *die Situation der Pflegebedürftigen und ihrer Angehörigen und vergleichbar Nahestehenden zu erleichtern,*
2. *den Zugang zu den vorhandenen Pflege- und Unterstützungsangeboten zu verbessern,*
3. *die Pflegeprävalenz positiv zu beeinflussen,*
4. *den Fachkräftebedarf zu decken sowie ehrenamtliche Strukturen aufzubauen,*
5. *eine bedarfsgerechte integrierte Sozialplanung zur Entwicklung des Sozialraumes zu unterstützen,*
6. *Unterstützungs- und Entlastungsstrukturen für Pflegearrangements auf- und auszubauen und zu stabilisieren,*
7. *innovative Konzepte zur Stärkung der gesellschaftlichen Solidarität zu entwickeln oder*
8. *die Pflegeangebote untereinander digital zu vernetzen.*

In der Begründung des Gesundheitsausschusses[144] wird hierzu ausgeführt:

> *„Die innovativen Modellvorhaben sollen die Strukturen besonders im Hinblick auf eine intensivierte Unterstützung der häuslichen Pflege verbessern, die Situation der stationären Pflege und von anderen Wohnformen vor Ort und im Quartier sind dabei zu berücksichtigen. Dabei sollen unterschiedliche Pflege-, Wohn- und Lebenssituationen betrachtet werden. Großstädte, mittlere und kleine Städte sowie Städte und Gemeinden im ländlichen Raum haben je eigene Besonderheiten, die es herauszuarbeiten und zu beachten gilt, um eine im jeweiligen Nahraum gut funktionierende Versorgung zu erreichen und zu fördern. Das sind besonders wichtige Aspekte bei der Förderung der gemeinsamen Modellvorhaben.*
> *Indem ein gutes, sich ergänzendes Zusammenspiel von Pflegeleistungen, medizinischer Versorgung, Altenhilfe, Wohnberatung, weiteren Hilfsstruk-*

143 Deutscher Bundestag, Drucksache 20/6983, S. 94.
144 Deutscher Bundestag, Drucksache 20/6983, S. 93 f.

turen und einer bedarfsgerechten Sozialplanung bis hin zu ggf. erforderlichen Leistungen der Hilfe zur Pflege hergestellt wird, kann eine strukturierte Zusammenarbeit der verschiedenen Träger und Kommunen dabei helfen, die Situation von Pflegebedürftigen sowie ihren Angehörigen und Pflegepersonen zu verbessern. Auch präventive Maßnahmen können hierbei mit einbezogen werden. Hilfreich kann ferner der Blick auf Verbesserungen hinsichtlich der Wohn- und Versorgungsstrukturen, der Unterstützungs- und Entlastungsstrukturen für Pflegearrangements, der Beratungsangebote vor Ort, eine Stärkung der gesellschaftlichen Solidarität sowie die bessere Gewinnung, Aktivierung und Vernetzung sowohl ehrenamtlicher als auch professioneller Helfender und Leistungserbringer sein.“

Im Ergebnis handelt es sich bei diesen Förderzwecken um Aufgaben der kommunalen Daseinsvorsorge, die gleichzeitig mit dem Sicherstellungsauftrag der Pflegekassen korrespondieren (§ 69 Satz 1 SGB XI).[145]

2.4.4.2.5 Finanzierung und Finanzierungszuständigkeit

Die Vorschriften zur Finanzierung sind an den Spitzenverband Bund der Pflegekassen und die privaten Pflegeversicherungsunternehmen gerichtet.

Die Finanzierung ist als Förderung aus Mitteln der sozialen und privaten Pflegeversicherung im Sinne einer Anteilsfinanzierung[146] gestaltet. Gefördert werden Fördermaßnahmen des Landes oder der jeweiligen kommunalen Gebietskörperschaft, mit denen die Zwecke nach den Empfehlungen des Spitzenverbandes Bund nach § 123 Abs. 3 SGB XI erfüllt werden. Die Förderung wird jeweils in gleicher Höhe gewährt wie die Förderung, die vom Land oder von der kommunalen Gebietskörperschaft für die einzelne Fördermaßnahme geleistet wird (§ 123 Abs. 1 Satz 3 und 4 SGB XI).

2.4.4.2.6 Verfassungsmäßigkeit

Zur Gesetzgebungszuständigkeit des Bundes: In der Sache stellen sich die einschlägigen Vorschriften als Regelungen dar, wonach gemeinsame Aufga-

145 Auf die jeweiligen Kompetenzen wird auch in der Begründung des Gesundheitsausschusses, Deutscher Bundestag, Drucksache 20/6983, S. 94, hingewiesen: Kompetenz der Daseinsvorsorge – Kompetenz der Sozialversicherung.

146 Deutscher Bundestag, Drucksache 20/6983, S. 94.

ben von Ländern, kommunalen Gebietskörperschaften und der Pflegeversicherung,[147] hier repräsentiert durch den Spitzenverband Bund der Pflegekassen, mit einer je hälftigen Anteilsfinanzierung gefördert werden. Die Zuständigkeit für diese Aufgaben könnte sich bei den Pflegekassen aus ihrem Sicherstellungsauftrag (§ 69 Satz 1 SGB XI) herleiten lassen. Allerdings ist dieser Sicherstellungsauftrag mit Blick auf die Leistungsverpflichtung der Pflegekassen begrenzt, enthält also keinen Auftrag zur Gestaltung der pflegerischen Infrastruktur, der von den Ländern wahrzunehmen ist (§ 9 Satz 1 SGB XI). Da der Begriff der Sozialversicherung aber durchaus weit zu verstehen ist, kann man die erwähnten Fördermaßnahmen der Sozialversicherung zuordnen. Die Gesetzgebungszuständigkeit für die Pflegeversicherung ergibt sich aus Art. 74 Abs. 1 Nr. 12 GG.

Zur Zuständigkeit der kommunalen Gebietskörperschaften: Die Zuständigkeit der kommunalen Gebietskörperschaften ergibt sich aus ihrem Daseinsvorsorgeauftrag. Mit der Vorschrift zu den Modellvorhaben wird den Gemeinden und Gemeindeverbänden auch keine neue Aufgabe im Sinne von Art. 84 Abs. 1 Satz 7 GG auferlegt,[148] denn die Anteilsförderung durch die kommunalen Gebietskörperschaften ist so gestaltet, dass sie diese bei der Wahrnehmung ihrer bereits gegebenen Kompetenzen auf dem Gebiet der Daseinsvorsorge unterstützen. Der Spitzenverband Bund der Pflegekassen ist bei der Anteilsförderung auf ein Handeln der kommunalen Gebietskörperschaften oder des Landes angewiesen, nicht umgekehrt.

2.4.4.2.7 Zusammenfassung

Die Regelungen zu den Modellvorhaben nach § 123 SGB XI stellen zwar eine Beteiligung der Pflegekassen an Aufgaben der Daseinsvorsorge, also an kommunalen Aufgaben, dar. Die Regelungen sind jedoch verfassungskonform ausgestaltet. Insofern können die entsprechenden Vorschriften der Zusammenarbeit in § 123 SGB XI auch als Modell für die Zusammenarbeit von Sozialversicherungsträgern und Ländern und Gebietskörperschaften dienen.

147 Vgl. hierzu auch § 8 Abs. 2 SGB XI.

148 In der Begründung des Gesundheitsausschusses, Deutscher Bundestag, Drucksache 20/6983, S. 95, wird ausdrücklich auf die Einhaltung dieser Vorschrift hingewiesen.

2.4.4.3 Pflegeeinrichtungen

Pflegeeinrichtungen im Sinne von Pflegediensten, Betreuungsdiensten und Pflegeheimen erbringen – allgemein ausgedrückt – Pflegeleistungen (§ 71 SGB XI). Um durch Versorgungsvertrag zugelassen zu werden, müssen sie bestimmte personelle und sonstige Voraussetzungen erfüllen (§ 72 SGB XI). Werden diese Voraussetzungen erfüllt, haben sie Anspruch auf einen Versorgungsvertrag (§ 72 Abs. 3 Satz 1 SGB XI).

Das Angebot an Pflegeeinrichtungen unterliegt keiner Bedarfsplanung. Freigemeinnützige und private Träger haben Vorrang gegenüber öffentlichen Trägern (§ 11 Abs. 2 Satz 3 SGB XI). Für die Vorhaltung einer leistungsfähigen, zahlenmäßig ausreichenden und wirtschaftlichen pflegerischen Versorgungsstruktur sind die Länder verantwortlich (§ 9 Satz 1 SGB XI).

Die Leistungen sind im Einzelnen gesetzlich festgelegt und sind zum Teil sehr differenziert ausgestaltet (§§ 28, 28a SGB XI). Die Finanzierung der Leistungen folgt einem komplexen Vergütungssystem (§§ 82 ff. SGB XI).

Für die Versicherten besteht ein Leistungszugang erst, wenn ein Pflegegrad durch den Medizinischen Dienst festgestellt worden ist (§§ 14, 15 und 18 SGB XI).

Die Personen, die in Pflegeeinrichtungen die direkten Pflegeleistungen erbringen, müssen bestimmte qualitative Anforderungen erfüllen, die teils gesetzlich, teils untergesetzlich geregelt sind.

Dieses Organisationsmodell von Pflegeeinrichtungen erweist sich auch für die Trägerschaft von Patientenlotsen als tauglich. Lotsenträger wäre dann die Pflegeeinrichtung im Sinne eines ambulanten Lotsendienstes, die nach bestimmten Maßgaben direkt leistungserbringende Lotsen als Personal anstellt. Die Vergütung der Leistungen des ambulanten Lotsendienstes könnte als Pauschalvergütung geregelt werden.

Dies gilt im Übrigen auch für die Dienste, die häusliche Krankenpflege nach § 37 SGB V erbringen. In der Praxis erbringen solche Dienste diese Leistungen und die Leistungen nach dem SGB XI.[149]

2.4.4.4 Einzelpflegepersonen

Leistungserbringer von Leistungen der häuslichen Pflege im Sinne von § 36 SGB XI können auch einzelne Pflegekräfte sein. Dabei wird unterschieden zwischen Pflegekräften, mit denen die Pflegekassen einen Vertrag schließen

149 S. oben Abschnitt 2.4.3.10.

(§ 77 Abs. 1 SGB XI), und Pflegekräften, die von der Pflegekasse direkt angestellt werden (§ 77 Abs. 2 SGB XI). Im ersteren Fall sind in den Verträgen neben Qualitäts- und Wirtschaftlichkeitsanforderungen auch die Vergütung zu regeln (§ 77 Abs. 1 Satz 2 und3 SGB XI). Weiter ist ein Pflegevertrag zwischen der Pflegekraft und der pflegebedürftigen Person zu schließen (§ 77 Abs. 1 Satz 7 SGB XI). Wenn die Pflegekasse selbst eine Pflegekraft einstellt, gelten hinsichtlich der Wirtschaftlichkeit und Qualität der Leistungen die gleichen Anforderungen wie für die zugelassenen Pflegedienste (§ 77 Abs. 2 SGB XI).

Beide Formen der Erbringung von Leistungen der häuslichen Pflege durch Einzelpersonen sind auch für die Leistungen von Patientenlotsen denkbar. Träger der Lotsenleistung wäre dann die Pflegekasse bzw. ein anderer Sozialleistungsträger. Zu bedenken ist allerdings, dass das Erfordernis der Unabhängigkeit des Lotsenträgers von einem bestimmten Sozialleistungsträger nicht beachtet würde. Hinzu kommt, dass die Möglichkeit der Erbringung von häuslicher Pflege durch Einzelpflegekräfte von der gesetzlichen Leistungserbringungssystematik her gesehen eher als Ausnahme zur Sicherstellung bestimmter Pflegeleistungen konzipiert ist. Der Regelfall ist die Leistungserbringung durch Pflegeeinrichtungen. Aus diesem Grund werden diese beiden Organisationsformen der Leistungserbringung durch Einzelpersonen nicht für die Organisation der Leistungserbringung von Patientenlotsen in Betracht kommen.

2.4.5 Orientierung am SGB XII

2.4.5.1 Allgemeines

Auch wenn die Träger der Sozialhilfe (§ 3 SGB XII) nicht als Leistungsträger von Lotsenleistungen in Frage kommen werden, so ist doch auf einige Vorschriften des SGB XII einzugehen, die im Zusammenhang mit der Gestaltung der Trägerschaft von Patientenlotsen und deren Leistungserbringung von Interesse sein können.

2.4.5.2 Vertragsrecht

Das SGB XII enthält für die Leistungserbringung durch Dritte allgemeine, als Vertragsrecht betitelte Vorschriften in §§ 75 bis 81 SGB XII. Als Grundsatz gilt, dass der Träger der Sozialhilfe Leistungen durch Dritte

(Leistungserbringer) nur bewilligen darf, soweit eine schriftliche Vereinbarung zwischen dem Träger des Leistungserbringers und dem für den Ort der Leistungserbringung zuständigen Träger der Sozialhilfe besteht (§ 75 Abs. 1 Satz 1 SGB XII). Sind geeignete Leistungserbringer vorhanden, soll der Träger der Sozialhilfe zur Erfüllung seiner Aufgaben eigene Angebote nicht neu schaffen (§ 75 Abs. 2 Satz 1 SGB XII). In der schriftlichen Vereinbarung mit Erbringern von Leistungen sind Inhalt, Umfang und Qualität einschließlich der Wirksamkeit der Leistungen (Leistungsvereinbarung) sowie die Vergütung der Leistung (Vergütungsvereinbarung) zu regeln (§ 76 Abs. 1 SGB XII).

Die Inhalte dieser Vereinbarungen werden wiederum näher konkretisiert (in § 76 Abs. 2 SGB XII für die Leistungsvereinbarung, in § 76 Abs. 3 Satz 1 SGB XII für die Vergütungsvereinbarung). So müssen die Leistungsvereinbarungen als wesentliche Leistungsmerkmale die betriebsnotwendigen Anlagen des Leistungserbringers, den zu betreuenden Personenkreis, Art, Ziel und Qualität der Leistung, die Festlegung der personellen Ausstattung, die Qualifikation des Personals sowie die erforderliche sächliche Ausstattung enthalten (§ 76 Abs. 2 SGB XII). Die Vergütungsvereinbarung muss – außer der in diesem Zusammenhang nicht relevanten Grundpauschale für Unterkunft und Verpflegung – eine Maßnahmepauschale und einen Betrag für betriebsnotwendige Anlagen einschließlich ihrer Ausstattung (Investitionsbetrag) enthalten (§ 76 Abs. 3 Satz 1 SGB XII). Dabei ist die Maßnahmepauschale nach Gruppen für Leistungsberechtigte mit vergleichbarem Bedarf zu kalkulieren (§ 76 Abs. 3 Satz 3 SGB XII).

Für die Gestaltung der Organisation von Leistungen der Patientenlotsen sind die gesetzlich geforderten Inhalte der Leistungs- und Vergütungsvereinbarung insofern interessant, als die Inhalte der Leistungs- und Vergütungsvereinbarung auch für Leistungserbringungsverträge mit anderen Sozialleistungsträgern gelten könnten.

2.4.5.3 Allgemeine Zusammenarbeit

Im Sozialhilferecht ist an erster Stelle die allgemeine Vorschrift zur Zusammenarbeit (§ 4 SGB XII) zu nennen. Sie lautet (§ 4 Abs. 1 Satz 1 SGB XII):

> *Die Träger der Sozialhilfe arbeiten mit anderen Stellen, deren gesetzliche Aufgaben dem gleichen Ziel dienen oder die an Leistungen beteiligt sind oder beteiligt werden sollen, zusammen, insbesondere mit den Trägern von*

Leistungen nach dem Zweiten, dem Achten, dem Neunten und dem Elften Buch, sowie mit anderen Trägern von Sozialleistungen und mit Verbänden.

Weiter werden besondere Maßgaben für die Zusammenarbeit mit den Pflegestützpunkten getroffen (§ 4 Abs. 1 Satz 2 und 3 SGB XII):

Darüber hinaus sollen die Träger der Sozialhilfe gemeinsam mit den Beteiligten der Pflegestützpunkte nach § 7c des Elften Buches alle für die wohnortnahe Versorgung und Betreuung in Betracht kommenden Hilfe- und Unterstützungsangebote koordinieren. Die Rahmenverträge nach § 7a Absatz 7 des Elften Buches sind zu berücksichtigen und die Empfehlungen nach § 8a des Elften Buches sollen berücksichtigt werden.

Diese Vorschrift korrespondiert mit den Vorschriften in § 7c SGB XI, in denen die Träger der Sozialhilfe erwähnt werden.

Als eine Form der Zusammenarbeit werden die Arbeitsgemeinschaften[150] genannt (§ 4 Abs. 2 SGB XII).

Aufgrund dieser sehr weit gefassten Zusammenarbeitsvorschrift könnte auch die Zusammenarbeit mit den Trägern von Patientenlotsen geregelt werden.

2.4.5.4 Zusammenarbeit mit den Trägern der freien Wohlfahrtspflege

Das Sozialhilferecht ist in besonderer Weise vom Verhältnis der Träger der Sozialhilfe zu den Kirchen und Religionsgesellschaft des öffentlichen Rechts und den Verbänden der freien Wohlfahrtspflege geprägt. Das Verhältnis zu den Kirchen und zur freien Wohlfahrtspflege wird in § 5 SGB XII in mehreren Dimensionen bestimmt. § 5 Abs. 1 SGB XII bestimmt, dass die Tätigkeit der nichtstaatlichen Wohlfahrtspflege von den Bestimmungen des SGB XII unbeeinflusst bleibt.[151] Ein Gebot der Zusammenarbeit mit den Kirchen und mit den Trägern der freien Wohlfahrtspflege enthält § 5 Abs. 2 SGB XII. Die Zusammenarbeit soll darauf gerichtet sein, dass sich die Sozialhilfe und die Tätigkeit der freien Wohlfahrtspflege zum Wohle der Leistungsberechtigten wirksam ergänzen (§ 5 Abs. 3 Satz 1 SGB XII). Die Träger der Sozialhilfe sollen die Verbände der freien Wohlfahrtspflege in ihrer Tätigkeit auf dem Gebiet der Sozialhilfe angemessen unterstützen (§ 5

150 Zum Begriff der Arbeitsgemeinschaften s. *Wahrendorf*, in: Grube/Wahrendorf, SGB XII, 2018, § 4, Rn. 7 f.

151 *Wahrendorf*, in: Grube/Wahrendorf, SGB XII, 2018, § 5, Rn. 5.

Abs. 3 Satz 2 SGB XII). In § 5 Abs. 4 SGB XII ist der institutionelle Nachrang[152] staatlicher Hilfe gegenüber der Hilfe nichtstaatlicher Organisationen geregelt: Wird die Leistung im Einzelfall durch die freie Wohlfahrtspflege erbracht, sollen die Träger der Sozialhilfe von der Durchführung eigener Maßnahmen absehen. Dies gilt nicht für die Erbringung von Geldleistungen. Schließlich können die Träger der Sozialhilfe die Verbände der freien Wohlfahrtspflege an der Durchführung ihrer Aufgaben beteiligen oder ihnen die Durchführung solcher Aufgaben übertragen, wobei die Träger der Sozialhilfe den Leistungsberechtigten gegenüber verantwortlich bleiben (§ 5 Abs. 4 SGB XII).

Diese sehr weitgehende Kooperationsvorschrift im SGB XII stellt auf die Rolle der freien Wohlfahrtspflege in der öffentlichen Fürsorge ab. Sie ermöglicht auch eine Übertragung der Trägerschaft von Patientenlotsen auf die Verbände der freien Wohlfahrtspflege (§ 5 Abs. 5 SGB XII) oder Arbeitsgemeinschaften dieser Verbände (§ 4 Abs. 2 SGB XII).

2.4.6 Orientierung am SGB IX

2.4.6.1 Allgemeines

Im SGB IX finden sich zwei Instrumente der Kooperation und Koordination. Im Rahmen eines Kapitels über die Koordinierung der Leistungen (§§ 14 bis 24 SGB IX) sollen mit einem Teilhabeplan in Abstimmung mit den Leistungsberechtigten die nach dem individuellen Bedarf voraussichtlich erforderlichen Leistungen hinsichtlich Ziel, Art und Umfang funktionsbezogen festgestellt werden (§ 19 SGB IX). Hierzu ist eine Teilhabekonferenz durchzuführen (§ 20 SGB IX). Im Rahmen der besonderen Leistungen zur selbstbestimmten Lebensführung für Menschen mit Behinderungen (Eingliederungshilfe) stellt das Gesamtplanverfahren (§ 117 SGB IX) das zentrale Instrumentarium der Koordination der Teilhabeleistungen dar, im Rahmen dessen auch eine Gesamtplankonferenz (§ 119 SGB IX) vorgesehen ist. Bei beiden Instrumenten geht es um die Koordinierung von Leistungen. Während der Teilhabeplan allgemein für alle Rehabilitati-

152 *Wahrendorf*, in: Grube/Wahrendorf, SGB XII, 2018, § 5, Rn. 17.

onsleistungen gilt, ist das Gesamtplanverfahren nur für den nachrangigen Bereich der Eingliederungshilfe einschlägig.[153]

2.4.6.2 Teilhabeplanverfahren und Gesamtplanverfahren

Der Teilhabeplan und die Teilhabekonferenz dienen ebenso wie das Gesamtplanverfahren und die Gesamtplankonferenz der Koordinierung der beteiligten Träger bei der Feststellung und Sicherung der verschiedenen Leistungen.

An erster Stelle steht die Bedarfsermittlung (§§ 15, 117 f. SGB IX). Wenn eine Leistungsverantwortung einer Mehrheit von Rehabilitationsträgern gegeben ist (§§ 15, 119 Abs. 1 Satz 1 SGB IX), wird eine Teilhabekonferenz (§ 20 SGB IX) bzw. eine Gesamtplankonferenz (§ 121 SGB IX) veranstaltet und ein Teilhabeplan (§ 19 SGB IX) bzw. ein Gesamtplan (§ 121 SGB IX) erstellt. Die Beteiligung des Leistungsberechtigten wird dabei stets hervorgehoben (§ 19 Abs. 1 Satz 1, § 117 Abs. 1 Nr. 1 SGB IX).

Dieses Instrumentarium soll im Folgenden mit Blick auf die Funktionen der Tätigkeit von Patientenlotsen in Richtung auf den Patienten und seine An- und Zugehörigen betrachtet werden. Vorab ist zu sagen, dass das Teilhabe- wie das Gesamtplanverfahren auf die Feststellung und Sicherung von Leistungen für einen Personenkreis gerichtet ist, der grundsätzlich in seiner Existenz oder wichtigen Existenzbereichen von Sozialleistungen zur Sicherung seiner Existenz abhängig ist. Rechtlich kommt das in § 1 Satz 1 SGB IX mit dem Bezug auf die Selbstbestimmung, die Teilhabe am Leben in der Gemeinschaft und der Vermeidung oder Verhinderung von Benachteiligungen zum Ausdruck. Das hat zur Folge, dass das rechtliche Instrumentarium zur Sicherung dieser Belange mittlerweile hochdifferenziert ist. Das gilt besonders, wenn es um die Beteiligung mehrerer Leistungsträger und Leistungserbringer geht. Dabei ist das Gesamtplanverfahren im Verhältnis zum Teilhabeplanverfahren, gerade wenn es um die Leistungsfeststellung geht, differenzierter ausgestaltet. Das gilt besonders für die Maßstäbe der Gestaltung des Gesamtplanverfahrens (§ 117 Abs. 1 und 2 SGB IX):

> (1) *Das Gesamtplanverfahren ist nach folgenden Maßstäben durchzuführen:*

153 Zum Verhältnis von Teilhabeplanverfahren und Gesamtplanverfahren s. § 21 SGB IX.

1. *Beteiligung des Leistungsberechtigten in allen Verfahrensschritten, beginnend mit der Beratung,*
2. *Dokumentation der Wünsche des Leistungsberechtigten zu Ziel und Art der Leistungen,*
3. *Beachtung der Kriterien*
   a) *transparent,*
   b) *trägerübergreifend,*
   c) *interdisziplinär,*
   d) *konsensorientiert,*
   e) *individuell,*
   f) *lebensweltbezogen,*
   g) *sozialraumorientiert und*
   h) *zielorientiert,*
4. *Ermittlung des individuellen Bedarfes,*
5. *Durchführung einer Gesamtplankonferenz,*
6. *Abstimmung der Leistungen nach Inhalt, Umfang und Dauer in einer Gesamtplankonferenz unter Beteiligung betroffener Leistungsträger.*

(2) *Am Gesamtplanverfahren wird auf Verlangen des Leistungsberechtigten eine Person seines Vertrauens beteiligt.*

Wenn es um die Bestimmung der individuellen Leistungen für Leistungsberechtigte durch Patientenlotsen geht, können diese Maßstäbe entsprechend herangezogen werden. Dies gilt insbesondere für die in § 117 Abs. 1 Nr. 3 SGB IX genannten Kriterien.

Zur Bedarfsermittlung von Leistungen der Patientenlotsen entsprechend den Instrumenten des Teilhabeplanverfahrens bzw. des Gesamtplanverfahrens ist zu sagen, dass diese Instrumente auf den Teilhabeprozess in den wichtigsten Lebensbereichen konzentriert sind, während es bei der Tätigkeit von Patientenlotsen vorrangig um die Gestaltung von Versorgungsabläufen geht. Die Tätigkeit von Patientenlotsen hat zwar auch Teilhabe zum Ziel; im Vordergrund steht jedoch die nötige Unterstützung, Begleitung sowie das Hinführen zu notwendiger Behandlung und Therapie sowie Pflegeversorgung.

Die Teilhabekonferenz (§ 20 SGB IX) bzw. die Gesamtplankonferenz (§ 119 SGB XI) stellt ein zusätzliches Instrument zur Sicherstellung der Leistungen für den Leistungsberechtigten dar, insbesondere, wenn der für die Leistungen maßgebliche Sachverhalt nicht schriftlich ermittelt werden kann (vgl. § 119 Abs. 1 Satz 3 SGB IX). Letztlich gilt mit Blick auf die Tätigkeit von Patientenlotsen das vorstehend zum Gesamtplanverfahren Gesagte auch für die Gesamtplankonferenz. Beide Instrumente, Planverfahren und Plankonferenzen, sind vom Grunde her auf eine bestimmte, oft hochkomplexe und hochdifferenzierte Leistungssituation ausgerichtet. Dementsprechend differenziert müssen die Instrumente zur Bewältigung dieser Leistungssituation sein, insbesondere, wenn mehrere Sozialleistungsträger und Leistungserbringer beteiligt sind. Diese sich in den Gestaltungsinstrumenten abbildende Differenziertheit scheint aber für die Mehrzahl der Fälle und Situationen, bei denen Patientenlotsen tätig werden, nicht notwendig zu sein, unabhängig von der Leistbarkeit der Einrichtung solcher Instrumente. Hingegen sind die Kriterien, die für die Gestaltung insbesondere des Gesamtplanverfahrens in § 117 Abs. 1 Nr. 3 SGB IX niedergelegt sind, ohne weiteres auf die Gestaltung der Lotsenleistungen anzuwenden.

2.4.7 Sonstiges

2.4.7.1 Öffentlicher Gesundheitsdienst

Der Öffentliche Gesundheitsdienst (ÖGD) ist landesrechtlich geregelt. Wenn Patientenlotsen als Bedienstete der Behörden des ÖGD tätig werden, wäre der ÖGD leistungserbringender Träger von Patientenlotsen. Die Ausgestaltung obliegt damit dem Landesgesetzgeber.

Dass eine solche Regelungsmöglichkeit durchaus ernsthaft in den Blick genommen werden sollte, ergibt sich aus dem Referentenentwurf eines Gesundheitsversorgungsstärkungsgesetzes (GVSG),[154] wonach eine enge Zusammenarbeit mit dem ÖGD gewährleistet sein muss.[155]

2.4.7.2 Heilpraktikererlaubnis

Die selbstständige Ausübung von Heilkunde ist Ärzten und Heilpraktikern vorbehalten. Letztere bedürfen hierzu einer Erlaubnis (§ 1 Abs. 1 Heilpraktikergesetz). Ausübung der Heilkunde ist jede berufs- oder gewerbsmäßig vorgenommene Tätigkeit zur Feststellung, Heilung oder Linderung von Krankheiten, Leiden oder Körperschäden bei Menschen (§ 1 Abs. 2 Heil-

154 Referentenentwurf des Bundesministeriums für Gesundheit, Entwurf eines Gesetzes zur Stärkung der Gesundheitsversorgung in der Kommune (Gesundheitsversorgungsstärkungsgesetz – GVSG) (Bearbeitungsstand: 15.06.2023 – noch nicht ressortabgestimmt). S. dazu oben Abschnitt 2.4.3.18.

155 § 65g Abs 1 Satz 5 SGB V RefE GVSG.

praktikergesetz). Die Tätigkeit von Patientenlotsen fällt nicht unter diesen Heilkundebegriff. Die Tätigkeit von Patientenlotsen kann darin bestehen, Patienten zu Personen zu führen, die Heilkunde ausüben. Das stellt jedoch keine Ausübung von Heilkunde dar.

2.4.7.3 Medizinische Kooperationsgemeinschaften

Aus dem ärztlichen Berufsrecht, hier der (Muster-)Berufsordnung für die in Deutschland tätigen Ärztinnen und Ärzte – MBO-Ä 1997[156] - , stammt ein Hinweis, unter welchen Voraussetzungen sich Ärztinnen und Ärzte auch mit selbständig tätigen und zur eigenverantwortlichen Berufsausübung befugten Berufsangehörigen anderer akademischer Heilberufe im Gesundheitswesen oder staatlicher Ausbildungsberufe im Gesundheitswesen sowie anderen Naturwissenschaftlerinnen und Naturwissenschaftlern und Angehörigen sozialpädagogischer Berufe – auch beschränkt auf einzelne Leistungen – zur kooperativen Berufsausübung zusammenschließen können (medizinische Kooperationsgemeinschaft) (§ 23b Abs. 1 Satz 1 MBO 1997). Diese Art der Kooperation ist an weitere Voraussetzungen bezüglich der Rechtsform (Partnerschaftsgesellschaft, Rechtsform einer Gesellschaft des bürgerlichen Rechts oder einer juristischen Person des Privatrechts) gebunden (§ 23b Abs. 1 Satz 2 MBO-Ä 1997).

Ärztinnen und Ärzten ist ein solcher Zusammenschluss im Einzelnen nur mit solchen anderen Berufsangehörigen und in der Weise erlaubt, dass diese in ihrer Verbindung mit der Ärztin oder dem Arzt einen gleichgerichteten oder integrierenden diagnostischen oder therapeutischen Zweck bei der Heilbehandlung, auch auf dem Gebiete der Prävention und Rehabilitation, durch räumlich nahes und koordiniertes Zusammenwirken aller beteiligten Berufsangehörigen erfüllen können (§ 23b Abs. 1 Satz 3 MBO-Ä 1997).

Zum Verständnis dieser Vorschrift ist zu sagen, dass es sich um eine Regelung auf dem Gebiet der ärztlichen Berufsausübung handelt, deren rechtliche Umsetzung den Ländern vorbehalten ist, wobei sich die Länder nicht an den Wortlaut der Regelung halten müssen. Trotzdem ist diese Vorschrift insofern von Interesse, als sie die Möglichkeiten und Grenzen der

156 In der Fassung des Beschlusses des 124. Deutschen Ärztetages vom 5. Mai 2021 in Berlin (https://www.bundesaerztekammer.de/themen/recht/berufsrecht, Zugriff: 15.05.2023).

Zusammenarbeit von Ärztinnen und Ärzten mit anderen Heilberufen im Gesundheitswesen aufzeigt. Überträgt man das dieser Vorschrift zugrundeliegende Regelungsmuster auf eine mögliche Zusammenarbeit von Ärzten mit Patientenlotsen, so bestünde die Eingangsvoraussetzung darin, dass die Person des Patientenlotsen ein Angehöriger eines staatlichen Ausbildungsberufs im Gesundheitswesen wäre, was etwa bei den Pflegefachberufen der Fall wäre. Problematisch könnte dies jedoch bei den Gesundheitssozialarbeitern sein. Diese werden zwar hochschulisch ausgebildet und wären damit als akademischer Beruf zu qualifizieren. Sie sind jedoch kein Heilberuf im Sinne des Art. 74 Abs. 1 Nr. 19 GG.[157] Gesundheitssozialarbeiter könnten aber den sozialpädagogischen Berufen zugerechnet werden. Allerdings ist die Vorschrift hier etwas ungenau, da der Begriff der Sozialpädagogik im Verhältnis zum Begriff der Sozialarbeit zumindest Überschneidungsbereiche aufweist.

Dieser Debatte muss hier aber nicht im Einzelnen nachgegangen werden. Als Muster für eine Zusammenarbeit von Ärzten und Patientenlotsen kommt die Vorschrift insofern eher wenig in Frage, als Patientenlotsen in der Praxis wohl kaum selbstständig, sondern als direkter Dienstleistungserbringer bei einem Lotsenträger tätig sein werden.

Würde man die Idee einer Kooperation von Ärzten und Patientenlotsen weiterverfolgen, so ist insbesondere von Interesse zu sehen, welche Regularien dabei berufsrechtlich für die Ärzte aufgestellt werden.

2.4.8 Exkurse

2.4.8.1 Ganzheitliche Betreuung (SGB II)

Obwohl in Abschnitt 2.4 nur auf Regelungswerke Bezug genommen wird, die dem Gesundheitsbereich zuzurechnen sind oder zumindest in engem Zusammenhang damit stehen, soll nachstehend kurz auf eine Vorschrift hingewiesen werden, deren Grundidee auch für Patientenlotsen einschlägig sein könnte. Es ist die mit dem Bürgergeld-Gesetz[158] in das SGB II – Bür-

---

157 S. hierzu *Igl*, Rechtliche Verankerung der Sozialen Arbeit im Gesundheitswesen, 2017, S. 151 ff.

158 Zwölftes Gesetz zur Änderung des Zweiten Buches Sozialgesetzbuch und anderer Gesetze – Einführung eines Bürgergeldes (Bürgergeld-Gesetz) vom 16. Dezember 2022, BGBl. I S. 2328.

gergeld, Grundsicherung – neu eingefügte Vorschrift zur Ganzheitlichen Betreuung (§ 16k SGB II).[159] Danach kann die Agentur für Arbeit oder ein durch diese beauftragter Dritter zum Aufbau der Beschäftigungsfähigkeit von erwerbsfähigen Leistungsberechtigten eine erforderliche ganzheitliche und gegebenenfalls aufsuchende Betreuung erbringen (§ 16k Abs. 1 Satz 1 SGB II). In der Gesetzesbegründung[160] wird dazu ausgeführt:

> *Ganzheitliche Betreuung (Coaching)*
> *Bei erwerbsfähigen Leistungsberechtigten bestehen häufig vielfältige individuelle Probleme, die ihre Beschäftigungsfähigkeit grundlegend beeinträchtigen. Diese erfordern eine ganzheitliche Betreuung (Coaching), die die jeweilige Lebenssituation insgesamt in den Blick nimmt und dem Ziel eines grundlegenden Aufbaus (und in der Folge Stabilisierung) der Beschäftigungsfähigkeit dient. „Aufbau der Beschäftigungsfähigkeit" bedeutet, dass das Coaching mit den betreffenden erwerbsfähigen Leistungsberechtigten an allen Problemlagen arbeitet, die diesem Ziel im Weg stehen. Zugleich eröffnet das Coaching auch die Chance, deren Potenziale stärker wahrzunehmen und zu nutzen.*
> *Die Interventions- und Beratungsformen des Coachings ergeben sich aus dem individuellen Bedarf und werden deshalb gesetzlich nicht festgelegt. Aufgabe des Coachings ist u. a., erwerbsfähige Leistungsberechtigte über Leistungen Dritter zu beraten und auf die Inanspruchnahme dieser Leistungen hinzuwirken. Das Coaching umfasst nach diesem Verständnis folglich auch Beratungsaufgaben. Insbesondere steht die Coachin oder der Coach den betreffenden Leistungsberechtigten zur Seite und stärkt sie darin, ihre Lebenssituation selbst zu verbessern. Dabei gilt zugleich, dass die Fallverantwortung in jedem Fall beim Jobcenter verbleibt. Da die Schaffung eines Vertrauensverhältnisses beim Coaching nach § 16k eine wesentliche Grundlage des Erfolgs ist, werden erwerbsfähige Leistungsberechtigte nicht mit Rechtsfolgen verbunden zur Teilnahme am Coaching verpflichtet. Das Coaching kann auch aufsuchend oder beschäftigungsbegleitend erfolgen.*

Wie beim Patientenlotsen soll die jeweilige Lebenssituation in den Blick genommen werden. Das Ziel des Aufbaus und der Stabilisierung einer gewünschten Situation ist beim Patientenlotsen die Verbesserung der gesund-

159 S. hierzu *Rübner*, „Ganzheitliche Betreuung" – ein neues Instrument der Bürgergeldreform, in: Case Management 1/2023, S. 38 ff.

160 Deutscher Bundestag, Drucksache 20/3873, S. 52 f.

heitlichen Situation und die Förderung der Teilhabe. Neben der Beratung steht die Stärkung der individuellen Lebenssituation im Vordergrund. Auch hier sind Parallelen zum Patientenlotsen gegeben. Allerdings kann beim Patientenlotsen nicht auf die regulatorische Festlegung von Interventions- und Beratungsformen verzichtet werden. Im Gesundheitswesen werden die Handlungen der Beteiligten berufs- wie leistungserbringungsrechtlich aus Gründen des Gesundheitsschutzes der Patienten sowie einer qualitätvollen und wirtschaftlichen Leistungserbringung stets einer Regulierung unterworfen.

2.4.8.2 Maßnahmen zur Aktivierung und beruflichen Eingliederung - Assistierte Ausbildung (SGB III)

Auch im SGB III – Arbeitsförderung – finden sich Vorschriften, deren Grundideen auch für Patientenlotsen einschlägig sein könnten. Diese Vorschriften können hier nur kurz skizziert werden.

Es handelt sich hier um die Maßnahmen für Ausbildungssuchende, von Arbeitslosigkeit bedrohte Arbeitsuchende und Arbeitslose zur beruflichen Eingliederung durch Heranführung an den Ausbildungs- und Arbeitsmarkt sowie die Feststellung, Verringerung oder Beseitigung von Vermittlungshemmnissen (§ 45 Abs. 1 Satz 1 Nr. 1 SGB III) und zur Stabilisierung einer Beschäftigungsaufnahme (§ 45 Abs. 1 Satz 1 Nr. 5 SGB III).

Weiter sind zu nennen die Maßnahmen der Assistierten Ausbildung (§ 74 SGB III). Die Agentur für Arbeit kann förderungsberechtigte junge Menschen und deren Ausbildungsbetriebe während einer betrieblichen Berufsausbildung oder einer Einstiegsqualifizierung durch Maßnahmen der Assistierten Ausbildung fördern (§ 74 Abs. 1 Satz 1 SGB III). Der junge Mensch wird, auch im Betrieb, individuell und kontinuierlich unterstützt und sozialpädagogisch begleitet. Ihm steht beim Träger der Assistierten Ausbildung über die gesamte Laufzeit der Förderung insbesondere eine feste Ausbildungsbegleiterin oder ein fester Ausbildungsbegleiter zur Verfügung (§ 74 Abs. 4 SGB III).

Im Zusammenhang der Assistierten Ausbildung ist auch die Leistungserbringungsvorschrift von Interesse. Die Bundesagentur soll bei der Umsetzung der Assistierten Ausbildung mit den Ländern zusammenarbeiten. Durch die Zusammenarbeit sollen unter Berücksichtigung regionaler Besonderheiten Möglichkeiten einer Koordination der Akteure eröffnet und dadurch eine hohe Wirksamkeit der Maßnahme im Ausbildungsmarkt erreicht werden. Die Bundesagentur kann ergänzende Leistungen der Länder berücksichtigen (§ 74 Abs. 7 SGB III).

Obwohl die Vorschriften zur Aktivierung und beruflichen Eingliederung sowie zur Assistierten Ausbildung nicht auf die Regelung von Patientenlotsen übertragen werden können, ist doch auch hier zu sehen, dass der Grundgedanke von Patientenlotsen, Menschen in besonders diffizilen Situationen an Leistungen heranzuführen, auch bei diesen Maßnahmen vorherrscht. Unter leistungserbringungsrechtlichen Gesichtspunkten ist zu vermerken, dass bei der Assistierten Ausbildung eine Zusammenarbeit des (Haupt-)Leistungsträgers Bundesagentur für Arbeit mit den Ländern angestrebt wird.

2.4.8.3 Betreuungsorganisationsgesetz

Im Betreuungsorganisationsgesetz (BtOG)[161] sind verschiedene Maßnahmen seitens der zuständigen Behörde vorgesehen, die einzelnen Tätigkeiten von Patientenlotsen gleichkommen, so die Beratung und Unterstützung sowie die erweiterte Unterstützung (§ 8 BtoG). Die erweiterte Unterstützung wird als soziales Fallmanagement angesehen.[162]

2.4.9 Zusammenfassende Einschätzung der verschiedenen Möglichkeiten

2.4.9.1 SGB V

Das SGB V enthält an mehreren Stellen Regelungen, die für die Organisation von Patientenlotsen von Interesse sind. An erster Stelle steht hier das Entlassmanagement bei Krankenhäusern (§ 39 Abs. 1a SGB V) und bei stationären Rehabilitationseinrichtungen (§ 40 Abs. 2 Satz 6, § 41 Abs. 1 Satz 4 in Verbindung mit § 39 Abs. 1a SGB V). Es handelt sich hier um passgenau auf diese speziellen Übergangssituationen zugeschnittene Lösungen.

Im Rahmen der *ärztlichen Behandlung durch Vertragsärzte* gibt es mehrere Anhaltspunkte für Tätigkeiten der Ärzte, die Tätigkeiten von Patientenlotsen zumindest in einigen Elementen entsprechen. Auf der einen Seite gilt dies besonders für die in § 73 Abs. 1 Nr. 2 SGB V aufgeführten Inhalte

161 Vom 4. Mai 2021 (BGBl. I S. 882, 917).

162 *Förter-Vondey/Roder,* Betreuungsorganisationsgesetz – Bedeutung für Berufsbetreuer*innen, in: Case Management 1/2023, S. 19 ff. (21).

der hausärztlichen Versorgung. Etwas im Widerspruch hierzu steht auf der anderen Seite die ärztliche Ausbildung, die nur in einem Punkt ein sehr eng gefasstes Tätigkeitselement von Patientenlotsen enthält (§ 30 Abs. 3 Satz 2 Nr. 8 ÄApprO 2002). Hingegen finden sich in der Gebietsdefinition und den Weiteerbildungsinhalten der (Muster-)Weiterbildungsordnung 2018 zum Facharzt/zur Fachärztin für Allgemeinmedizin zentrale Elemente der Tätigkeit von Patientenlotsen.

Die weitere Frage, ob Leistungen von Patientenlotsen im Wege der Delegation ärztlicher Leistungen (§ 15 Abs. 1 Satz 2, § 28 Abs. 1 Satz 2 SGB V) erbracht werden können, könnte zwar theoretisch für den Leistungsbereich des SGB V bejaht werden. Allerdings erscheint das Konzept der Einbindung der Tätigkeit von Patientenlotsen in die ärztliche Versorgung im Wege der Delegation eher als weniger tauglich, weil hierfür die ärztliche Ausbildung nach der BÄO und ÄApprO 2002 entsprechend erweitert werden müsste. Anderes gilt für die Fachärzte für Allgemeinmedizin, bei denen die Weiterbildungsinhalte wesentliche Elemente der Tätigkeit von Patientenlotsen enthalten. Allerdings ist auch hier zu sehen, dass nicht das gesamte Leistungsspektrum von Patientenlotsen von der ärztlichen Tätigkeit erfasst wird. Eine solche Lösung wäre jedoch schon unter dem Gesichtspunkt der erforderlichen Anstellung eines Patientenlotsen in der Praxis des Arztes eher unwahrscheinlich. Gleiches gilt für die Anstellung eines Patientenlotsen in einem Medizinischen Versorgungszentrum (§ 95 Abs. 1 Satz 1 SGB V).

Wiewohl die *KSVPsych-RL* des Gemeinsamen Bundesausschusses (§ 92 Abs. 6b SGB V) als Richtlinie zur ärztlichen Behandlung nur einen eng begrenzten Personenkreis betrifft, enthält sie von allen hier untersuchten Regelungen zahlreiche Gegenstände, die der Tätigkeit von Patientenlotsen und ihrer organisatorischen Gestaltung entsprechen oder nahekommen. Wollte man diese Richtlinie als Grundlage für die Organisation von Patientenlotsen heranziehen, bedürfte es einer Rechtsgrundlage zum entsprechenden Richtlinienbeschluss durch den Gemeinsamen Bundesausschuss, etwa in einem neu zu schaffenden Abs. 6c in § 92 SGB V.[163]

Bei den *Kooperationsvereinbarungen zum Kinder- und Jugendschutz* (§ 73c Satz 1 SGB V) ist die Zusammenarbeit zwischen kassenärztlichen Vereinigungen und kommunalen Spitzenverbänden von Interesse. Eine solche Zusammenarbeit könnte sich auch auf der Ebene von Lotsenbüros oder

163 Zur Geeignetheit des Regelungsortes im Sinne einer Richtlinie des Gemeinsamen Bundesausschuss s. unten Abschnitt 3.3.5.

verschiedener Lotsenträger als sinnvoll erweisen. Hierzu könnten entsprechende Kooperationsvereinbarungen geschlossen werden.

Die *strukturierten Behandlungsprogramme* (§§ 137f, 137g SGB V) und die *Verträge zur integrierten Versorgung* (§§ 140a SGB V; § 92b SGB XI) bieten Möglichkeiten der Kooperation und Koordination, wobei bei den strukturierten Behandlungsprogrammen nur eine Koordinierung auf der Ebene der Leistungserbringer möglich ist, während bei den Verträgen zur integrierten Versorgung auch die Ebene der Sozialleistungsträger (Krankenkassen und Pflegekassen) erfasst ist. Die Grundmuster dieser Regelungen könnten auch für eine Regelversorgung mit Patientenlotsen herangezogen werden. Gleiches gilt für die sehr einfach strukturierten leistungs- und leistungserbringungsrechtlichen Vorschriften zu den *sozialmedizinischen Nachsorgemaßnahmen* (§ 43 Abs. 2, § 132c SGB V).

Die Regelungsstruktur der *häuslichen Krankenpflege* (§ 37 SGB V) kann, was das Leistungserbringungsrecht (§ 132a SGB V) angeht, auch auf die Leistungserbringung durch Patientenlotsen übertragen werden, wobei der Pflegedienst als Leistungserbringer dem Träger von Lotsenleistungen entsprechen würde. Für die Qualifikation der persönlichen Leistungserbringer müsste jedoch ein Anforderungsprofil vorgesehen werden.

Bei der Leistung der *Soziotherapie* (§ 37a SGB V) sind die Vorschriften zur Leistungserbringung (§ 132b SGB V) insgesamt eher wenig ausgeprägt ausgestaltet.[164] Sie können jedoch in der ihnen zugrunde liegenden Struktur zumindest im Ansatz auch für das Verhältnis von Patientenlotsen zu den Sozialleistungsträgern herangezogen werden. Von Interesse ist dabei auch, dass die Verträge mit den Leistungserbringern sowohl mit Einzelpersonen als auch mit Einrichtungen geschlossen werden können. Übertragen auf mögliche Organisationsmodelle für Patientenlotsen könnte damit eine Einzelperson als Leistungserbringer ebenso erfasst werden wie ein Patientenlotse, der bei einem Träger von Patientenlotsenleistungen angestellt ist.

Bei der *spezialisierten ambulanten Palliativversorgung (SAPV)* (§ 37b SGB V) ist auf der leistungserbringungsrechtlichen Seite (§ 132d SGB V) die Festlegung der Einzelheiten der Leistungserbringung in einem Rahmenvertrag auf Bundesebene von Interesse. Das Regelungsinstrument eines solchen Rahmenvertrages auf Bundesebene würde aber voraussetzen, dass sich auf Bundesebene Spitzenorganisationen der Patientenlotsen finden, die einen Rahmenvertrag mit dem Spitzenverbund Bund der Krankenkassen abschließen können.

---

164 *Rixen*, in: Becker/Kingreen, SGB V, 2022, § 132b, Rn. 10.

Bei der *außerklinischen Intensivpflege (AKI)* (§ 37c SGB V) ist auf der leistungserbringungsrechtlichen Seite von Interesse, dass zwei Regelungsinstrumente auf Bundesebene verwendet werden, deren inhaltliche Regelungskompetenz jeweils gesetzlich sehr ausführlich beschrieben wird, so für die AKI-Richtlinie in § 37c Abs. 1 Satz 8 SGB V zu Inhalt und Umfang der Leistungen im Sinne der Konkretisierung des Leistungsanspruchs, und die AKI-Rahmenempfehlung zu den Einzelheiten der Leistungserbringung (§ 132l Abs. 2 SGB V).

Bei den *sozialmedizinischen Nachsorgemaßnahmen* (§ 43 Abs. 2 SGB V) interessiert neben dem Leistungsinhalt (Koordinierung der verordneten Leistungen sowie Anleitung und Motivation zu deren Inanspruchnahme sowie Einbezug von Angehörigen und ständigen Betreuungspersonen) auf der Seite der Leistungserbringung (§ 132c SGB V) das Instrument der Verträge zwischen den Krankenkassen oder ihren Landesverbänden mit den Leistungserbringern sowie die Konkretisierung der Leistungen und der Anforderungen an die Leistungserbringer durch den Spitzenverband Bund der Krankenkassen. Anders als bei den SAPV-Rahmenverträgen auf Bundesebene wäre hier insbesondere die Landesebene angesprochen. Insofern könnten diese Vorschriften als Regelungsmuster für die Organisation von Patientenlotsen dienen.

Bei den Vorschriften zu den *nichtärztlichen Leistungen* (§ 43 c SGB V) sind drei Aspekte von Interesse: Es werden im Rahmen von Gesundheitsleistungen für einen definierten Patientenkreis auch nichtärztliche Leistungen erbracht. Dies geschieht im Rahmen eines Behandlungsplans. Schließlich bedarf es einer besonderen Struktur, hier das medizinische Behandlungszentrum (§ 119c SGB V), in der diese Leistungen erbracht werden. Dieses Grundmuster könnte auch auf Patientenlotsen übertragen werden, wobei der Träger von Patientenlotsen dem medizinischen Behandlungszentrum entsprechen könnte.

Die leistungserbringungsrechtlichen Regelungen zur *gesundheitlichen Versorgungsplanung für die letzte Lebensphase* (§ 132g SGB V) wären strukturell auch für die Leistungen von Patientenlotsen von Interesse. Allerdings betreffen diese Leistungen eine besondere Gruppe von Patienten in vollstationären Pflegeeinrichtungen und Einrichtungen der Eingliederungshilfe. Die Leistungserbringung ist auf diese Orte abgestellt.

Der Vorschlag, Patientenlotsen bzw. Case und Care Management als *Heilmittel* anzubieten (§ 27 Abs. 1 Satz 2 Nr. 3 § 124 SGB V) erscheint eher weniger geeignet für die Gestaltung der Leistungserbringung von Patientenlotsen zu sein. Für die Erbringung von Heilmitteln wird grundsätzlich auf Angehörige bestimmter Berufsgruppen abgestellt. Leistungserbringer von Patientenlotsen wären aber bestimmte Einheiten als Träger, bei denen Patientenlotsen angestellt sind. Auch soll der Patientenlotse keinen neuen Beruf darstellen.[165]

2.4.9.2 SGB XI

Die Organisationsstruktur von *Pflegestützpunkten* (§ 7c SGB XI) könnte entsprechende Anhaltspunkte für die Trägerschaft von Patientenlotsen, ggf. auch für die Einrichtung von Lotsenbüros, liefern. Ein Anhaltspunkt könnte das Zusammenwirken von Kranken- und Pflegekassen bei der Organisation der Trägerschaft sein, wie es in den Rahmenverträgen einiger Bundesländer zum Ausdruck kommt. Die dort genannten Kommissionen bzw. Koordinierungsstellen üben Funktionen aus, die auch für Lotsenbüros in Frage kommen. Die Pflegestützpunkte selbst haben Aufgaben, die denen von Patientenlotsen bzw. deren Trägern sehr ähnlich, wenn nicht teilweise sogar gleich sind. Problematisch kann jedoch sein, dass die Anstellungsträger von Patientenlotsen die Kranken- und Pflegekassen sind. Ob damit die gewollte Unabhängigkeit von Patientenlotsen erreicht wird, ist zumindest fraglich.

Bei den *Modellvorhaben* nach bisherigem Recht (§ 123 SGB XI) wurden Aufgaben der Pflege- und Krankenkassen auf die zur Hilfe zur Pflege zuständigen Träger der Sozialhilfe, also Landes- oder Kommunalbehörden, übertragen. Die entsprechenden Regelungen waren teilweise rechtlich problematisch.

Anderes gilt für die *Modellvorhaben* nach dem ab 01.10.2013 geltenden Recht (§ 123 SGB XI). Deren Gestaltung ist verfassungskonform. Insofern können die entsprechenden Vorschriften der Zusammenarbeit in § 123 SGB XI auch als Modell für die Zusammenarbeit von Sozialversicherungsträgern und Ländern und Gebietskörperschaften dienen.

Das Organisationsmodell, das den nach § 71 und § 72 SGB XI zugelassenen *Pflegeeinrichtungen* zugrunde liegt, erweist sich auch für die Trägerschaft von Patientenlotsen als tauglich. Lotsenträger wäre dann die Pflegeeinrichtung im Sinne eines ambulanten Lotsendienstes, die nach bestimmten Maßgaben direkt leistungserbringende Lotsen als Personal anstellt. Die

165 S. dazu unten Abschnitt 2.8.3.1.

Vergütung der Leistungen des ambulanten Lotsendienstes könnte als Pauschalvergütung geregelt werden.

Die Formen der Erbringung von *Leistungen der häuslichen Pflege durch Einzelpersonen* (§ 77 SGB XI) sind auch für die Leistungen von Patientenlotsen denkbar. Träger der Lotsenleistung wäre dann die Pflegekasse bzw. ein anderer Sozialleistungsträger. Zu bedenken ist allerdings, dass das Erfordernis der Unabhängigkeit des Lotsenträgers von einem bestimmten Sozialleistungsträger nicht beachtet wäre. Hinzu kommt, dass die Möglichkeit der Erbringung von häuslicher Pflege durch Einzelpflegekräfte von der gesetzlichen Leistungserbringungssystematik her gesehen eher als Ausnahme zur Sicherstellung bestimmter Pflegeleistungen konzipiert ist. Der Regelfall ist die Leistungserbringung durch Pflegeeinrichtungen. Aus diesem Grund werden diese beiden Organisationsformen der Leistungserbringung durch Einzelpersonen nicht für die Organisation der Leistungserbringung von Patientenlotsen in Betracht kommen.

2.4.9.3 SGB XII

Für die Gestaltung der Organisation von Leistungen der Patientenlotsen sind die gesetzlich geforderten Inhalte der *Leistungs- und Vergütungsvereinbarung* nach den §§ 75 bis 81 SGB XII insofern interessant, als diese Inhalte auch für Leistungserbringungsverträge mit anderen Sozialleistungsträgern gelten könnten. Bei den Leistungsvereinbarungen sind wesentliche Leistungsmerkmale die betriebsnotwendigen Anlagen des Leistungserbringers, der zu betreuende Personenkreis, Art, Ziel und Qualität der Leistung, die Festlegung der personellen Ausstattung, die Qualifikation des Personals sowie die erforderliche sächliche Ausstattung (§ 76 Abs. 2 SGB XII). Die Vergütungsvereinbarung muss – außer der in diesem Zusammenhang nicht relevanten Grundpauschale für Unterkunft und Verpflegung – eine Maßnahmepauschale und einen Betrag für betriebsnotwendige Anlagen einschließlich ihrer Ausstattung (Investitionsbetrag) enthalten (§ 76 Abs. 3 Satz 1 SGB XII). Dabei ist die Maßnahmepauschale nach Gruppen für Leistungsberechtigte mit vergleichbarem Bedarf zu kalkulieren (§ 76 Abs. 3 Satz 3 SGB XII).

Mit der sehr weit gefassten Vorschrift zur *Zusammenarbeit* (§ 4 SGB XII) könnte auch die Zusammenarbeit mit den Trägern von Patientenlotsen geregelt werden.

Die sehr weitgehende Kooperationsvorschrift zum *Verhältnis zur freien Wohlfahrtspflege* (§ 5 SGB XII) ermöglicht auch eine Übertragung der Trägerschaft von Patientenlotsen auf die Verbände der freien Wohlfahrtspflege (§ 5 Abs. 5 SGB XII) oder Arbeitsgemeinschaften dieser Verbände (§ 4 Abs. 2 SGB XII).

2.4.9.4 SGB IX

Die *Teilhabekonferenz* (§ 20 SGB IX) bzw. die *Gesamtplankonferenz* (§ 119 SGB XI) stellt ein zusätzliches Instrument zur Sicherstellung der Leistungen für den Leistungsberechtigten dar, insbesondere, wenn der für die Leistungen maßgebliche Sachverhalt nicht schriftlich ermittelt werden kann (vgl. § 119 Abs. 1 Satz 3 SGB IX). Die Instrumente des Planverfahrens und der Plankonferenzen sind vom Grunde her auf eine bestimmte, oft hochkomplexe und hochdifferenzierte Leistungssituation ausgerichtet. Dementsprechend differenziert müssen die Instrumente zur Bewältigung dieser Leistungssituation sein, insbesondere, wenn mehrere Sozialleistungsträger und Leistungserbringer beteiligt sind. Diese sich in den Gestaltungsinstrumenten abbildende Differenziertheit scheint aber für die Mehrzahl der Fälle und Situationen, bei denen Patientenlotsen tätig werden, nicht notwendig zu sein, unabhängig von der Leistbarkeit der Einrichtung solcher Instrumente. Hingegen sind die Kriterien, die für die Gestaltung insbesondere des Gesamtplanverfahrens in § 117 Abs. 1 Nr. 3 SGB IX niedergelegt sind, ohne weiteres auf die Gestaltung der Lotsenleistungen anzuwenden.

2.4.10 Allgemeine Fragen der Zusammenarbeit der Leistungsträger bei der Leistungserbringung

2.4.10.1 Allgemeines

Kooperation wird allgemein als eine enge und harmonische Interaktion zwischen gleichberechtigten Partnern bzw. Organisationseinheiten mit gemeinsamen Zielvorstellungen definiert.[166]

Im Zusammenhang mit der Regulierung der Leistungserbringung seitens der Träger von Patientenlotsen geht es dabei darum, dass der Patientenlotse nicht nur in Richtung auf die Orientierung und Begleitung von Patienten im Leistungssystem des SGB V, sondern auch in den Leistungssystemen des SGB XI, SGB XII und SGB IX, tätig werden soll. Dafür bedarf es Regelun-

166 *Kuhlmey*, Memorandum, 2011, S. 9.

gen, die eine Zusammenarbeit der Leistungsträger bei der Leistungserbringung ermöglichen.

Bei der Kooperation von Sozialleistungsträgern geht es zum einen um die rechtliche Zulässigkeit solcher Kooperationen, wie sie etwa im SGB X geregelt ist, oder auch um die Verpflichtung zur Kooperation, wie sie sich im SGB XII[167] findet. Zum anderen kann es aber auch um die koordinierende Gestaltung von konkreter Leistungszuweisung und -erbringung für eine leistungsberechtigte Person in Zusammenarbeit verschiedener Träger gehen. Hierzu finden sich vor allem, aber nicht ausschließlich, Regelungen im SGB IX.[168] Im Folgenden soll nur auf die allgemeinen Vorschriften zur Zusammenarbeit der Leistungsträger im Rahmen des SGB eingegangen werden.

2.4.10.2 SGB X: Zusammenarbeit der Leistungsträger untereinander

2.4.10.2.1 Allgemeines

Das SGB X enthält eine Reihe von Vorschriften zur Zusammenarbeit der Leistungsträger untereinander (§§ 87 bis 96 SGB X). An erster Stelle steht eine an die Leistungsträger, ihre Verbände und die im Sozialgesetzbuch genannten öffentlich-rechtlichen Vereinigungen gerichtete Verpflichtung der engen Zusammenarbeit bei der Erfüllung ihrer Aufgaben (§ 86 SGB X). Die wichtigste Botschaft dieser allgemeinen Vorschrift ist, dass die Zusammenarbeit von Leistungsträgern gestattet ist. Man könnte nämlich durchaus der Ansicht sein, dass die Leistungsträger, die Verbände und die öffentlich-rechtlichen Vereinigungen jeweils für sich ihre Aufgaben mit den rechtlichen Instrumenten ausführen, die ihnen das Gesetz zur Verfügung stellt.

Das rechtliche Instrumentarium, das allgemein im SGB X zu Zwecken der Zusammenarbeit zur Verfügung gestellt wird, ist der Auftrag (§ 88 SGB X) und die Arbeitsgemeinschaft (§ 94 SGB X).

2.4.10.2.2 Auftrag

Beim Auftrag lässt ein Leistungsträger (Auftraggeber) ihm obliegende Aufgaben durch einen anderen Leistungsträger oder Verband (Beauftragter)

167 S. dazu oben Abschnitt 2.4.5.3.
168 S. dazu oben Abschnitt 2.4.6.

mit dessen Zustimmung wahrnehmen. Dies muss wegen des sachlichen Zusammenhangs der Aufgaben vom Auftraggeber und Beauftragten, zur Durchführung der Aufgaben und im wohlverstandenen Interesse der Betroffenen zweckmäßig sein (§ 88 Abs. 1 Satz 1 SGB X). Im Recht der Ausbildungsförderung, der Kriegsopferfürsorge, des Kindergelds, der Unterhaltsvorschüsse und Unterhaltsausfallleistungen, im Wohngeldrecht sowie im Recht der Jugendhilfe und der Sozialhilfe kann vom Instrument des Auftrags kein Gebrauch gemacht werden (§ 88 Abs. 1 Satz 2 SGB X). Für die Zusammenarbeit auf dem Gebiet der Patientenlotsen bedeutet dies, dass ein Sozialhilfeträger einen Sozialversicherungsträger nicht mit eigenen Aufgaben im Wege des Auftrages betrauen kann. Das heißt aber nicht, dass der Gesetzgeber durch ein Gesetz dem Sozialhilfeträger diese Möglichkeit nicht verschaffen könnte. Eine entsprechende gesetzliche Regelung, etwa im SGB XII, wäre als Sondervorschrift zu § 88 Abs. 1 Satz 2 SGB X zu betrachten. Ein solcher gesetzlicher Auftrag ist möglich; in § 93 SGB X wird von gesetzlichen Aufträgen gesprochen.

2.4.10.2.3 Arbeitsgemeinschaften

Zu den Arbeitsgemeinschaften wird im SGB X Folgendes gesagt:[169] Träger der Sozialversicherung, Verbände von Trägern der Sozialversicherung und die Bundesagentur für Arbeit einschließlich der in § 19a Abs. 2 SGB I genannten anderen Leistungsträger können insbesondere zur gegenseitigen Unterrichtung, Abstimmung, Koordinierung und Förderung der engen Zusammenarbeit im Rahmen der ihnen gesetzlich übertragenen Aufgaben Arbeitsgemeinschaften bilden (§ 94 Abs. 1a Satz 1 SGB X). Arbeitsgemeinschaften sind organisatorisch-selbstständige Einheiten, bei denen es um tatsächliche, rechtliche und finanziell verbindliche Zusammenarbeit geht.[170] Arbeitsgemeinschaften handeln in privatrechtlichen Rechtsformen.[171] Die Bildung einer Arbeitsgemeinschaft steht im Ermessen der jeweiligen Leistungsträger und ihrer Verbände.[172] Auch wenn die Sozialhilfeträger als Mitglieder einer Arbeitsgemeinschaft nicht genannt sind, besteht auch für diese

---

169 S. dazu *Dietmair*. in: Schlegel/Voelzke, jurisPK-SGB X, 2. Aufl., § 94 SGB X (Stand: 24.08.2020).

170 *Dietmair*, in: Schlegel/Voelzke, jurisPK-SGB X, 2. Aufl., § 94 SGB X, Rn. 33.

171 *Dietmair*, in: Schlegel/Voelzke, jurisPK-SGB X, 2. Aufl., § 94 SGB X, Rn. 34.

172 *Dietmair*, in: Schlegel/Voelzke, jurisPK-SGB X, 2. Aufl., § 94 SGB X, Rn. 32.

die Möglichkeit, an einer Arbeitsgemeinschaft teilzunehmen. Die entsprechende Regelung in § 4 Abs. 2 SGB XII[173] stellt eine Sondervorschrift zu § 94 Abs. 1a SGB X dar. Deshalb ist die Bildung einer Arbeitsgemeinschaft zwischen Sozialversicherungsträgern und Sozialhilfeträgern als Instrument der Zusammenarbeit auf dem Gebiet der Patientenlotsen möglich. Für die Bildung einer Arbeitsgemeinschaft sind die weiteren Anforderungen, so die Unterrichtung der Aufsichtsbehörde (§ 94 Abs. 1a Satz 2 SGB X) und ggf. die Aufstellung eines Haushaltsplans (§ 93 Abs. 3 SGB X) zu beachten.

Eine besondere Vorschrift betrifft die Krankenkassen (§ 197b SGB V). Diese können die ihnen obliegenden Aufgaben durch Arbeitsgemeinschaften oder durch Dritte mit deren Zustimmung wahrnehmen lassen, wenn die Aufgabenwahrnehmung durch die Arbeitsgemeinschaften oder den Dritten wirtschaftlicher ist, es im wohlverstandenen Interesse der Betroffenen liegt und Rechte der Versicherten nicht beeinträchtigt werden. Wesentliche Aufgaben zur Versorgung der Versicherten dürfen nicht in Auftrag gegeben werden. Da die Leistungsgewährung an Versicherten eine Kernaufgabe darstellt, ist sie nicht übertragbar.[174] Gleiches gilt für Hilfe- und Beratungsleistungen im Rahmen eines Versorgungs- und Entlassmanagements.[175] Aus diesem Grund können die Leistung oder auch nur Teile der Leistung von Patientenlotsen ebenfalls nicht in Auftrag gegeben werden.

2.4.10.3 Ergebnisse und Zusammenfassung

Für die Organisation von Patientenlotsen kann die Arbeitsgemeinschaft als Kooperationsform vor allem dann interessant sein, wenn es um die Bildung von Lotsenbüros geht. In einer Arbeitsgemeinschaft können als Leistungsträger kommunale Gebietskörperschaften als Sozialhilfeträger und Sozialversicherungsträger zusammenarbeiten. Die Aufgaben könnten etwa die Erarbeitung von Qualitätssicherungsmaßnahmen, die Abrechnung, gemeinsame Verwaltungsaufgaben, aber auch die Beobachtung der Versorgungssituation durch Patientenlotsen und daraus folgend das Erarbeiten von Hinweisen für die weitere Gestaltung der Versorgung sein. Der Vorteil einer Arbeitsgemeinschaft liegt darin, dass sie sich im Rahmen der Gesetze

173 S. dazu oben Abschnitt 2.4.5.3.

174 BSG, Urt. v. 31.05.2016 – B 1 A 2/15 R - , BSGE 121, 179, Rn. 13 ff.

175 BSG, Urt. v. 08.10.2019 – B 1 a 3/19 R - , BSGE 129, 156, Rn. 28. Dieses Urteil ist von besonderer Bedeutung für Patientenlotsen, weil es Aufgaben von Patientenlotsen betrifft, die sich auf das Versorgungs- und Entlassmanagement beziehen.

ihre Aufgaben selbst geben und ihre internen Aufbau- und Ablaufstrukturen selbst bestimmen kann.

Bei einer gesetzlichen Regelung zur Organisation von Patientenlotsen könnte die Arbeitsgemeinschaft als Kooperationsform für Lotsenträger verpflichtend oder als Optionsmöglichkeit angeboten werden. Allerdings ist zu berücksichtigen, dass die dem gegenüber den Patienten zu erbringende Leistung von Patientenlotsen nicht an Dritte übertragen werden kann.

2.5 Verantwortung für die Bereitstellung einer Infrastruktur an Patientenlotsen

2.5.1 Allgemeines

Es existieren in Deutschland bisher keine speziellen Zuweisungen einer Verantwortlichkeit für die Bereitstellung einer Infrastruktur an Patientenlotsen. Aus diesem Grund ist zu fragen, wer hier zuständig und verantwortlich ist oder sein kann.

Bei der Frage nach der Infrastrukturverantwortung geht es allgemein darum, wer für die Vorhaltung der sächlichen und personellen Voraussetzungen die Verantwortung hat. Diese Frage kann nicht einheitlich, d. h. mit nur einer Lösungsmöglichkeit, beantwortet werden. Vielmehr muss nach den verschiedenen Versorgungsbereichen unterschieden werden. Im Krankenhausbereich wird die Infrastrukturverantwortung grundsätzlich in die Hand der Länder gelegt. Bei der ärztlichen Versorgung liegt die Infrastrukturverantwortung bei den kassenärztlichen Vereinigungen auf Ebene der Länder. Komplizierter ist die Situation bei den Pflegeeinrichtungen (stationäre wie ambulante Einrichtungen). Hier gibt es eine Infrastrukturverantwortung mehrerer Beteiligter mit einer Letztverantwortung der Länder. Ähnlich, aber ohne eine Letztverantwortung der Länder, ist es bei den Rehabilitationseinrichtungen.

2.5.2 Recht der Infrastrukturverantwortung

Gesetzlicher Ausgangspunkt für die allgemeine sozialrechtliche Infrastrukturverantwortung für alle Dienste und Einrichtungen ist § 17 Abs. 1 Nr. 2 SGB I. Danach sind die Leistungsträger verpflichtet, darauf hinzuwirken, dass die zur Ausführung von Sozialleistungen erforderlichen sozialen Dienste und Einrichtungen rechtzeitig und ausreichend zur Verfügung stehen. Eine verbindliche Verantwortlichkeit bestimmter Akteure für bestimmte Versorgungsbereiche kann aus dieser Vorschrift aber nicht hergeleitet werden.

Für das Recht der Infrastrukturverantwortung gibt es im Allgemeinen Teil des Sozialgesetzbuchs (SGB I) ansonsten keine allgemeinen Prinzipien und Regeln. Das Recht der Infrastrukturverantwortung hat sich historisch in den verschiedenen Versorgungsbereichen ziemlich isoliert entwickelt. Man kann insofern von einem bereichsspezifischen Infrastrukturrecht sprechen.

Die föderale staatsorganisatorische Ordnung spielt für das Verständnis der Infrastrukturverantwortung eine wesentliche Rolle. So hat der Bund konkurrierende Gesetzgebungskompetenzen nur für die öffentliche Fürsorge (Art. 74 Abs. 1 Nr. 7 GG) und die Sozialversicherung (Art. 74 Abs. 1 Nr. 12 GG), jeweils verstanden als Kompetenz für das Leistungsrecht und das Leistungserbringungsrecht. Für das bereichsspezifische Infrastrukturrecht gibt es aber – bis auf eine Ausnahme – keine Gesetzgebungskompetenz des Bundes. Vielmehr ist aus der fehlenden Erwähnung einer Bundeskompetenz für die Infrastrukturbereitstellung zu schließen, dass nach der bundesstaatlichen Ordnung die Länder hierfür zuständig sind (Art. 30 GG).

2.5.3 Bereichsspezifische Infrastrukturverantwortung

Die Landeskompetenz für die Infrastrukturplanung war für die Krankenhäuser seit jeher klar. Dies kommt auch in der Kompetenzvorschrift für die Gebiete der wirtschaftlichen Sicherung der Krankenhäuser und der Regelung der Pflegesätze (Art. 74 Abs. 1 Nr. 19a GG) zum Ausdruck. Diese Kompetenzvorschrift erlaubt keine bundesrechtlichen Regelungen zur Infrastrukturbereithaltung. Für die Pflegeeinrichtungen liegt die Infrastrukturverantwortung bei den Ländern (§ 9 Satz 1 SGB XI), wobei dieser Vorschrift kein eigener Regelungscharakter zukommt. Sie verweist nur auf die kompetenzrechtlich gegebene Situation hin. Der Versorgungssicherstellungsauftrag der Pflegekassen (§§ 12 Abs. 1 Satz 1, 69 SGB XI) ist nicht mit einem Auftrag zur Sicherung der Infrastruktur zu verwechseln. Beim Auftrag der Pflegekassen zur Sicherstellung der pflegerischen Versorgung ihrer Versicherten handelt es sich vielmehr um den Auftrag, im Einzelnen die Versorgung zu sichern. Das kann z. B. durch den Einsatz einer Einzelperson bei der häuslichen Pflege geschehen (§ 77 Abs. 1 S. 1 SGB XI).

Bis zum Inkrafttreten des SGB IX gab es keine gesetzlichen Aussagen zur Verantwortung für die Infrastruktur von Rehabilitationseinrichtungen. Nunmehr wird im SGB IX immerhin bestimmt, dass die Rehabilitationsträger gemeinsam unter Beteiligung der Bundesregierung und der Landesregierungen darauf hinwirken, dass die fachlich und regional erforderlichen Rehabilitationsdienste und -einrichtungen in ausreichender Zahl und Qualität zur Verfügung stehen (§ 36 Abs. 1 Satz 1 SGB IX). Allerdings ist eine solche Hinwirkungspflicht als eine eher schwach ausgeprägte Form einer Infrastrukturverantwortung zu sehen.

Die Ausnahme einer bundesgesetzlich geregelten Infrastrukturverantwortung findet sich im Vertragsarztrecht des SGB V. Das Vertragsarztrecht, früher als Kassenarztrecht bezeichnet, wird auch in diesem Punkt als von der Gesetzgebungskompetenz „Sozialversicherung" umfasst erachtet. In der vertrags(zahn)ärztlichen Versorgung ist die Bedarfsplanung ein Instrument der Sicherstellung der vertrags(zahn)ärztlichen Versorgung (§ 72 Abs. 1 SGB V). Dieser Sicherstellungsauftrag liegt bei den Kassenärztlichen Vereinigungen und der Kassenärztlichen Bundesvereinigung (§ 75 SGB V). Hierfür ist auf Landesebene nach Maßgabe von Richtlinien des Gemeinsamen Bundesausschusses von den Kassenärztlichen Vereinigungen ein Bedarfsplan zur Sicherstellung der vertragsärztlichen Versorgung aufzustellen, dies im Einvernehmen mit den Landesverbänden der Krankenkassen und im Benehmen mit den zuständigen Landesbehörden (§ 99 Abs. 1 SGB V). Als Maßnahme zur Versorgungssteuerung dient die Feststellung einer Unter- oder Überversorgung (§§ 100, 101 SGB V), der mit den Instrumenten der Zulassungsbeschränkung (§ 103 f. SGB V) oder der Förderung (§ 105 SGB V) begegnet wird.

Planerische Maßnahmen im Sinne der Analyse des zukünftigen Bedarfs an dienstleistenden Personen und Einrichtungen auf Grundlage des bisherigen Bedarfs und zukünftiger Einflussfaktoren stellen damit das zentrale Steuerungsinstrument im Rahmen der Infrastrukturverantwortung dar. Infrastrukturverantwortung wird aber auch durch die finanzielle Förderung von Einrichtungen und Diensten bei der Tragung derer betriebsnotwendigen Investitionsaufwendungen wahrgenommen (vgl. § 9 Satz 1 Nr. 2 SGB XI; § 6 Abs. 1 Krankenhausfinanzierungsgesetz – KHG).

2.5.4 Folgerungen für die Bereitstellung einer Infrastruktur an Patientenlotsen

Aus dem Vorstehenden geht hervor, dass die Verantwortung für die Bereitstellung einer Infrastruktur an Patientenlotsenträgern und ggf. Lotsenbüros nicht in einem Bundesgesetz verankert werden kann. Vor allem können durch Bundesgesetz keine neuen Aufgaben auf die Kommunen übertragen werden (Art. 84 Abs. 1 Satz 7 GG).

Die Zuständigkeit für die Bereitstellung einer Infrastruktur an Patientenlotsen ist bei den Ländern zu suchen. Die Länder können entsprechend ihren landesverfassungsrechtlichen Gegebenheiten die entsprechenden Zuständigkeiten schaffen. Ob und inwieweit das Selbstverwaltungsrecht der Gemeinden nach Art. 28 Abs. 2 GG hier betroffen ist, kann hier nicht weiter ausgeführt werden. Die rechtswissenschaftliche Diskussion um eine Regionalisierung und Kommunalisierung von Elementen der gesundheitlichen Versorgung ist im Gange.[176] Werden durch Landesrecht den Kommunen neue Aufgaben zugewiesen, ist das in den Landesverfassungen verankerte Konnexitätsprinzip zu beachten, wonach dies nur gegen Erstattung der damit verbundenen finanziellen Aufwendungen möglich ist.[177]

Eine andere Frage ist, ob es überhaupt einer öffentlich-rechtlich definierten Verantwortlichkeit hierfür bedarf oder ob man darauf vertraut, dass sich ein Anbietermarkt an Trägern von Patientenlotsen ohne eine solche Regulierung herausbildet. Auch wenn im Gesundheits- und Pflegebereich für die wichtigsten Leistungsbereiche solche öffentlich-rechtlich definierten Verantwortlichkeiten gegeben sind, so sind doch durchaus wichtige Leistungsbereiche wie die häusliche Krankenpflege und die Heilmittelerbringung bis auf die allgemeine sozialrechtliche Infrastrukturverantwortung für alle Dienste und Einrichtungen (§ 17 Abs. 1 Nr. 2 SGB I) nicht erfasst. Aus diesem Grund wäre es auch möglich, für die Träger von Patientenlotsen auf einen Anbietermarkt zu setzen. Sollten jedoch neben den Trägern von Patientenlotsen auch Lotsenbüros vorgesehen werden, bedürfte es für diese der Festlegung einer Bereitstellungsverantwortlichkeit auf Landes- oder kommunaler Ebene.

---

176 S. hierzu *Burgi*, Kommunale Verantwortung, S. 31 ff.
177 *Burgi*, Kommunale Verantwortung, S. 37.

2.6 Finanzierungsträger / Finanzierungsmodelle

2.6.1 Finanzierungsrelevante Annahmen

Für die Erörterung der Fragen im Zusammenhang mit der Herkunft des Finanzaufkommens sind einige Annahmen zu klären:

- Die Leistung von Patientenlotsen stellt eine öffentlich-rechtliche Leistung dar.
- Der Patient muss sich nicht, etwa im Wege einer Zuzahlung, an der Finanzierung beteiligen.
- Die rechtliche Einordnung der Träger der Lotsenleistung spielt keine Rolle bei der Zuordnung des Finanzaufkommens.
- Die Lotsenleistung wird seitens eines Trägers erbracht; der Träger kann auch unter einem weiteren Organisationsdach, etwa im Sinne eines Lotsenbüros, tätig werden.
- Es sind zu unterscheiden die Finanzierungsträger (Sozialversicherungsträger, kommunale Gebietskörperschaften, Länder, private Versicherungsunternehmen), wonach sich die Herkunft des Finanzaufkommens bestimmt, und die Lotsenträger sowie ggf. die Träger von Lotsenbüros.

2.6.2 Finanzierungsquellen

2.6.2.1 Grundsätzliche Finanzierungsmöglichkeiten

Die Finanzierungsquellen bestimmen sich angesichts der jeweiligen Beteiligung der Finanzierungsträger am Lotsenträger und ggf. an der Trägerschaft von Lotsenbüros. Im Folgenden werden dazu die möglichen Finanzierungsträger dargestellt. Im Anschluss daran werden die Möglichkeiten einer gemeinsamen Finanzierung seitens mehrerer Finanzierungsträger erörtert.

Sollen Patientenlotsen (Lotsenträger und Lotsenbüros) seitens der *Gesetzlichen Krankenversicherung* im Rahmen des SGB V finanziert werden, stellt sich die Frage, ob die Tätigkeit von Patientenlotsen im Sinne der Begleitung und Orientierung von Patienten und die damit zusammenhängenden sonstigen Aufgaben von Lotsenträgern und Lotsenbüros überhaupt eine Leistung gemäß dem Versorgungskonzept der Gesetzlichen Krankenversicherung darstellen kann. Angesichts des engen Zusammenhangs der Tätigkeit von Patientenlotsen mit einer ärztlichen Behandlung, Krankenhausbehandlung oder auch einer medizinischen Rehabilitation dürften in dieser Frage keine Zweifel im Punkt der Zuordnung zum Leistungskatalog des SGB V bestehen.

Eine Mitfinanzierung von Patientenlotsen könnte auch im Rahmen der *Sozialen Pflegeversicherung* (SGB XI) stattfinden. Zwischen den Leistungen von Patientenlotsen und der Beratungs- und Care und Case Management-leistungen der Pflegestützpunkte besteht ein enger Zusammenhang. Eine Zuordnung der Leistung von Patientenlotsen zum Leistungskatalog des SGB XI wäre möglich. Dabei sollte nicht außer Betracht gelassen werden, dass es in der Literatur auch kritische Stimmen in Sachen Zuordnung letzterer Leistungen als Leistungen einer Sozialversicherung gibt.[178]

Weiter ist an eine Finanzierung von Patientenlotsen durch die *kommunalen Gebietskörperschaften* zu denken. Dass eine solche Finanzierung durch die Kommunen möglich ist, ist unbestritten, da es sich bei der Tätigkeit von Patientenlotsen (auch) um eine Aufgabe im Rahmen der kommunalen Daseinsvorsorge handeln kann. Allerdings könnte eine solche Aufgabe der Kommunen wegen des Durchgriffsverbotes (Art. 84 Abs. 1 Satz 7 GG) nicht durch ein Bundesgesetz vorgegeben werden. Bei einer landesrechtlichen Regelung wäre ggf. das landesverfassungsrechtlich verankerte Konnexitätsprinzip zu beachten, wonach den Kommunen die Aufwendungen der ihnen übertragenen Aufgaben zu erstatten sind.[179] Neben oder anstelle der Kommunen kommt auch eine Mitfinanzierung durch die *Länder* in Betracht.

Die Beteiligung – nur um eine solche kann es sich hier handeln - der *privaten Kranken- und Pflegeversicherungsunternehmen* an einer Finanzierung von Patientenlotsen findet ein Vorbild in anderen Beteiligungen dieser Versicherungsunternehmen an Aufgaben der Gesetzlichen Krankenversicherung und der Sozialen Pflegeversicherung, wobei hier in der Regel von einer siebenprozentigen Beteiligung[180] ausgegangen wird. Diese Beteiligung rechtfertigt sich aber nur dann, wenn die bei den privaten Versicherungsunternehmen versicherten Personen auf Leistungen der Kranken- und/oder Pflegekassen zurückgreifen. Ist das nicht der Fall, wenn etwa die privaten Versicherungsunternehmen für ihre Versicherten einen eigenen Patientenlotsendienst vorhalten, kann auch keine Finanzierungsverpflichtung

178 *Shafaei*, in: Udsching/Schütze, SGB XI, 2018, § 7c, Rn. 11, weist auf die Kostentragungsverpflichtungen der Länder hin.

179 S. etwa Art. 78 Abs. 3 Verfassung für das Land Nordrhein-Westfalen.

180 S. § 65e Abs. 1 Satz 1 SGB V bei der Beteiligung der Finanzierung an Krebsberatungsstellen.

in Richtung auf die private Kranken- und Pflegeversicherung generiert werden. Die Finanzierungsbeteiligung der privaten Versicherungsunternehmen kann bundesgesetzlich bestimmt werden (Art. 74 Abs. 1 Nr. 11, 72 Abs. 2 GG).

2.6.2.2 Finanzierungsmöglichkeiten bei Kooperationen

Will man an der Finanzierung der Leistungen von Patientenlotsen nicht nur Sozialversicherungsträger und ggf. private Krankenversicherungsunternehmen, sondern auch Kommunen und Länder beteiligen, so finden sich hierzu bereits einige Regelungsmodelle im SGB V und SGB XI, die im Folgenden vorgestellt werden sollen.

2.6.2.2.1 Krebsberatungsstellen

Es werden ambulante Krebsberatungsstellen von den gesetzlichen Krankenkassen über den Spitzenverband Bund der Krankenkassen durch die Krankenkassen und durch die privaten Krankenversicherungsunternehmen gefördert (§ 65e Abs. 1 SGB V):

> *Der Spitzenverband Bund der Krankenkassen fördert ab dem 1. Juli 2020 mit Wirkung vom 1. Januar 2020 ambulante Krebsberatungsstellen mit einem Gesamtbetrag von jährlich bis zu 21 Millionen Euro und ab dem 1. Juli 2021 mit Wirkung vom 1. Januar 2021 mit einem Gesamtbetrag von jährlich bis zu 42 Millionen Euro. Die privaten Krankenversicherungsunternehmen beteiligen sich ab dem 1. Juli 2020 mit Wirkung vom 1. Januar 2020 mit einem Anteil von 7 Prozent an der Förderung nach Satz 1. Der Spitzenverband Bund der Krankenkassen und der Verband der Privaten Krankenversicherung mit Wirkung für die privaten Krankenversicherungsunternehmen vereinbaren das Nähere zur gemeinsamen Förderung nach den Sätzen 1 und 2, insbesondere über Zahlung, Rückzahlung und Abrechnung des Finanzierungsanteils der privaten Krankenversicherungsunternehmen. Ab dem Jahr 2023 erhöht sich der Betrag nach Satz 1 jährlich entsprechend der prozentualen Veränderung der Bezugsgröße nach § 18 Absatz 1 des Vierten Buches.*

In den Fördergrundsätzen des GKV-Spitzenverbandes für ambulante Krebsberatungsstellen gemäß § 65e SGB V[181] wird als zentrale Aufgabe der ambulanten Krebsberatungsstellen die psychosoziale Beratung mit psychologischer und sozialer Schwerpunktsetzung durch entsprechend qualifizierte Beratungsfachkräfte genannt.[182] Im Nationalen Krebsplan[183] werden in den „Empfehlungen für das Leistungsspektrum, die Qualitätskriterien und für Finanzierung" auch Hinweise zur Finanzierung gegeben.[184] Danach kommen als potenzielle Kostenträger in Frage: Gesetzliche und private Krankenversicherer, Rentenversicherer und andere Rehabilitationsträger (außer GKV), Länder und Kommunen (öffentliche Hand) und Träger der Krebsberatungsstellen (Eigenanteil/Spenden).

Zur Beteiligung der Länder und Kommunen wird allgemein Folgendes ausgeführt:[185]

> *Die Finanzierungsverantwortung der Länder ergibt sich daraus, dass die Ziele und Wirkungen von ambulanten Krebsberatungsstellen in einem engen Zusammenhang mit den Aufgaben der Länder und Kommunen im Rahmen der Daseinsvorsorge im Gesundheitsbereich und der allgemeinen Daseinsvorsorge stehen.*
> *Die Bundesländer sind im Bereich des Gesundheitswesens für die Aufgabenbereiche Gesundheitsschutz, Gesundheitshilfe und Aufsicht über Berufe und Einrichtungen des Gesundheitswesens zuständig. Das umfasst insbesondere gesundheitserhaltende Maßnahmen, Stärkung der Öffentlichen Gesundheitsdienste, Schaffung von Versorgungsgerechtigkeit (Stadt/Land-Gefälle) durch Sicherstellung einer flächendeckenden Versorgung, Steuerung und Koordination der Beratungsstellen auf Länderebene. Hier übernehmen die Länder einen Sicherstellungsauftrag.*

---

181 Fördergrundsätze des GKV-Spitzenverbandes für ambulante Krebsberatungsstellen gemäß § 65e SGB V, gültig ab dem 01.07.2020. Hierzu existiert ein Zusatz: Zusatz zu den Fördergrundsätzen des GKV-Spitzenverbandes für ambulante Krebsberatungsstellen gemäß § 65 e SGB V (https://www.gkv-spitzenverband.de/krankenversicherung/praevention_selbsthilfe_beratung/amb_krebsberatung/foerderung_kbs.jsp; Zugriff: 21.02.2023).

182 Abschnitt 4.1 der Fördergrundsätze.

183 Nationaler Krebsplan, Empfehlungen für das Leistungsspektrum, die Qualitätskriterien und für Finanzierung, Stand: 21. Januar 2020 (https://www.bundesgesundheitsministerium.de/, Zugriff: 15.05.2023).

184 Nationaler Krebsplan, Empfehlungen für das Leistungsspektrum, die Qualitätskriterien und für Finanzierung, S. 29 ff.

185 Nationaler Krebsplan, Empfehlungen für das Leistungsspektrum, die Qualitätskriterien und für Finanzierung, S. 31.

Kommunen übernehmen im Bereich der allgemeinen Daseinsvorsorge und im Gesundheitsbereich die Aufgaben der Sicherung der gesellschaftlichen Teilhabe (Inklusion) sowie der Bereitstellung von psychosozialen Angeboten.

Zur Zuordnung der Kostenanteile wird ausgeführt:[186]

Der Gesamtumfang der erbrachten Leistung teilt sich auf in die psychosoziale Beratung mit psychologischer Schwerpunktsetzung (rund 45 %) und mit sozialer Schwerpunktsetzung (rund 45 %); Informationsleistungen werden zu rund 10 % erbracht. (...)
Entsprechend der dargelegten inhaltlichen Zuordnung der Leistungsbereiche auf die möglichen Kostenträger sind je 40% durch die gesetzlichen und anteilig privaten Krankenversicherer und die Rentenversicherer sowie andere Rehabilitationsträger (außer GKV), 15% durch die öffentliche Hand (Länder, Kommunen) und 5% in Form der Selbstbeteiligung der Träger von ambulanten psychosozialen Krebsberatungsstellen zu tragen.

Anders als die Empfehlungen des Nationalen Krebsplans enthalten die Fördergrundsätze des GKV-Spitzenverbandes keine Regelungen zur Beteiligung von Kommunen und Ländern, obwohl in § 65e Abs.2 Satz 3 Nr. 6 SGB V auch die Finanzierungsbeteiligung von Ländern und Kommunen erwähnt ist. Die Vorschrift lautet im gesamten Kontext der Regelungsverpflichtungen des Spitzenverbandes Bund der Krankenkassen:

In den Grundsätzen sind insbesondere zu regeln:

1. *Definition der förderfähigen ambulanten Krebsberatungsstellen sowie Kriterien zur Abgrenzung zu nicht förderfähigen Einrichtungen,*
2. *Anforderungen an ein bedarfsgerechtes und wirtschaftliches Leistungsangebot der ambulanten Krebsberatungsstellen,*
3. *sächliche und personelle Anforderungen an die Krebsberatungsstellen,*
4. *Maßnahmen zur Qualitätssicherung einschließlich Dokumentation, Qualitätsmanagement sowie Fortbildung,*
5. *das Nähere zu Verteilung und Auszahlung der Fördermittel sowie der Umgang mit nicht abgerufenen und zurückgezahlten Fördermitteln,*
6. *bis zum 1. September 2021 und unter Beteiligung der in den Ländern zuständigen Behörden das Nähere zur Berücksichtigung von Finanzierungsbeiträgen von Ländern und Kommunen und*

186 Nationaler Krebsplan, Empfehlungen für das Leistungsspektrum, die Qualitätskriterien und für Finanzierung, S. 32.

7. *das Nähere zur Erfassung und zentralen Veröffentlichung der geförderten ambulanten Krebsberatungsstellen.*

In der entsprechenden Drucksache des Deutschen Bundestages[187] wird dazu Folgendes ausgeführt:

Die jeweilige Förderung erfolgt als Anteilsfinanzierung und darf mit Wirkung vom 1. Januar 2021 höchstens 80 Prozent der nach den Grundsätzen nach Absatz 2 Satz 2 zuwendungsfähigen Ausgaben betragen. Die bisher noch sehr heterogene Mischfinanzierung durch verschiedene Kostenträger wird somit zu einem überwiegenden Teil durch die gesetzlichen und privaten Krankenversicherungen übernommen. Durch diese Minimierung der Kostenträger wird auf eine kontinuierliche und verlässliche Förderung umgestellt. Der verbleibende Finanzierungsanteil von 20 Prozent soll entsprechend der festgestellten Leistungssegmente in Höhe von 15 Prozent durch Länder und Kommunen und in Höhe von 5 Prozent durch anderweitige Finanzierungsquellen, insbesondere Spenden, getragen werden. Falls die Krebsberatungsstelle mehr als 20 Prozent ihrer zuwendungsfähigen Ausgaben durch Länderanteile, Spenden oder anderweitige Zuwendungen gedeckt hat, reduziert sich der 80-prozentige Finanzierungsanteil der gesetzlichen Krankenversicherung (und anteilig der privaten Krankenversicherung) entsprechend.

In den Fördergrundsätzen des GKV-Spitzenverbandes finden sich, wie erwähnt, keine Regelungen zur Finanzierungsbeteiligung durch die Länder und Kommunen. Zwar haben weder die Empfehlungen des Nationalen Krebsplans noch die Bundestagsdrucksache rechtsverbindlichen Charakter; trotzdem hätte der GKV-Spitzenverband hier seiner Regelungsverpflichtung nachkommen müssen.[188] Dies ist auch angesichts des Beschlusses der Gesundheitsministerkonferenz (GMK) vom 30.09.2020[189] nicht nachvollziehbar, wonach vor dem Hintergrund, dass bereits mehrere Län-

187 Deutscher Bundestag, Drucksache 19/26822, S. 72.

188 In der Kommentarliteratur wird dies allerdings nicht artikuliert, s. etwa *Michels*, in: Becker/Kingreen SGB V, 2022, § 65e, Rn. 7; *Koch*, in: Schlegel/Voelzke, juris-PK-SGB V, 4. Aufl., § 65e SGB V (Stand: 23.07.2021); *Scholz*, in: Rolfs/Giesen/Meßling/Udsching, BeckOK Sozialrecht, 67. Edition, Stand: 01.12.2022, § 65e SGB V, Rn. 6-7.

189 Beschluss der GMK vom 30.09.2020, unter TOP Beschluss der Gesundheitsministerkonferenz vom 30.Sept. 2020, TOP 9.13, Nr. 4 (https://www.gmkonline.de/Beschluesse.html?id=1045&jahr=2020&search=Krebsberatung; Zugriff: 21.02.2023).

der die Krebsberatungsstellen als freiwillige Leistung finanziell unterstützen, eine Mitfinanzierung durch die Länder grundsätzlich sachgerecht sei.

Bei dieser Art der Förderung, wie sie bei der Förderung der Krebsberatungsstellen vorliegt, ist festzuhalten, dass für die Förderung ein jeweils definierter Betrag zur Verfügung gestellt wird, dessen Aufteilung zwischen den Krankenkassen und den Privatversicherungsunternehmen gesetzlich geregelt ist. Es handelt sich dabei um eine Pauschalförderung der Beratungsstellen. Die zu beratenden Personen erhalten die Beratungsleistungen nicht als Leistungen der Krankenkassen.

2.6.2.2.2 Pflegestützpunkte

Für die Finanzierung der Pflegestützpunkte sind folgende Vorschriften einschlägig:

§ 7c Abs. 4 SGB XI:

> *Der Pflegestützpunkt kann bei einer im Land zugelassenen und tätigen Pflegeeinrichtung errichtet werden, wenn dies nicht zu einer unzulässigen Beeinträchtigung des Wettbewerbs zwischen den Pflegeeinrichtungen führt. Die für den Betrieb des Pflegestützpunktes erforderlichen Aufwendungen werden von den Trägern der Pflegestützpunkte unter Berücksichtigung der anrechnungsfähigen Aufwendungen für das eingesetzte Personal auf der Grundlage einer vertraglichen Vereinbarung anteilig getragen. Die Verteilung der für den Betrieb des Pflegestützpunktes erforderlichen Aufwendungen wird mit der Maßgabe vereinbart, dass der auf eine einzelne Pflegekasse entfallende Anteil nicht höher sein darf als der von der Krankenkasse, bei der sie errichtet ist, zu tragende Anteil. Soweit sich private Versicherungsunternehmen, die die private Pflege-Pflichtversicherung durchführen, nicht an der Finanzierung der Pflegestützpunkte beteiligen, haben sie mit den Trägern der Pflegestützpunkte über Art, Inhalt und Umfang der Inanspruchnahme der Pflegestützpunkte durch privat Pflege-Pflichtversicherte sowie über die Vergütung der hierfür je Fall entstehenden Aufwendungen Vereinbarungen zu treffen; dies gilt für private Versicherungsunternehmen, die die private Krankenversicherung durchführen, entsprechend.*

§ 7c Abs. 6 SGB XI:

> *Sofern die zuständige oberste Landesbehörde die Einrichtung von Pflegestützpunkten bestimmt hat, vereinbaren die Landesverbände der Pfle-*

gekassen mit den Landesverbänden der Krankenkassen sowie den Ersatzkassen und den für die Hilfe zur Pflege zuständigen Trägern der Sozialhilfe nach dem Zwölften Buch und den kommunalen Spitzenverbänden auf Landesebene Rahmenverträge zur Arbeit und zur Finanzierung der Pflegestützpunkte. Bestandskräftige Rahmenverträge gelten bis zum Inkrafttreten von Rahmenverträgen nach Satz 1 fort. Die von der zuständigen obersten Landesbehörde getroffene Bestimmung zur Einrichtung von Pflegestützpunkten sowie die Empfehlungen nach Absatz 9 sind beim Abschluss der Rahmenverträge zu berücksichtigen. In den Rahmenverträgen nach Satz 1 sind die Strukturierung der Zusammenarbeit mit weiteren Beteiligten sowie die Zuständigkeit insbesondere für die Koordinierung der Arbeit, die Qualitätssicherung und die Auskunftspflicht gegenüber den Trägern, den Ländern und dem Bundesversicherungsamt zu bestimmen. Ferner sollen Regelungen zur Aufteilung der Kosten unter Berücksichtigung der Vorschriften nach Absatz 4 getroffen werden. Die Regelungen zur Kostenaufteilung gelten unmittelbar für die Pflegestützpunkte, soweit in den Verträgen zur Errichtung der Pflegestützpunkte nach Absatz 1 nichts anderes vereinbart ist.

Aus den Rahmenverträgen einiger Bundesländer wird ersichtlich, dass diese Finanzierungsvorschriften unterschiedlich umgesetzt werden:

In *Bayern*[190] sind Träger der Pflegestützpunkte die Pflege- und Krankenkassen, die Träger der Hilfe zur Pflege und die Träger der Altenhilfe (kommunale Träger) (§ 2 Abs. 1 Rahmenvertrag). Für die Finanzierung existieren zwei Modelle: das Kooperationsmodell (§ 10 Rahmenvertrag) und das Angestelltenmodell (§ 11 Rahmenvertrag).

Nach dem Kooperationsmodell stellen die Pflege- und Krankenkassen sowie die Träger der Hilfe zur Pflege und die Träger der Altenhilfe (kommunalen Träger) das Personal paritätisch. Die jeweiligen Personalkosten werden durch die entsendenden Träger – die Pflege- und Krankenkassen einerseits, sowie die Träger der Hilfe zur Pflege und die Träger der Altenhilfe anderseits – unmittelbar getragen. Die für den Betrieb des Pflegestützpunktes notwendigen Sachkosten werden zu 1/3 von den Pflegekassen, zu 1/3 von den Krankenkassen, sowie zu 1/3 gemeinsam von den Trägern der Hilfe zur Pflege und den Trägern der Altenhilfe (kommunalen Trägern) getragen. Nach dem Angestelltenmodell sind Anstellungsträger für das Per-

190 Rahmenvertrag zur Arbeit und zur Finanzierung der Pflegestützpunkte nach § 7c Abs. 6 SGB XI in Bayern, in Kraft ab 01.01.2020 (https://www.vdek.com/LVen/BAY/Vertragspartner/pflege-2/pflegestuetzpunkte.html, Zugriff: 15.05.2023).

sonal der Pflegestützpunkte die Träger der Hilfe zur Pflege und/oder die Träger der Altenhilfe. Ihnen obliegt die Sicherstellung des Betriebes der Pflegestützpunkte (Betriebsträger). Die Aufwendungen, die für den Betrieb des Pflegestützpunktes erforderlich sind, werden bis zu einem maximal abrechenbaren Betrag zu 1/3 von den kommunalen Trägern, zu 1/3 von den Krankenkassen und zu 1/3 von den Pflegekassen getragen.

In *Baden-Württemberg*[191] werden die Pflegestützpunkte von den Trägern des Pflegestützpunktes zu gleichen Teilen getragen (§ 7 Abs. 2 Rahmenvertrag). Träger sind die Pflege- und Krankenkassen und die örtlichen Träger der Sozialhilfe (Stadtkreise und Landkreise) (§ 2 Abs. 1 Rahmenvertrag). Im Ergebnis stellt dies eine Finanzierung jeweils eines Drittel durch die Pflege- und Krankenkassen und eines Drittels durch örtlichen Träger der Sozialhilfe dar.

In *Niedersachsen*[192] werden die Pflegestützpunkte gemeinsam von den Landesverbänden der Kranken- und Pflegekassen sowie den Ersatzkassen (Landesverbände) und der jeweiligen kommunalen Gebietskörperschaft, unter Berücksichtigung anderer Kostenträger, äquivalent finanziert. Für die Beteiligung der Landesverbände wird ein jährlicher Fixbetrag genannt. Die Beteiligung der kommunalen Gebietskörperschaften gilt als erfüllt, wenn die in § 7c genannten Aufgaben der Pflegestützpunkte erfüllt sind (§ 1 Abs. 2 und 3 Rahmenvereinbarung). Hinzuzufügen ist, dass in Niedersachsen die Pflegestützpunkte bei kommunalen Gebietskörperschaften und Seniorenservicebüros / Seniorenstützpunkten angesiedelt sind (§ 4 Abs. 2 Rahmenvereinbarung).

In *Schleswig-Holstein*[193] beteiligen sich das Land, die Pflege- und Krankenkassen und die Kreise und kreisfreien Städte mit jeweils einem Drittel der Aufwendungen der Pflegestützpunkte, wobei die Aufwendungen für die Pflegeberatung nach § 7a SGB XI von den Pflege- und Krankenkassen getragen werden (§ 5 Landesrahmenvertrag Schleswig-Holstein).

---

191 Rahmenvertrag zur Arbeit und zur Finanzierung der Pflegestützpunkte nach § 7c Abs. 6 SGB XI in Baden-Württemberg, in Kraft ab 01.07.2018 (https://www.bw-pflegestuetzpunkt.de/komission/rahmenvertrag/, Zugriff: 15.05.2023).

192 Rahmenvereinbarung zur Verbesserung des Beratungsangebots für pflegebedürftige Menschen und deren Angehörige in Niedersachsen sowie über die Einrichtung und den Betrieb von Pflegestützpunkten in Niedersachen gemäß § 7c SGB XI, in Kraft ab 01.01.2020 (https://www.vdek.com, Zugriff: 15.05.2023).

193 Landesrahmenvertrag Pflegestützpunkte Schleswig-Holstein zu der Einrichtung, dem Betrieb und der Finanzierung eines Pflegestützpunktes gem. § 7c SGB XI, in Kraft ab 01.01.2021 (https://www.vdek.com/LVen/SHS/Vertragspartner/Pflegeversicherung61806/pflegestuetzpunkte.html, Zugriff: 15.05.2023).

Bei den hier vorgestellten Finanzierungsweisen am Beispiel einiger Bundesländer sind die privaten Pflegeversicherungsunternehmen nicht zur Finanzierung herangezogen worden. In einigen Rahmenverträgen finden sich jedoch Bemühensklauseln für eine solche Beteiligung.

2.6.2.2.3 Modellvorhaben (§ 123 SGB XI)

Nach der ab 01.10.2023 geltenden Recht Fassung der Vorschrift zu den Modellvorhaben nach § 123 SGB XI (Gesetz zur Unterstützung und Entlastung in der Pflege (Pflegeunterstützungs- und -entlastungsgesetz – PUEG)[194] sind die Vorschriften zur Finanzierung direkt an den Spitzenverband Bund der Pflegekassen und indirekt an die privaten Pflegeversicherungsunternehmen sowie das Land oder die jeweilige kommunale Gebietskörperschaft gerichtet (§ 123 Abs. 1 Satz 3 und 4 SGB XI).

Die Finanzierung ist als Förderung aus Mitteln der sozialen und privaten Pflegeversicherung gestaltet. Gefördert werden Maßnahmen des Landes oder der jeweiligen Gebietskörperschaft, mit denen die Zwecke nach der Empfehlung gemäß § 123 Abs. 3 SGB XI erfüllt werden (§ 123 Abs. 1 Satz 4 SGB XI). Die Förderung wird jeweils in gleicher Höhe gewährt wie für die Förderung der vom Land oder von der kommunalen Gebietskörperschaft für die einzelne Fördermaßnahme geleistet wird (§ 123 Abs. 1 Satz 4 SGB XI). Die Förderung stellt sich damit rechnerisch als hälftige Förderung dar.

2.6.2.2.4 Gesundheitskioske

In jüngerer Zeit sind in der Praxis bereits kooperative Finanzierungen von Krankenkassen und Kommunen vorgenommen worden. Herausragendes Beispiel hierfür sind die Gesundheitskioske. Gemäß einem Referentenentwurf eines Gesundheitsversorgungsstärkungsgesetzes (GVSG)[195] sollen in Deutschland künftig Gesundheitskioske errichtet werden, deren Finanzie-

194 BGBl. 2023 I Nr. 155 vom 23.06.2023, zum Inkrafttreten Art. 10 Abs. 3 PUEG.

195 Referentenentwurf des Bundesministeriums für Gesundheit, Entwurf eines Gesetzes zur Stärkung der Gesundheitsversorgung in der Kommune (Gesundheitsversorgungsstärkungsgesetz – GVSG) (Bearbeitungsstand: 15.06.2023 – noch nicht ressortabgestimmt), im Folgenden abgekürzt als RefE GVSG. S. oben Abschnitt 2.4.3.18.1.

rung zu 74,5 Prozent von den Landesverbänden der Krankenkassen und den Ersatzkassen, zu 20 Prozent von den Kreisen und kreisfreien Städten und zu 5,5 Prozent von den privaten Krankenversicherungsunternehmen getragen werden soll (§ 65g Abs. 3 Satz 4 SGB V RefE GVSG).

In der Entwurfsbegründung[196] wird zu den Gründen der so vorgenommenen Aufteilung der Finanzierung Folgendes ausgeführt:

> *„Während die gesetzliche Krankenversicherung gemäß § 1 Absatz 1 SGB V für den Erhalt, die Wiederherstellung und die Verbesserung des Gesundheitszustands zuständig ist, liegt der Verantwortungsbereich der Kommunen in der allgemeinen Daseinsvorsorge. Die Aufgabe der gesetzlichen Krankenversicherung umfasst zudem die Förderung der Gesundheitskompetenz der Versicherten. Allerdings sind die Zuständigkeiten zwischen der gesetzlichen Krankenversicherung und der Kommunen nicht immer trennscharf abzugrenzen. Um die Verhandlungen zu erleichtern, soll daher eine pauschale Kostenverteilung gewählt werden.*
>
> *Da sich die allgemeine Aufgabenbeschreibung der gesetzlichen Krankenversicherung zu großen Teilen mit den Aufgaben des Gesundheitskioskes deckt, ist es sachgerecht, dass die gesetzlichen Krankenkassen 74,5 Prozent der Aufwendungen für die Kioske tragen. Der von den Kommunen verantwortete Teil der Daseinsvorsorge ist durch den pauschalen Finanzierungsanteil von 20 Prozent abgedeckt. Entsprechend des Versichertenanteils an der Gesamtbevölkerung abzüglich eines Anteils zur Berücksichtigung der Beihilfeberechtigten sollten die Unternehmen der privaten Krankenversicherung sich mit 7 Prozent des Finanzierungsanteils beteiligen, den die gesetzliche und private Krankenversicherung gemeinsam tragen. Dies entspricht 5,5 Prozent der Gesamtkosten. Die Kostenregelung zwischen den Kommunen und den Krankenversicherungen kann auch von dieser Aufteilung abweichen oder konkrete leistungsbezogene Kostenteilung vorsehen. Ggf. können die Anteile auch durch die Zurverfügungstellung von Räumen oder Personal erbracht werden. Ein Schiedsverfahren stellt sicher, dass die Verträge zustande kommen.“*

196 RefE GVSG, S. 36 f.

2.6.2.2.5 Gesundheitsregionen

Gemäß dem vorstehend genannten Referentenentwurf eines Gesundheitsversorgungsstärkungsgesetzes (GVSG)[197] sollen in Deutschland künftig auch Gesundheitsregionen[198] errichtet werden, wobei die Investitions- und Betriebskosten der Organisation der Gesundheitsregion zu gleichen Teilen durch die Landesverbände der Krankenkassen und die Ersatzkassen einerseits und die beteiligten Kreise und kreisfreien Städte andererseits finanziert werden (§ 140b Abs. 3 Satz 3 SGB V RefE GSVG). Bei der hälftigen Kostenaufteilung kann auch die Zurverfügungstellung von zum Beispiel Räumen oder Personal berücksichtigt werden.[199]

Die privaten Krankenversicherungsunternehmen sind nicht an der Finanzierung beteiligt.

2.6.2.2.6 Zur Problematik der Finanzierung in Kooperation mehrerer Sozialleistungsträger

Der Regelfall der Finanzierung von Sozialleistungen durch Sozialleistungsträger ist in der Finanzierung durch einen einzigen Sozialleistungsträger zu sehen. Auch wenn Zuzahlungen seitens der Versicherten bei verschiedenen Leistungen vorgesehen sind und damit eine weitere Finanzierungsquelle darstellen, so betrifft das nicht die grundsätzliche Thematik, ob und in welcher Weise Sozialleistungsträger Leistungserbringer gemeinsam finanzieren dürfen.

So finanzieren etwa die Krankenkassen bis auf ganz wenige Ausnahmen alleine die Leistungen der verschiedenen Leistungserbringer nach dem SGB V. Gleiches gilt im SGB XI bei den Pflegekassen für die dortigen Leistungen, auch wenn hier zum Teil Leistungsbegrenzungen in der Höhe vorgesehen sind, die sich dann faktisch als zuzahlungspflichtige Leistungen darstellen. Auch bei der Finanzierung von Leistungen der Sozialhilfe (SGB XII) gibt es keine kooperativen Finanzierungen.

---

197 Referentenentwurf des Bundesministeriums für Gesundheit, Entwurf eines Gesetzes zur Stärkung der Gesundheitsversorgung in der Kommune (Gesundheitsversorgungsstärkungsgesetz – GVSG) (Bearbeitungsstand: 15.06.2023 – noch nicht ressortabgestimmt), im Folgenden abgekürzt als RefE GVSG.

198 S. dazu oben Abschnitt 2.4.3.18.3.

199 Entwurfsbegründung RefE GVSG, S. 49.

Eine Ausnahme von der alleinigen Finanzierung eines Leistungsangebots durch die Krankenkassen stellt die Krebsberatung (§ 65e SGB V) dar.[200] Dort ist eine kooperative Finanzierung durch Krankenkassen, vermittelt über den GKV-Spitzenverband, Land und Kommunen sowie private Krankenversicherungsunternehmen vorgesehen. In der Praxis werden das Land und die Kommunen jedoch nicht in die Finanzierung einbezogen.

Auch bei den Pflegestützpunkten (§ 7c SGB XI) und den Modellvorhaben (§123 SGB XI) ist eine kooperative Finanzierung vorgesehen. Gleiches gilt für die geplanten Gesundheitskioske und Gesundheitsregionen gemäß dem Referentenentwurf zu einem Gesundheitsversorgungsstärkungsgesetz (GVSG).[201]

Bei der Finanzierung der Lotsenträger ist eine solche Mischfinanzierung zu favorisieren.[202] Denkbar ist auch eine Förderlösung wie bei der Finanzierung der Krebsberatungsstellen (§ 65d SGB V). Dies wäre im Einzelnen zu prüfen. Allerdings wird bei Förderlösungen nicht die Gesamtheit der zuwendungsfähigen Ausgaben gefördert. Aus diesem Grund wird eine Förderlösung nicht in Frage kommen.

Diesen hier vorgestellten kooperativen Finanzierungen liegt eine in der Grundstruktur ähnliche oder zumindest vergleichbare Konstellation zugrunde: Finanziert werden auf der einen Seite Leistungsbereiche, für die im Kern die Krankenversicherung und/oder die Pflegeversicherung zuständig sind; auf der anderen Seite werden Leistungsbereiche finanziert, die eher dem Bereich der allgemeinen Daseinsvorsorge zuzurechnen sind, und daher in die Finanzierungszuständigkeit der Kommunen fallen. Der Einbezug der privaten Kranken- und Pflegeversicherungsunternehmen rechtfertigt sich aus der Inanspruchnahme der jeweiligen Leistungsangebote auch durch privatversicherte Personen. Zu dieser Grundstruktur gehört auch, dass die Bestimmung der jeweiligen Finanzierungsanteile bei der Abgrenzung zwischen den gesetzlich und privat versicherten Personen nach dem Zahlenverhältnis dieser Personen vorgenommen wird. Weiter wird

---

200 S. dazu oben Abschnitt 2.6.2.2.1.

201 Bundesministerium für Gesundheit, Regierung plant Gesundheitskioske deutschlandweit, Lauterbach präsentiert Eckpunkte für Gesetzesinitiative, 31. August 2022 (https://www.bundesgesundheitsministerium.de/presse/pressemitteilungen/regierung-plant-gesundheitskioske-deutschlandweit-lauterbach-praesentiert-eckpunkte-fuer-gesetzesinitiative.html. Zugriff: 22.02.2023). S. auch Deutscher Bundestag, Drucksache 20/4439, S. 3.

202 Für ein Mischfinanzierung auch *Klemm*, Gesundheitslotsen – eine Gestaltungsaufgabe für die gesetzlichen Krankenkassen! In: G+S 2/2023, S. 56 ff. (61).

der Anteil der kommunalen Finanzierung nach den auf die Kommune entfallenden Leistungsinhalten berechnet, wobei aber nicht immer zum Ausdruck kommt, worin diese Leistungsinhalte bestehen. In der Regel geht es hier wohl um den Anteil sozialer und persönlicher Beratung, der eher der Sozialarbeit zuzurechnen ist, und um Aufgaben des ÖGD. Bei den Kommunen wird also kein Personenanteil, sondern der Anteil eines bestimmten Leistungsbereichs aus dem gesamten Leistungsspektrum der Berechnung des Finanzierungsanteils zugrunde gelegt.

2.6.2.2.7 Finanzierung von Fremdlasten durch die Krankenkassen

Bei den vorstehend dargelegten Finanzierungsfragen geht es um die Thematik der Finanzierung von Aufgaben der Krankenkassen und der eher selten vorfindlichen Mischfinanzierung unter Beteiligung anderer Stellen oder Träger. Mit dieser Finanzierungsthematik nicht zu verwechseln ist die Frage nach der Verfassungsmäßigkeit der gesetzlich geregelten Finanzierung von bestimmten Aufgaben seitens der Krankenkassen, bei denen strittig ist, ob es sich um Aufgaben der Krankenkassen handelt. Diese Diskussion wird unter dem Titel der Finanzierung von Fremdlasten durch die Krankenkassen geführt.[203] Auf diese Diskussion wird hier deshalb eingegangen, weil sie auch die Thematik der Finanzierung von Leistungen der Patientenlotsen berühren kann, wenn man der Ansicht ist, dass bestimmte Leistungen von Patientenlotsen nicht zum Aufgabenbereich der GKV gehören. Insgesamt ist zur Fremdlastendiskussion zu sagen, dass sich die Rechtsprechung über lange Zeit eher zurückhaltend gezeigt hat, wenn es um sozialgerichtliche Klagen oder verfassungsgerichtliche Anträge ging.[204] So heißt es seitens des Bundesverfassungsgerichtes, dass der Gesetzgeber im Bereich der Sozialversicherung einen großen Spielraum hat, wie er die Finanzierung ausgestaltet.[205] In jüngerer Zeit gibt es zwei Anlässe, wieder verstärkt auf die Fremdlastendiskussion[206] einzugehen: Es handelt sich einerseits um ein Urteil des Bundessozialgerichts zur Finanzierung bestimmter präventiver Maßnahmen durch die Krankenkassen und weiter um die Debatte um die

203 Grundlegend hierzu *Butzer*, Fremdlasten in der Sozialversicherung, 2001.
204 *Axer*, Schutz aufgabenspezifischer Finanzierung, in: SDSRV 2023, S. 81 ff. (89).
205 BVerfG, Beschl. v. 28.2.2008, - 1 BvR 2131/06, Rn. 30.
206 Hierzu eingehend *Axer*, Schutz aufgabenspezifischer Finanzierung, in: SDSRV 2023, Bd. 70, S. 81 ff.

Mitfinanzierung der Unabhängigen Patientenberatung Deutschland durch die Krankenkassen im Rahmen einer Stiftung.[207]

Die Finanzierung bestimmter präventiver Maßnahmen durch die Krankenkassen ist bei den *Aufgaben zur Gesundheitsförderung und Prävention in Lebenswelten* dergestalt vorgesehen, dass bisher der GKV-Spitzenverband jährlich einen bestimmten Betrag an die Bundeszentrale für gesundheitliche Aufklärung (BZgA) zu zahlen hat, die die Krankenkassen bei der Aufgabenwahrnehmung unterstützen soll (§ 20a Abs. 3 und 4 SGB V).

Das Bundessozialgericht[208] hat diese Vorschriften als verfassungswidrig erachtet. Die verfassungsrechtlich vorgegebene organisatorische Selbstständigkeit der Sozialversicherung setze auch der Verwendung von Mitteln der Sozialversicherung Grenzen. Die Legitimation der Beitragsbelastung beschränke sich auf die Finanzierung im Binnensystem der Sozialversicherung. Daher dürften die erhobenen Geldmittel allein zur Finanzierung der Aufgaben der Sozialversicherung eingesetzt werden. Prävention und Gesundheitsförderung in Lebenswelten seien auch nach der Vorstellung des Gesetzgebers „Querschnittsaufgaben einer Vielzahl von Akteuren auf Bundes-, Länder- und kommunaler Ebene und nicht allein Aufgabe der Krankenkassen".[209] Das Gericht führt dann näher aus, dass dem Bund die für eine Zuweisung der konzeptionellen Prävention und Gesundheitsförderung als originäre (Querschnitts-)Aufgabe der BZgA die Gesetzgebungskompetenz und in der Folge auch die Verwaltungskompetenz fehlen würde. Allerdings lässt es das Gericht offen, ob die Aufgabe der Gesundheitsförderung und Prävention in Lebenswelten (Verhältnisprävention) nur als Aufgabe der Krankenkassen und damit beschränkt auf die Versicherten gestaltbar sei. Das Gericht verhält sich dazu eher zweifelnd, wenn es ausführt, dass die formale Beschränkung der Gesundheitsförderung und Prävention insbesondere in Lebenswelten (sog Verhältnisprävention) auf Versicherte der GKV im Widerspruch dazu stehe, dass diese Leistungen konzeptionell-inhaltlich nach wie vor als gesamtgesellschaftliche Querschnittsaufgabe ausgestaltet seien, an der neben den Krankenkassen auch andere Akteure auf Bundes,- Länder- und kommunaler Ebene sowie Unternehmen der

---

207 Zusammenfassend zur allgemeinen Entwicklung der einschlägigen Rechtsprechung s. *Axer*, Schutz aufgabenspezifischer Finanzierung, in: SDSRV 2023, Bd. 70, S. 115.

208 BSG, Urteil vom 18. Mai 2021 – B 1 A 2/20 R, BSGE 132, 114-136, Rn. 49 ff. (53).

209 BSG, Urteil vom 18. Mai 2021 – B 1 A 2/20 R, BSGE 132, 114-136, Rn. 57, unter Bezugnahme auf den Regierungsentwurf zum Präventionsgesetz, Deutscher Bundestag, Drucksache 18/4282, S. 35.

privaten Kranken- und Pflegeversicherung beteiligt seien.[210] Aus dieser Formulierung kann aber nicht geschlossen werden, dass diese Akteure in Richtung auf ein gemeinsam zu finanzierendes Leistungsangebot auf Bundesebene tätig werden könnten.

Das Urteil des BSG ist für die Gestaltung von Regelungen zu den Patientenlotsen dort weniger von Interesse, wo es in den Ausführungen dieses Urteils die Debatte um den Umfang der Gesetzgebungszuständigkeit für die Sozialversicherung für den Leistungsumfang der gesetzlichen Krankenversicherung aufgenommen wird. Hier sieht das BSG[211] einen weiten Gestaltungsraum des Gesetzgebers bei der Ausgestaltung der Sozialversicherung. Von Interesse sind aber die Ausführungen zur Finanzierung von Aufgaben, die Dritte durch einen Auftrag wahrnehmen. Hier wird gesagt, dass die gerügte Konstruktion eines gesetzlichen Auftrages letztlich allein dazu diene, das grundgesetzliche Verbot der Direktfinanzierung von Staatsaufgaben aus Beitragsmitteln zu umgehen.[212]

Mittlerweile hat der Gesetzgeber mit dem Fünfzehnten Gesetz zur Änderung des Fünften Buches Sozialgesetzbuch – Stiftung Unabhängige Patientenberatung Deutschland – und zur Änderung weiterer Gesetze vom 11. Mai 2023[213] mit einer Neufassung des § 20a Abs. 3 und 4 SGB V reagiert (§ 20a Abs. 3 bis 8 SGB V). Die hier interessierenden Passagen der Neufassung lauten:

§ 20a Abs. 3 SGB V:

Zur Unterstützung der Krankenkassen bei der Wahrnehmung ihrer Aufgaben nach den Absätzen 1 und 2 bilden die Landesverbände der Krankenkassen und die Ersatzkassen in jedem Land gemeinsam bei einem der jeweiligen Landesverbände der Krankenkassen oder dem Verband der Ersatzkassen Arbeitsgemeinschaften. Die Arbeitsgemeinschaften unterstützen mit ihren Leistungen die Umsetzung der Rahmenvereinbarungen auf Landesebene nach § 20f Absatz 1. Sie berücksichtigen bei der Wahrnehmung ihrer Aufgaben Stellungnahmen der weiteren an den Rahmenvereinbarungen auf Landesebene nach § 20f Absatz 1 Beteiligten. Die Landesverbände der Krankenkassen und die Ersatzkassen vereinbaren das Nähere über die Aufgaben der jeweiligen Arbeitsgemeinschaft, deren Arbeitsweise und die Verwendung der ihnen nach Absatz 7 Satz 4 zugewiesenen Mittel. Die

210 BSG, Urteil vom 18. Mai 2021 – B 1 A 2/20 R, BSGE 132, 114-136, Rn. 60.
211 BSG, Urteil vom 18. Mai 2021 – B 1 A 2/20 R, BSGE 132, 114-136, Rn. 60.
212 BSG, Urteil vom 18. Mai 2021 – B 1 A 2/20 R, BSGE 132, 114-136, Rn. 65.
213 BGBl. 2023 I Nr. 123 vom 15.05.2023.

Arbeitsgemeinschaften sind befugt, zur Erfüllung ihrer Aufgaben Verwaltungsakte zu erlassen. Widerspruchsbescheide erlässt die bei Errichtung der Arbeitsgemeinschaft zu bildende Widerspruchsstelle. Die Krankenkassen und die Arbeitsgemeinschaften erteilen dem Spitzenverband Bund der Krankenkassen die für die Erfüllung seiner Aufgaben nach den Absätzen 4 und 5 erforderlichen Auskünfte.

§ 20a Abs. 4 SGB V:

Der Spitzenverband Bund der Krankenkassen unterstützt die Arbeitsgemeinschaften nach Absatz 3 bei der Wahrnehmung ihrer Aufgaben nach Absatz 3 insbesondere durch

1. *die Empfehlung von gemeinsamen und kassenartenübergreifenden Handlungsfeldern und Schwerpunktsetzungen für die Leistungen der Arbeitsgemeinschaften nach Absatz 3 und der Aufgaben nach den Nummern 2 und 3,*
2. *die Förderung von Maßnahmen zur Unterstützung des Aufbaus und der Stärkung gesundheitsförderlicher Strukturen mit bundesweiter Bedeutung,*
3. *die Entwicklung, Erprobung und wissenschaftliche Evaluation gesundheitsförderlicher Konzepte,*
4. *die Erstellung eines Arbeitsprogramms des Spitzenverbandes Bund der Krankenkassen zur Wahrnehmung der Aufgaben nach den Nummern 1 bis 3 unter Berücksichtigung einer Stellungnahme der Nationalen Präventionskonferenz jeweils bis zum 30. November eines Jahres für das Folgejahr.*

Der Spitzenverband Bund der Krankenkassen kann Dritte mit der Wahrnehmung von Aufgaben nach Satz 1 Nummer 2 und 3 beauftragen. § 197b gilt entsprechend.

In der Gesetzesbegründung[214] zu dieser Vorschrift wird ausgeführt:

Mit der Änderung werden die Rechtsgrundlagen für die gemeinsame Aufgabenwahrnehmung der Krankenkassen im Bereich der lebensweltbezogenen Gesundheitsförderung und Prävention unter Berücksichtigung des Urteils des Bundessozialgerichts vom 18. Mai 2021 (B 1 A 2/20R) fortentwickelt.

214 Deutscher Bundestag, Drucksache 20/6014, S. 28.

> *Die auf der Grundlage der bislang geltenden Fassung des § 20a Absatz 3 und 4 beruhende gemeinsame Aufgabenwahrnehmung erfolgt künftig als Gemeinschaftsaufgabe der Krankenkassen und des Spitzenverbandes Bund der Krankenkassen, ohne dass diese zu einer Zusammenarbeit mit der Bundeszentrale für gesundheitliche Aufklärung verpflichtet wären. Die Regelung stellt sicher, dass auch nach Beendigung der verpflichtenden Zusammenarbeit der Krankenkassen mit der Bundeszentrale für gesundheitliche Aufklärung die im Rahmen der Krankenkassen-Initiative „GKV-Bündnis für Gesundheit" entwickelte gemeinsame Strategie zur lebenslagenbezogenen Prävention und Gesundheitsförderung gesichert und fortentwickelt wird.*

Mit diesen Neuregelungen ist zumindest die umstrittene Finanzierung der Bundeszentrale für gesundheitliche Aufklärung im bisherigen § 20a Abs. 3 Satz 4 SGB V abgeschafft worden. Die Neuregelungen sind auch insofern von Interesse, als sie Formen der Zusammenarbeit von Behörden betreffen.

Das Fünfzehnte Gesetz zur Änderung des Fünften Buches Sozialgesetzbuch – Stiftung Unabhängige Patientenberatung Deutschland – und zur Änderung weiterer Gesetze vom 11. Mai 2023[215] enthält auch eine Neuordnung der *Unabhängigen Patientenberatung Deutschland (UPD).*

Danach wird die UPD neu strukturiert und im Rahmen einer rechtsfähigen Stiftung bürgerlichen Rechts verstetigt. Der Spitzenverband Bund der Krankenkassen muss eine rechtsfähige Stiftung bürgerlichen Rechts errichten und das für die Errichtung der Stiftung erforderliche Stiftungsvermögen bereitstellen (§ 65b Abs. 1 Satz 1 SGB V). Der Spitzenverband Bund der Krankenkassen wendet der Stiftung ab dem 1. Januar 2024 einen Gesamtbetrag von jährlich 15 Millionen Euro zu (§ 65b Abs. 11 Satz 1 SGB V). Die privaten Krankenversicherungsunternehmen können sich an dem Gesamtbetrag mit 7 Prozent beteiligen (§ 65b Abs. 11 Satz 5 SGB V). Dem Stiftungsrat gehören zwei Vertreterinnen oder Vertreter des Spitzenverbandes Bund an. Ohne Beteiligung der privaten Krankenversicherungsunternehmen besteht der Stiftungsrat aus 14, mit Beteiligung der privaten Krankenversicherungsunternehmen aus 15 Personen § 65b Abs. 6 SGB V).

215 BGBl. 2023 I Nr. 123 vom 15.05.2023.

Während des Gesetzgebungsverfahrens hat der Wissenschaftliche Dienst des Deutschen Bundestages in einer Ausarbeitung[216] die Regelungen des Gesetzentwurfs[217] als verfassungswidrig erachtet.

Zur Gesetzgebungskompetenz wird ausgeführt:[218]

> *Zusammenfassend ist festzuhalten, dass der Spitzenverband Bund der Krankenkassen als einzige im Konzept der Stiftung Unabhängige Patientenberatung vorgesehene selbständige Körperschaft des öffentlichen Rechts weder Einfluss auf die gesetzlich vorgegebene Struktur der Stiftung noch auf die Geschäftsführung oder die Ausgestaltung und die Qualitätssicherung der angebotenen Informations- und Beratungsleistungen hat. Zwar hat der Spitzenverband Bund der Krankenkassen das Stiftungsvermögen bereitzustellen, jedoch kann er über die Haushaltsaufstellung, mithin die Verwendung der Mittel, im Stiftungsrat lediglich mit einer von insgesamt 13 Stimmen mitentscheiden. Dieser Mangel an Einflussnahmemöglichkeiten auf Struktur und Leistungen der Stiftung Unabhängige Patientenberatung legt nahe, dass § 65b SGB V-Entwurf nicht auf die Gesetzgebungskompetenz für die Sozialversicherung aus Art. 74 Abs. 1 Nr. 12 GG gestützt werden, kann, weil es an dem Merkmal der organisatorischen Durchführung durch selbständige Anstalten oder Körperschaften des öffentlichen Rechts fehlt.*

Zur Gesetzgebungskompetenz für den Einbezug der privaten Versicherungsunternehmen wird ausgeführt:[219]

> *Die Kompetenz für das privatrechtliche Versicherungswesen bezieht sich auf Versicherungsunternehmen, die im Wettbewerb mit anderen durch privatrechtliche Verträge Risiken versichern, wobei sich die Prämien grundsätzlich am individuellen Risiko und nicht am Erwerbseinkommen des Versicherungsnehmers orientieren und die Versicherer die vertraglich zugesagten Leistungen im Versicherungsfall aufgrund eines kapitalgedeckten Finanzierungssystems erbringen.*

---

216 Deutscher Bundestag, Wissenschaftliche Dienste, Ausarbeitung, Verfassungsrechtliche Beurteilung der geplanten Finanzierung der Stiftung Unabhängige Patientenberatung Deutschland (UPD) durch Krankenkassen und private Krankenversicherungsunternehmen, Gesetzgebungskompetenz des Bundes und verfassungsrechtliche Anforderungen an Sonderabgaben, WD 3 – 3000 – 181/22 / WD 4 – 3000 – 116/22 (https://www.bundestag.de/dokumente/analysen/wd3, Zugriff: 15.05.2023).

217 Deutscher Bundestag, Drucksache 20/5334.

218 Deutscher Bundestag, Wissenschaftliche Dienste, Ausarbeitung UPD, S. 7 f.

219 Deutscher Bundestag, Wissenschaftliche Dienste, Ausarbeitung UPD, S. 9 f.

Die Sozialversicherung im Sinne des Art. 74 Abs. 1 Nr. 12 GG unterscheidet sich vom privatrechtlichen Versicherungswesen also vor allem dadurch, dass sich die Beitragsgestaltung bei der Sozialversicherung an der wirtschaftlichen Leistungsfähigkeit des Versicherten und nicht an seinem individuellem Risiko ausrichtet. Die Gemeinsamkeit beider Versicherungstypen besteht jedoch darin, dass sie der Absicherung der Versicherten gegen individuelle Risiken dienen. Wie oben zum Begriff der Sozialversicherung ausgeführt, folgt aus diesem Wesensmerkmal, dass nur die Gruppe der beitragszahlenden Versicherten einen Vorteil in Gestalt des Versicherungsschutzes erhalten soll, nicht hingegen Dritte außerhalb der Versicherung. Die Leistungen der Stiftung Unabhängige Patientenberatung dagegen sollen, wie oben dargelegt, nicht allein von Versicherten, sondern allgemein von Patientinnen und Patienten genutzt werden können.
Dies spricht dagegen, § 65 SGB V-Entwurf, soweit er Zahlungspflichten für private Krankenversicherungsunternehmen begründet, als Regelung auf dem Gebiet des privatrechtlichen Versicherungswesens anzusehen und auf die Gesetzgebungskompetenz aus Art. 74 Abs. 1 Nr. 11 GG i.V.m. Art. 72 Abs. 2 GG zu stützen.

Zur Gesetzgebungskompetenz aus dem Titel „öffentliche Fürsorge" wird ausgeführt:[220]

„Demnach dient die Unabhängige Patientenberatung in erster Linie dem Gesundheitswesen. Dies spricht dagegen, dass § 65 SGB V-Entwurf auf die Kompetenz aus Art. 74 Abs. 1 Nr. 7 i.V.m. Art. 72 Abs. 2 GG gestützt werden kann."

Weiter äußert sich der Wissenschaftliche Dienst zum Rechtscharakter verschiedener finanzieller Verpflichtungen, die er ebenfalls für verfassungswidrig hält.[221]

Im Gesetzgebungsverfahren ist nur insofern auf die Argumente des Wissenschaftlichen Dienstes eingegangen worden, als die Zahl der Vertreterinnen bzw. Vertreter des Spitzenverbandes Bund der Krankenkassen auf zwei erhöht worden ist. In der Begründung zu dieser Vorschrift[222] heißt es, dass dadurch der Spitzenverband als Körperschaft des öffentlichen Rechts und Stifter, der die Finanzmittel für die Stiftung zur Verfügung stellt, vor

220 Deutscher Bundestag, Wissenschaftliche Dienste, Ausarbeitung UPD, S. 9 f.
221 Deutscher Bundestag, Wissenschaftliche Dienste, Ausarbeitung UPD, S. 15 ff.
222 Deutscher Bundestag, Drucksache 20/6014, S. 31.

allem in Bezug auf Entscheidungen über die Haushaltsaufstellungen und bei Entscheidung über die Kontrolle der Haushalts- und Wirtschaftsführung sowie der Rechnungslegung gestärkt werde. Diese Begründung ist jedoch irreführend. In der ursprünglichen Fassung der Vorschrift[223] sollte der Stiftungsrat aus 13 Personen bestehen. In der Neufassung ist diese Zahl auf 14 bzw. - bei Beteiligung der privaten Krankenversicherungsunternehmen - auf 15 Personen erhöht worden. Im Gesetzgebungsverfahren sind seitens der Fraktion der CDU/CSU Bedenken an der Rechtmäßigkeit des Gesetzentwurfs[224] und seitens der Fraktion DIE LINKE verfassungsmäßige Bedenken unter Berufung auf die Ausarbeitung des Wissenschaftlichen Dienstes geäußert worden.[225]

Die zitierten Äußerungen des Wissenschaftlichen Dienstes sind insofern von Interesse, als sie sehr einprägsam die Thematik der Aufgabenwahrnehmung der Krankenversicherung durch die Krankenkassen und ihre Verbände schildern. Diese Thematik hat auch mit der Fremdlastenthematik zu tun. Offensichtlich ist der Gesetzgeber der Meinung, dass die einschlägigen verfassungsrechtlichen Vorschriften trotz der bekannten Bedenken mit dem UPD-Gesetz eingehalten worden sind.

2.6.3 Zusammenfassende Einschätzung

Die Leistungen von Patientenlotsen werden seitens eines Lotsenträgers erbracht. Dieser Lotsenträger bedarf hierfür der Finanzierung. Als Finanzierungsträger kommen in Frage Sozialversicherungsträger, kommunale Gebietskörperschaften, Länder und ggf. private Versicherungsunternehmen. Bei den Sozialversicherungsträgern ist vorrangig die Gesetzliche Krankenversicherung im Rahmen des SGB V heranzuziehen, da die Leistung von Patientenlotsen als Leistung des SGB V gestaltet werden soll. In Betracht kommt auch eine Mitfinanzierung im Rahmen des SGB XI, da ein enger Zusammenhang der Leistungen von Patientenlotsen mit den Beratungs- und Care und Case Managementleistungen der Pflegestützpunkte besteht.

Weiter ist an eine Mitfinanzierung von Patientenlotsen durch die *kommunalen Gebietskörperschaften* zu denken. Dass eine solche Finanzierung durch die Kommunen möglich ist, ist unbestritten, da es sich bei der

223 § 65b Abs. 1 SGB V-Entwurf, Deutscher Bundestag, Drucksache 20/5334, S. 6.
224 Deutscher Bundestag, Drucksache 20/6014, S. 26.
225 Deutscher Bundestag, Drucksache 20/6014, S. 27.

Tätigkeit von Patientenlotsen (auch) um eine Aufgabe im Rahmen der kommunalen Daseinsvorsorge handeln kann. Allerdings könnte eine solche Aufgabe der Kommunen wegen des Durchgriffsverbotes (Art. 84 Abs. 1 Satz 7 GG) nicht durch ein Bundesgesetz vorgegeben werden. Bei einer landesrechtlichen Regelung wäre ggf. das landesverfassungsrechtlich verankerte Konnexitätsprinzip zu beachten, wonach den Kommunen die Aufwendungen der ihnen übertragenen Aufgaben zu erstatten sind. Neben oder anstelle der Kommunen kommt auch eine Mitfinanzierung durch die *Länder* in Betracht.

Private Krankenversicherungsunternehmen können in der Höhe des Anteils der Versorgung privatversicherter Personen an der Finanzierung beteiligt werden.

Will man an der Finanzierung der Leistungen von Patientenlotsen nicht nur Sozialversicherungsträger und ggf. private Krankenversicherungsunternehmen, sondern auch Kommunen und Länder beteiligen, so finden sich hierzu bereits einige Regelungsmodelle im SGB V und SGB XI. Auf dem Gebiet des SGB V sind dies die Krebsberatungsstellen (§ 65e Abs. 1 SGB V), auf dem Gebiet des SGB XI die Pflegestützpunkte (§ 7c SGB XI). Weitere gemeinsame Finanzierungen sind für die Modellvorhaben nach § 123 SGB XI und künftig für die Gesundheitskioske und Gesundheitsregionen vorgesehen. Bei der Finanzierung der Lotsenträger ist eine solche Mischfinanzierung zu favorisieren. Denkbar ist auch eine Förderlösung wie bei der Finanzierung der Krebsberatungsstellen (§ 65d SGB V).

Bei der Gestaltung der Finanzierung ist darauf zu achten, dass den Krankenkassen im Rahmen dieser Finanzierung nicht Lasten für Leistungen entstehen, die nicht mehr als Aufgaben der Krankenversicherung zu bezeichnen sind. Allerdings hat der Gesetzgeber bei der Gestaltung der Leistungen einen großen Spielraum. Keinesfalls kann aber eine Finanzierung dergestalt stattfinden, dass Sozialversicherungsträger den Kommunen oder Ländern Mittel zur Verfügung stellen, die diese dann zur Finanzierung der Träger von Patientenlotsen verwenden.

2.7 Leistungsfinanzierung

2.7.1 Allgemeines zur Finanzierung der Leistungen von Patientenlotsen

Die Regulierung der Finanzierung von Patientenlotsen (hier als Organisationseinheit verstanden, nicht im Sinne der leistungserbringenden Person) hängt ganz wesentlich von der Organisation der Leistungserbringung ab. Dabei sind zwei Grundkonstellationen in den Blick zu nehmen:

- Ein Lotsenträger als Organisationseinheit bedient sich dienstleistungserbringender Personen als Patientenlotsen (Lotsenträger als Leistungserbringer).
- Ein Lotsenbüro nimmt allgemeine und übergeordnete Aufgaben von Lotsenträgern war (Lotsenbüro mit Overheadfunktionen).

Da die Art und Weise der Gestaltung von Lotsenbüros gegenwärtig noch nicht eindeutig zu bestimmen ist, wird im Folgenden nur auf die Finanzierung der Ausgaben von Lotsenträgern eingegangen. Dazu sind verschiedene Modelle heranzuziehen. Solche Modelle, Abrechnungsmodelle genannt, sowie deren Vor- und Nachteile, werden seitens des Nationalen Krebsplans in den Empfehlungen für das Leistungsspektrum, die Qualitätskriterien und für Finanzierungsmodelle ambulanter psychosozialer Krebsberatungsstellen gegeben.[226] In diesen Empfehlungen[227] wird auf vier Abrechnungsmodelle hingewiesen, die grundsätzlich in Betracht kommen:

1. einrichtungsbezogene Finanzierung,
2. Fallpauschale,
3. Abrechnung von Einzelleistungen sowie
4. Mischmodelle aus einrichtungsbezogener Finanzierung, Abrechnung von Einzelleistungen oder Fallpauschale.

Diese Abrechnungsmodelle werden im Einzelnen erläutert und bewertet.[228] Die Ausführungen hierzu können auch für die folgenden Beispiele aus verschiedenen Sozialleistungsbereichen herangezogen werden.

2.7.1.1 Finanzierung von Pflegeeinrichtungen (Pflegediensten)

Pflegeeinrichtungen werden durch Versorgungsvertrag zur Pflege zugelassen (§§ 71, 72 SGB XI). Sie erhalten eine leistungsgerechte Vergütung für die allgemeinen Pflegeleistungen (§ 82 Abs. 1 Satz 1 Nr. 1 SGB XI). Diese Vergü-

226 Nationaler Krebsplan. Empfehlungen für das Leistungsspektrum, die Qualitätskriterien und für Finanzierung, Stand: 21. Januar 2020, S. 32 ff., (https://www.bundesgesundheitsministerium.de/, Zugriff: 15.05.2023).

227 Nationaler Krebsplan. Empfehlungen für das Leistungsspektrum, die Qualitätskriterien und für Finanzierungsmodelle ambulanter psychosozialer Krebsberatungsstellen, S. 32.

228 S. Abdruck des Textes im Anhang 6.4.

tung erhalten die Pflegeeinrichtungen von den Pflegekassen. Betriebsnotwendige Investitionskosten und bestimmte sonstige Aufwendungen können den Pflegebedürftigen gesondert in Rechnung gestellt werden, soweit diese nicht durch öffentliche Förderung gedeckt sind (§ 82 Abs. 3 Satz 1 SGB XI). Als weitere Vergütungsregelungen kommen die speziellen Vorschriften für ambulante Pflegeleistungen in Betracht (§ 89 SGB XI). Hier kann eine Gebührenordnung erstellt werden (§ 90 SGB XI), die bisher noch nicht vorliegt. Ansonsten erhalten die Pflegedienste eine leistungsgerechte Vergütung. Die Vergütung muss einem Pflegedienst bei wirtschaftlicher Betriebsführung ermöglichen, seine Aufwendungen zu finanzieren und seinen Versorgungsauftrag zu erfüllen unter Berücksichtigung einer angemessenen Vergütung ihres Unternehmerrisikos (§ 89 Abs. 1 Satz 2 SGB XI). Die Vergütungsvereinbarung wird für jeden Pflegedienst gesondert abgeschlossen (§ 89 Abs. 2 Satz 2 SGB XI). Die Vergütungen können, je nach Art und Umfang der Pflegeleistung, nach dem dafür erforderlichen Zeitaufwand oder unabhängig vom Zeitaufwand nach dem Leistungsinhalt des jeweiligen Pflegeeinsatzes, nach Komplexleistungen oder in Ausnahmefällen auch nach Einzelleistungen bemessen werden; sonstige Leistungen wie hauswirtschaftliche Versorgung, Behördengänge oder Fahrkosten können auch mit Pauschalen vergütet werden (§ 89 Abs. 3 Satz 1 SGB XI).

Die Vorschriften zur Finanzierung von Pflegediensten können grundsätzlich als geeignetes Regelungsmuster für die Finanzierung von Patientenlotsen angesehen werden. Es könnte vor diesem Hintergrund auch eine Vergütung in Form von typisierten Pauschalen vorgesehen werden, die sich nach dem Grad der Orientierungs- und Unterstützungsbedürftigkeit des Patienten richten.

2.7.1.2 Finanzierung von Leistungen der häuslichen Krankenpflege

Die Finanzierung von Leistungen der häuslichen Krankenpflege ist in § 132a Abs. 4 SGB V verhältnismäßig unübersichtlich geregelt. Der Begriff der Vergütung wird dort nicht verwendet, sondern es wird von Preisen und deren Abrechnung gesprochen (§ 132a Abs. 4 Satz 1 SGB V). Der Begriff der Vergütung wird nur im Zusammenhang mit dem Begriff der Vergütungsabschläge verwendet (§ 132a Abs. 4 Satz 2 SGB V). In § 7 Abs. 1 Satz 1 der Rahmenempfehlung[229] wird dann von einer Vergütungsvereinbarung gesprochen. Vergütungsverträge können nur geschlossen werden, wenn ein Vertrag nach § 132a Abs. 4 besteht (§ 7 Abs. 1 Satz 2 der Rahmenempfehlungen). In den Rahmenempfehlungen sind weiter die Qualitätsanforderungen an die Grundsätze für das System der Vergütung von häuslicher Krankenpflege niedergelegt (§ 7 Abs. 2 der Rahmenempfehlungen).

Auch wenn in § 37 Abs. 1 Satz 1 SGB V von geeigneten Pflegefachkräften gesprochen wird, wird bei der Vergütung der häuslichen Krankenpflege grundsätzlich davon ausgegangen, dass der Leistungserbringer in der Regel nicht eine natürliche Person, etwa eine Pflegefachkraft, sondern eine Einheit ist, die als ambulanter Pflegedienst bezeichnet wird. Dies wird auch so in der Rahmenempfehlung formuliert (§ 7 Abs. 1 Satz 2 Rahmenempfehlung). Mit dem Pflegedienst bzw. dessen Träger wird der Versorgungs- und Vergütungsvertrag abgeschlossen. Die Vergütungsvereinbarungen können auf Grundlage von Einzel- oder Kollektivverträgen geschlossen werden (§ 7 Abs. 1 Satz 3 Rahmenempfehlung). Das Vergütungssystem ist im Einzelnen in 7 Abs. 2 Rahmenempfehlung festgelegt. Danach muss die Vergütung leistungsgerecht sein und die Leistungserbringer bei wirtschaftlicher Betriebsführung in die Lage versetzen, eine ausreichende, zweckmäßige und den Qualitätsanforderungen entsprechende Leistung zu erbringen (§ 7 Abs. 2 Nr. 2 Rahmenempfehlung). Die Vergütungsgrundlage ist eine prospektive Kalkulation (§ 7 Abs. 3 Satz 2, Abs. 6 Satz 1 Rahmenempfehlung). Die verschiedenen Posten der Gestehungskosten sind im Einzelnen aufgeführt (§ 7 Abs. 3 Satz 3 Rahmenempfehlung). Hierzu rechnen:

- *Die Personal- und Personalnebenkosten (insbesondere Pflegepersonal, Alters- oder Zusatzversorgungsaufwendungen, Personaloverhead für angestellte Geschäftsführung, für pflegefachliche Leitung und Qualitätsmanagement, Rufbereitschaft, gesetzlich vorgeschriebene Beauftragte einschließlich Freistellung, Verwaltung, Abrechnung, Buchhaltung und Fuhrparkmanagement), unter Einschluss anfallender Personalaufwendungen für die Entleihung von Arbeitnehmerinnen und Arbeitnehmern und Mitarbeiterinnen und Mitarbeitern von Zeitarbeitsfirmen (nach AÜG) zur Überbrückung nicht zu vertretender zeitweiser Personalengpässe; ein Prä-*

229 Rahmenempfehlungen nach § 132a Abs. 1 SGB V zur Versorgung mit Häuslicher Krankenpflege vom 10.12.2013 i. d. F. vom 28.10.2021 (https://www.gkv-spitzenverband.de/krankenversicherung/ambulante_leistungen/haeusliche_krankenpflege/haeusliche_krankenpflege_1.jsp, Zugriff: 24.03.2023).

judiz für die Wirtschaftlichkeit der Inanspruchnahme von Zeitarbeitsfirmen ist hiermit nicht verbunden.
- *Sachkosten unter Einschluss der betrieblichen Investitionskosten für die Leistungserbringung, insbesondere Miet- und Mietnebenkosten, Büromaterial, Büroausstattung, IT-Kosten, Fuhrpark einschließlich der dazugehörigen Sachkosten, Versicherungen, Fortbildungskosten, pflegerische Sachkosten, Aufwendungen für Fremddienstleistungen,*
- *ein Zuschlag für die angemessene Vergütung des allgemeinen Unternehmerrisikos und eines zusätzlichen persönlichen Arbeitseinsatzes,*
- *eine angemessene Verzinsung des Eigenkapitals.*

Für die Vereinbarungen von Vergütungen der Lotsenträger wird vor allem das System der Gruppen- bzw. Kollektivverhandlungen (§ 7 Abs. 11 bis 14 Rahmenempfehlungen) herangezogen werden können. Damit würde man dem Anliegen, Pauschalen für die Lotsenleistungen anzusetzen, am ehesten gerecht werden, wie es sich aus § 7 Abs. 13 Satz 1 bis 3 Rahmenempfehlung ergibt:

> *Es ist ein genereller, für eine repräsentative Anzahl der Pflegedienste im Kollektiv geltender Maßstab anzulegen. Bei der Auswahl der repräsentativen Pflegedienste (repräsentative Stichprobe) ist sicherzustellen, dass die Vergütung auf der Basis einer realitätsnahen durchschnittlichen Betriebs- und Kostenstruktur der Pflegedienste im Kollektiv vereinbart werden kann. Dabei sind regionale Unterschiede und die Vielfalt der Pflegedienste des Kollektivs insbesondere im Hinblick auf etwaige Spezialisierungen, die mit besonderen Personalanforderungen verbunden sind, Betriebsgrößen und Personalstrukturen zu berücksichtigen.*

2.7.1.3 Spezialisierte ambulante Palliativversorgung

In der Spezialisierten ambulanten Palliativversorgung (SAPV) (§§ 37b, 132d SGB V) ist die Vergütungsweise in § 16 des Rahmenvertrages zur SAPV[230] geregelt. Die gesetzliche Rechtsgrundlage hierfür findet sich in § 132d Abs. 1 Satz 3 SGB V, wonach die Rahmenverträge (auch) die „wesentlichen Elemente der Vergütung“ festlegen. Die Vergütung erfolgt in der Regel

230 Rahmenvertrag nach § 132d Abs. 1 Satz 1 SGB V zur Erbringung von Spezialisierter ambulanter Palliativversorgung (SAPV) vom 26.10.2022 (https://www.gkv-spitzenverband.de/krankenversicherung/hospiz_und_palliativversorgung/sapv_start/spez_amb_palliativ/sapv.jsp, Zugriff: 16.05.2023).

in Pauschalen (Tages-, Wochen-, Fall- oder Monatspauschalen, oder in Kombination dieser Pauschalen) (§ 16 Abs. 3 Rahmenvertrag SAPV). Die Kalkulation der Vergütung ist im Einzelnen geregelt (§ 16 Abs. 4 bis 10 Rahmenvertrag SAPV).

Die Vergütung nach Pauschalen kommt auch für die Vergütung von Patientenlotsen in Frage.

In den Empfehlungen zum Nationalen Krebsplan wird zu den Vorteilen von Pauschalen gesagt, dass eine relativ genaue Abbildung des erbrachten Leistungsaufwands möglich sei, dass aber die Fallpauschalen in einem aufwändigen Verfahren empirisch ermittelt und kalkuliert werden müssten. Schwankungen bei den Infrastrukturkosten der einzelnen Beratungsstellen müssten separat ausgeglichen werden. Der Abrechnungsprozess sei komplex und aufwändig.[231] Allerdings beziehen sich die Ausführungen auf die Ermittlung von Pauschalen im DRG-System. Die Art und Weise der Ermittlung von DRGs, die das hochkomplexe Leistungsgeschehen im Krankenhaus zum Gegenstand haben, kann nicht auf die Ermittlung von Pauschalen für Patientenlotsenleistungen übertragen werden.

Der Rahmenvertrag SAPV enthält auch Hinweise zur Berechnung der Wegezeiten (§ 16 Abs. 10 Rahmenvertrag). Da die Berechnung von Wegezeiten auch für die Tätigkeit von Patientenlotsen relevant ist, kann hierauf Bezug genommen werden.

2.7.1.4 Gesundheitliche Versorgungsplanung für die letzte Lebensphase

Bei der Gesundheitlichen Versorgungsplanung für die letzte Lebensphase (gVP) trägt die Krankenkasse des Versicherten die notwendigen Kosten für die erbrachten Leistungen der Einrichtung nach § 43 SGB XI oder der Einrichtungen der Eingliederungshilfe. Die Kosten sind für Leistungseinheiten zu tragen, die die Zahl der benötigten qualifizierten Mitarbeiter und die Zahl der durchgeführten Beratungen berücksichtigen. Das Nähere hierzu ist in der Vereinbarung zur gVP geregelt.

Die Vergütungsvorschriften in der Vereinbarung zur gVP[232] gelten für eine Übergangszeit bis zum 31.12.2021. Es handelt sich um ein pauschales

231 Nationaler Krebsplan. Empfehlungen für das Leistungsspektrum, die Qualitätskriterien und für Finanzierungsmodelle ambulanter psychosozialer Krebsberatungsstellen, S. 34, s. auch Anhang 6.4.

232 Vereinbarung nach § 132g Abs. 3 SGB V über Inhalte und Anforderungen der gesundheitlichen Versorgungsplanung für die letzte Lebensphase vom 13.12.2017

Vergütungssystem (§ 15 Abs. 3 Vereinbarung gVP). Die Kalkulation erfolgt in Pflegeeinrichtungen im Sinne des § 43 SGB XI sowie in Einrichtungen der Eingliederungshilfe im Sinne des § 75 SGB XII unter der Annahme, dass pro 50 Versicherte in der Einrichtung ein Anteil von 1/8 Stelle für die Leistungserbringung nach dieser Vereinbarung erforderlich ist. Diese Annahme gilt unabhängig davon, ob die Einrichtung die gesundheitliche Versorgungsplanung in eigener Verantwortung oder in Kooperation durchführt. Dabei wird für Sach-, Overhead- und Regiekosten ein Anteil von 15% der Personalkosten pauschal berücksichtigt (§ 15 Abs. 3 Satz 2 und 3 Vereinbarung gVP).

Aufgrund der Neueinführung der gVP fehlen diesbezügliche Erfahrungswerte zur Etablierung eines präziseren Vergütungsverfahrens. Deshalb ist eine Überprüfung des Vergütungsverfahrens vorgesehen, wozu eine entsprechende Datenerhebung vorgenommen wird (§ 16 Vereinbarung gVP).

Die Vergütung nach Pauschalen[233] kommt auch für die Vergütung von Patientenlotsen in Frage, wobei hier besonders die Übergangsregelung im Zusammenhang mit dem Verfahren zur Überprüfung des Vergütungsverfahrens von Interesse ist. Eine solche Regelung wäre auch für die Vergütung von Patientenlotsen denkbar, für die ebenfalls keine Erfahrungen vorliegen.

2.7.1.5 Krebsberatungsstellen

Die Vorschrift zur Finanzierung von Krebsberatungsstellen (§ 65e SGB V) enthält nur Aussagen zur Finanzierung der Stellen, nicht zur Art und Weise der Leistungsfinanzierung. Hinweise dazu sind jedoch in dem seitens des Nationalen Krebsplans erstellten Empfehlungen für das Leistungsspektrum, die Qualitätskriterien und für Finanzierungsmodelle ambulanter psychosozialer Krebsberatungsstellen[234] enthalten. Diese Empfehlungen haben keine Rechtsqualität.[235] Im Abschnitt 5 finden sich die Empfehlungen zur Finan-

---

(https://www.gkv-spitzenverband.de/krankenversicherung/hospiz_und_palliativversorgung/letzte_lebensphase/gesundheitliche_versorgungsplanung.jsp, Zugriff: 24.05.2023).

233 Siehe aber auch die Nachteile von Pauschalen, oben Abschnitt 2.7.1.3.

234 Nationaler Krebsplan, Empfehlungen für das Leistungsspektrum, die Qualitätskriterien und für Finanzierung, Stand: 21. Januar 2020 (https://www.bundesgesundheitsministerium.de/, Zugriff: 15.05.2023).

235 Zur Entstehungsgeschichte s. Nationaler Krebsplan, Empfehlungen für das Leistungsspektrum, die Qualitätskriterien und für Finanzierung, Stand: 21. Januar 2020, S. 4 f.

zierung von ambulanten psychosozialen Krebsberatungsstellen. In diesem Abschnitt werden allgemein Hinweise zu Finanzierungsmöglichkeiten und speziell für die Leistungsfinanzierung[236] gegeben. Für die Krebsberatungsstellen wird eine einrichtungsbezogene Finanzierung präferiert,[237] wobei unter einrichtungsbezogener Finanzierung die Zahlung von Fördergeldern verstanden wird, die sowohl Personal- als auch alle Sach-, Investitions- und Infrastrukturkosten umfassen.[238]

2.7.2 Zusammenfassende Einschätzung

Aus den hier vorgestellten Vergütungsregelungen geht hervor, dass eine Vergütung der Leistungen der Träger von Patientenlotsen in Form von Pauschalen möglich ist. Dabei sollten die Pauschalen in Ansehung des Grades des Orientierungs- und Begleitungsbedarfes typisiert werden. Sie sollen die Personalkosten und die Sach-, Investitions- und Infrastrukturkosten umfassen.

2.8 Person des Patientenlotsen

In der Person des dienstleistungserbringenden Patientenlotsen sind insbesondere vier Punkte von Interesse:

- der Status als selbstständig tätige oder unselbstständig beschäftigte Person,
- die am Status anknüpfende Vergütung des Patientenlotsen,
- die erforderliche Qualifikation für die Tätigkeit als Patientenlotse, und
- die Qualitätssicherung der Leistungen des Patientenlotsen.

---

236 Nationaler Krebsplan, Empfehlungen für das Leistungsspektrum, die Qualitätskriterien und für Finanzierung, Stand: 21. Januar 2020, unter 5.2.; s. dazu auch oben Abschnitt 2.7.1.

237 Nationaler Krebsplan, Empfehlungen für das Leistungsspektrum, die Qualitätskriterien und für Finanzierung, Stand: 21. Januar 2020, S. 34.

238 Nationaler Krebsplan, Empfehlungen für das Leistungsspektrum, die Qualitätskriterien und für Finanzierung, Stand: 21. Januar 2020, S. 32.

2.8.1 Status: Beschäftigung in einem Arbeitsverhältnis / selbstständige Tätigkeit

Die persönlich dienstleistenden Patientenlotsen werden bei einer Stelle (Lotsenträger) als Arbeitnehmer tätig.

Eine selbstständige Tätigkeit des Patientenlotsen ist ebenfalls denkbar (etwa analog zu § 77 Abs. 1 SGB XI).

2.8.2 Vergütung (Arbeitsentgelt / Honorar)

2.8.2.1 Allgemeines

Unter der Annahme, dass die persönlich dienstleistenden Patientenlotsen bei einer Stelle (Lotsenträger) als Arbeitnehmer tätig werden, stellt sich die Vergütung der Leistungserbringer als Arbeitsentgelt dar. Für die Bestimmung der Tätigkeit hat eine Einordnung in den Deutschen Qualifikationsrahmen (DQR) stattzufinden.[239]

Bei einer selbstständigen Tätigkeit für das Lotsenbüro wäre die Vergütung als Honorar zu entrichten. Wie sich die Honorierung im Einzelnen gestaltet, ist hier nicht zu erörtern.

2.8.2.2 Tariftreue im Rahmen von Vergütungsverträgen

Bei Vergütungen, die im Rahmen von Vergütungsverträgen mit Sozialleistungsträgern refinanziert werden, ist – vereinfacht gesagt – auf Tariftreue zu achten. Im SGB V finden sich hierzu Regelungen etwa für die Vergütung der Leistungen häuslicher Krankenpflege in § 132a Abs. 4 Satz 7 SGB V. Für die spezialisierte ambulante Palliativversorgung (SAPV) sind im Rahmenvertrag SAPV die Maßstäbe für die Vergütung von Mitarbeitern der SAPV-Teams enthalten, aus denen hervorgeht, dass grundsätzlich die geltenden Tarifverträge, kirchliche Vergütungsordnungen, Haustarife bzw. individuellen Vergütungsrichtlinien heranzuziehen sind (§ 16 Abs. 6

---

239 Nach den Vorstellungen der DGCC handelt es sich um DQR 6 (Bacheloräquivalent), Deutsche Gesellschaft für Care und Case Management (DGCC), Bestimmung und Qualifikation von Patientenlots:innen, Positionspapier der DGCC-Fachgruppe Patientenlots:innen (Verf.: Stegmeier, Elmar; Löcherbach, Peter), Münster, 2022, S. 2. https://www.dgcc.de/positionspapier-zur-bestimmung-und-qualifikation-von-patientenlotsinnen/ (Zugriff: 12.06.2023).

und 7 Rahmenvertrag SAPV). Bei der außerklinischen Intensivpflege sind die entsprechenden Vorschriften gesetzlich geregelt (§ 132l Abs. 5 Satz 2 SGB V). Auch im SGB XII finden sich entsprechende Vorschriften (§ 75 Abs. 2 Satz 13 SGB XII).

Besonders detaillierte Regelungen hierzu finden sich im SGB XI, so im Zusammenhang mit der Zulassung zu Versorgungsverträgen (§ 72 Abs. 3a bis 33 SGB XI) und mit der Pflegevergütung (§§ 82c, 84 Abs. 5, 89 Abs. 1 Satz 4 SGB XI).

2.8.3 Qualifikationsanforderungen

2.8.3.1 Qualitätsprofile

Für die Tätigkeit von Patientenlotsen soll kein neuer Beruf, etwa analog den Pflegefachpersonen (Pflegefachfrau/Pflegefachmann) oder den Sozialarbeitern geschaffen werden. Vielmehr sollen aufbauend auf die Ausbildung in bestimmten Berufen des Gesundheits- und Sozialwesens entsprechende weitere zusätzliche Qualifikationen erworben werden, die für die Eignung als Patientenlotse ertüchtigen.[240]

Für die Primärqualifikation empfehlen sich Gesundheitsfachberufe mit zumindest dreijähriger Ausbildung (auch Gesundheitssozialarbeiter[241]), insbesondere heilberuflicher Ausbildung (vor allem Pflegefachberufe).

Für die zusätzlichen spezifischen Qualifikationen sind zwei Qualitätsprofile relevant: die Case und Care Manager Qualifikation[242] und Kenntnisse in bestimmten Bereichen des ICF.[243]

240 S. hierzu ausführlich *Stegmeier*, Patientenlotsen - Einordnung und Qualitätsrahmen, in: Case Management 3/2022, S. 123 ff. (126 f.).

241 S. Deutsche Vereinigung für Soziale Arbeit im Gesundheitswesen e. V. (DVSG), Patient*innenlots*innen: Bestehende Ressourcen und Strukturen stärken und erweitern. Positionierung der Deutsche Vereinigung für Soziale Arbeit im Gesundheitswesen e. V. (DVSG), Berlin, 21. April 2023.

242 S. hierzu Deutsche Gesellschaft für Care und Case Management (DGCC), Bestimmung und Qualifikation von Patientenlots:innen, Positionspapier der DGCC-Fachgruppe Patientenlots:innen (Verf.: Stegmeier, Elmar; Löcherbach, Peter), Münster, 2022, S. 2 ff. (https://www.dgcc.de/positionspapier-zur-bestimmung-und-qualifikation-von-patientenlotsinnen/, Zugriff: 12.06.2023).

243 Hierzu Deutsche Gesellschaft für Care und Case Management (DGCC), Bestimmung und Qualifikation von Patientenlots:innen, Positionspapier der DGCC-Fachgruppe Patientenlots:innen (Verf.: Stegmeier, Elmar; Löcherbach, Peter), Münster,

2.8.3.2 Rechtliche Gestaltung und Verankerung

Zusatzqualifikationen könnten grundsätzlich im Rahmen landesrechtlich gestalteter Weiterbildungsordnungen erworben werden. Damit ist aber eine bundesweite einheitliche Qualifikation nicht herzustellen. Deshalb sollte die Bezugnahme auf die Qualifikationsvoraussetzungen für den Einsatz entsprechenden qualifizierten Personals bundesgesetzlich verankert werden, so wie es etwa für die Qualifikation der Pflegeberater (§ 7a Abs. 3 Satz 2 und 3 SGB XI) oder für die Anerkennung als verantwortliche Pflegefachkraft (§ 71 Abs. 3 SGB XI) geschehen ist.

2.8.4 Qualitätssicherung

Die persönliche Leistungserbringung der Patientenlotsen ist in ein spezifisches Qualitätssicherungssystem einzubinden, das an dieser Stelle nicht skizziert werden kann. Ob Anlehnungen an vorhandene Qualitätssicherungssysteme für Patientenlotsen möglich sind, kann gegenwärtig nicht beurteilt werden. Es könnte auch auf Beispiele vorhandener Qualitätssicherungsansätze verwiesen werden. So sind im Rahmenvertrag SAPV Hinweise enthalten, wie mit der Thematik der Qualitätssicherung umgegangen werden kann. Danach ist ein internes Qualitätsmanagement einzuführen. Außerdem soll sich das SAVP-Team an Maßnahmen der externen Qualitätssicherung beteiligen (§ 14 Rahmenvertrag SAPV).

Nach den Vorstellungen der Deutschen Gesellschaft für Case und Care Management (DGCC)[244] ist neben einem internen Qualitätsmanagement auch ein externes Audit angebracht.

Nur am Rande ist darauf hinzuweisen, dass für die Gestaltung der Qualitätssicherung auch auf die Maßgaben der §§ 112, 113 SGB XI zurückgegriffen werden kann.

2022, S. 3. (https://www.dgcc.de/positionspapier-zur-bestimmung-und-qualifikation-von-patientenlotsinnen/, Zugriff: 12.06.2023).

244 S. dazu auch *Deutsche Gesellschaft für Care und Case Management (DGCC)*, Auditanforderungen und Auditckeckliste Case Management (Verf.: Ribbert-Elias, Podeswik, Drebes, Löcherbach, Mennemann), 13. September 2019 (https://www.dgcc.de/dgcc/zertifizierung-von-organisationen-dgcc-audit/, Zugriff: 13.06.2023).

3 Regelungsebenen / Regelungsorte / Regelungsinstrumente

3.1 SGB I als Regelungsort?

Erwägungen, Lotsenfunktionen im Sinne von Case und Care Management im SGB I niederzulegen, wäre nur dann Bedeutung beizumessen, wenn sich diese Lotsenfunktionen in allen Leistungsbereichen der verschiedenen Bücher des Sozialgesetzbuchs finden würden, wozu im Übrigen nicht nur die bezifferten Bücher des SGB gehören, sondern auch die Sozialleistungsgesetze, die in § 68 SGB I aufgeführt sind, so etwa das Wohngeldgesetz (WoGG) oder die Ausbildungsförderung (BAföG). Das ist aber nicht der Fall. Das heißt, dass zumindest eine Verortung von Lotsenfunktionen im Dritten Abschnitt des SGB I (Gemeinsame Vorschriften für alle Sozialleistungsbereiche dieses Gesetzbuchs) nicht tunlich ist. Zu erwägen wäre allenfalls, eine allgemeine Lotsenvorschrift im Zweiten Abschnitt des SGB I (Aufgaben des Sozialgesetzbuchs und soziale Rechte) und dort im Ersten Titel (Allgemeines über Sozialleistungen und Leistungsträger) einzufügen, so im Zusammenhang mit der Vorschrift zu Ausführung von Sozialleistungen (§ 17 SGB I). In § 17 Abs. 1 SGB I geht es vor allem um die Art und Weise des Bezugs von Sozialleistungen. So sind die Leistungsträger verpflichtet, darauf hinzuwirken, dass jeder Berechtigte die ihm zustehenden Sozialleistungen in zeitgemäßer Weise, umfassend und zügig erhält (§ 17 Abs. 1 Nr. 1 SGB I.[245] Diese Vorschrift weist insofern eine gewisse Nähe zu den Aufgaben von Patientenlotsen auf, als es auch bei Patientenlotsen um die Realisierung bestehender Leistungen geht. Es erstaunt daher nicht, dass vereinzelt eine Verortung von Case Management im Zusammenhang dieser Vorschrift gefordert wird.[246] Unabhängig davon, ob man eine solche Verortung für das Case Management für sinnvoll erachtet, so ist doch zu bedenken, dass für die Einführung speziell von Patientenlotsen dieser für allgemeine Materien einschlägige Regelungsort nicht geeignet wäre.

---

245 S. zu dieser Vorschrift *Mrozynski*, SGB I, 2019, § 17, Rn. 17 ff.

246 Zur Problematik *Klie*, Zu viel oder zu wenig Recht im und für das Case Management? In: Case Management 1/2023, S. 4 ff. (5, 8).

3.2 SGB V als zentraler Regelungsort

Mit der Einrichtung von Patientenlotsen befindet man sich im Gesundheitswesen und damit in dem Rechtsgebiet, das als Gesundheitsrecht bezeichnet wird.[247] Im Zentrum steht damit das SGB V, gefolgt vom SGB XI. Das schließt aber nicht aus, dass im Rahmen des Sozialgesetzbuchs auch noch andere Leistungsbereiche, so insbesondere das SGB VII, das SGB IX und das SGB XII betroffen sind.[248]

Im Vergleich zu anderen Rechtsgebieten, deren Normenhierarchie in der Hauptsache geprägt ist von der Dualität von Gesetz und Rechtsverordnung, finden sich im SGB V noch zahlreiche weitere Regelungsinstrumente. An vorderster Stelle sind hier die Richtlinien des Gemeinsamen Bundesausschusses zu nennen, deren normgleiche Verbindlichkeit mittlerweile unumstritten zu sein scheint.[249] Weitere Regelungsinstrumente sind die verschiedenen Verträge zwischen bestimmten Beteiligten auf Landes- und Bundesebene, sowie Empfehlungen oder Rahmenempfehlungen von Sozialleistungsträgerverbänden und Leistungserbringerverbänden oder auch nur der Sozialleistungsträgerverbände.

Aufgrund des Vorbehalts des Gesetzes, wonach der Gesetzgeber in grundlegenden normativen Bereichen alle wesentlichen Entscheidungen selbst treffen muss, d. h. durch Parlamentsgesetz regeln muss,[250] muss die Einrichtung von Patientenlotsen in einem Parlamentsgesetz geregelt sein. Hierfür kommt in erster Linie das SGB V in Frage.

Wiewohl keine Debatte darüber geführt werden muss, dass Patientenlotsen ihre Rechtsgrundlage in einem förmlichen Gesetz, hier dem SGB V, haben müssen, ist jedoch zu erörtern, welche Gegenstände in welcher Regelungstiefe gemäß dem Wesentlichkeitsgrundsatz[251] im Gesetz zu regeln sind. Nach Klärung dieser Frage geht es um die Auswahl der untergesetzlichen Regelungsinstrumente, wobei im Vordergrund die Rechtsverordnung und die Richtlinien des Gemeinsamen Bundesausschusses stehen. Erst

---

247 Hierzu *Igl*, in: Igl/Welti, Gesundheitsrecht, 2022, S. 1 ff.

248 Bei einer Erstreckung der Leistungen von Patientenlotsen über den Kreis der sozialversicherten Personen hinaus kommen entsprechend auch weitere Regelungsorte in Frage, s. oben Abschnitt 2.3.

249 BSGE 78, 70. Gleichwohl wird die Debatte um die demokratische Legitimation des Gemeinsamen Bundesausschuss weitergeführt, s. hierzu zusammenfassend *Axer*, Schutz aufgabenspezifischer Finanzierung, in: SDSRV 2023, Bd. 70, S. 81 ff. (108).

250 Vgl. nur *Jarras*, in: Jarras/Pieroth, Grundgesetz, 2022, Art. 20 GG, Rn. 71 ff.

251 Hierzu wiederum *Jarras*, in: Jarras/Pieroth, Grundgesetz, 2022, Art. 20 GG, Rn. 71 ff.

dann kann man sich der Frage zuwenden, ob und inwieweit die Instrumente der Empfehlungen und Verträge eingesetzt werden sollen.

3.3 Beispiele für die im SGB V üblichen Regelungsinstrumente

3.3.1 Vorbemerkungen

Bei einer Regelung der Patientenlotsen im SGB V empfiehlt es sich, die Verteilung der Regelungsgegenstände auf die verschiedenen Regelungsinstrumente und -ebenen so vorzunehmen, wie es bei strukturell vergleichbaren oder ähnlichen Regelungen der Fall ist. Im Folgenden wird dies anhand der häuslichen Krankenpflege, der spezialisierten ambulanten Palliativversorgung, der Soziotherapie und der berufsgruppenübergreifenden, koordinierten und strukturierten Versorgung insbesondere für schwer psychisch kranke Versicherte mit komplexem psychiatrischen oder psychotherapeutischen Behandlungsbedarf (KSVPsych-RL) erläutert. Weiter wird auf die Möglichkeit der Regelung in Satzungen der Krankenkassen eingegangen.

3.3.2 Häusliche Krankenpflege

Bei der *häuslichen Krankenpflege*[252] sind die leistungsauslösenden Tatbestände gesetzlich definiert. Die Einzelheiten der leistungsauslösenden Tatbestände werden in einer Richtlinie des Gemeinsamen Bundesausschusses konkretisiert. Auf der Seite der Leistungserbringung werden in Verträgen der Krankenkassen mit den Leistungserbringern die Preise und deren Abrechnung und die Verpflichtung der Leistungserbringer zur Fortbildung festgelegt. Dies geschieht in Versorgungs- und Vergütungsverträgen. Für die inhaltliche Gestaltung dieser Verträge existieren gemeinsame Rahmenempfehlungen des Spitzenverbandes Bund der Krankenkassen und der für die Wahrnehmung der Interessen von Pflegediensten maßgeblichen Spitzenorganisationen auf Bundesebene. Diese Rahmenempfehlungen enthalten Hinweise u. a. zur Eignung der Leistungserbringer, Maßnahmen zur Qualitätssicherung und Fortbildung, und zu den Grundsätzen der Vergütungen.

---

252 S. oben Abschnitt 2.4.3.10.

3.3.3 Spezialisierte ambulante Palliativversorgung

Den Vorschriften zur *spezialisierten ambulanten Palliativversorgung (SAPV)*[253] liegt ein ähnliches Regelungsmuster zugrunde. Die Leistung wird dem Grunde nach gesetzlich festgelegt. Die Einzelheiten der Leistung werden in einer Richtlinie des Gemeinsamen Bundesausschusses beschrieben. Diese Richtlinie enthält darüber hinaus auch Vorschriften, die die Leistungserbringung betreffen. Auf der leistungserbringungsrechtlichen Seite ist mit dem Versorgungsvertrag ebenfalls die Ebene der Krankenkassen und der Leistungserbringer angesprochen. Die Spitzenverbandsebene handelt bei der SAPV nicht mit dem Instrument von Rahmenempfehlungen, sondern mit dem verbindlicheren Instrument des Rahmenvertrages mit den Gegenständen der Leistungserbringung, Qualitätssicherung und Vergütung.

3.3.4 Soziotherapie

Bei der *Soziotherapie*[254] findet sich auf der Leistungsseite eine mit der SAPV vergleichbare Situation (gesetzliche Festlegung der Leistung, Konkretisierung der Leistungsinhalte durch eine Richtlinie des Gemeinsamen Bundesausschusses). Elemente der Leistungserbringung finden sich auch in der entsprechenden Richtlinie des Gemeinsamen Bundesausschusses. Alle anderen Elemente der Leistungserbringung werden in Verträgen mit den Krankenkassen oder ihren Landesverbänden und den Leistungserbringern geregelt. Die Möglichkeit, in gemeinsamen Empfehlungen der Spitzenverbände die Inhalte dieser Verträge zu bestimmen, existiert nicht mehr. Damit bleibt nur die Richtlinie des Gemeinsamen Bundesausschusses für die inhaltliche Vorprägung zur Gestaltung der Leistungserbringungsverträge, wobei durchaus die Möglichkeit besteht, die Inhalte der gemeinsamen Empfehlungen als Anhaltspunkte für die Leistungserbringungsverträge heranzuziehen.

---

253 S. oben Abschnitt 2.4.3.12.

254 S. oben Abschnitt 2.4.3.11.

3.3.5 KSVPsych-RL

Eine im Vergleich zum sonstigen Leistungs- und Leistungserbringungsrecht ziemlich einmalige Verlagerung der Regelungszuständigkeiten hin zum Gemeinsamen Bundesausschuss findet bei der *berufsgruppenübergreifenden, koordinierten und strukturierten Versorgung insbesondere für schwer psychisch kranke Versicherte mit komplexem psychiatrischen oder psychotherapeutischen Behandlungsbedarf*[255] statt. Die entsprechende Richtlinie (KSVPsych-RL) regelt in ihrer Funktion als Richtlinie über die ärztliche Behandlung (§ 92 Abs. 1 Satz 2 Nr. 1 SGB V) nicht nur den Leistungsinhalt, sondern enthält auch sehr detaillierte Bestimmungen zur Leistungserbringung. Diese durchaus nicht unproblematische Verlagerung von Regelungszuständigkeiten auf den Gemeinsamen Bundesausschuss geht sogar bis zu einer gesetzlichen Ermächtigung, Regelungen zur Erleichterung des Übergangs von der stationären zur ambulanten Versorgung zu treffen.

Diese weitreichende Richtlinienkompetenz und die entsprechend weitreichende Ausübung der Richtlinienkompetenz durch den Gemeinsamen Bundesausschuss könnte Anlass für Überlegungen sein, dem Gemeinsamen Bundesausschuss auch eine Richtlinienkompetenz für die Leistungsgestaltung von Patientenlotsen, etwa auf Grundlage eines neu einzuführenden Absatzes 6b des § 92 SGB V, zuzuweisen. Das würde allerdings bedeuten, dass eine solche Richtlinienkompetenz noch weitreichendere Regelungsinhalte haben müsste als die KSVPsych-RL. Der Bereich der ärztlichen Behandlung würde in einer solchen Richtlinie eher nur als Ausgangspunkt für den Einsatz von Patientenlotsen erfasst werden. Dem Bereich der ärztlichen Behandlung könnte auch noch die Bestimmung der leistungsauslösenden Kriterien bei den betreffenden mit Patientenlotsen zu versorgenden Patienten zugerechnet werden. Der engere Bereich der ärztlichen Behandlung würde dann verlassen werden, wenn Patientenlotsen auch das soziale Umfeld und die Betreuung durch An- und Zugehörige in den Blick nehmen. Insgesamt ist zu berücksichtigen, dass die Leistung von Patientenlotsen keine Behandlungsleistung darstellt.

---

255 S. oben Abschnitt 2.4.3.8.

3.3.6 Satzungen der Krankenkassen

Die Krankenkassen müssen Satzungen erlassen, die u. a. „Art und Umfang der Leistungen, soweit sie nicht durch Gesetz bestimmt sind," enthalten (§ 194 Abs. 1 Nr. 3 SGB V). Satzungsleistungen dürfen nur vorgesehen werden, wenn und soweit das SGB V hierzu ermächtigt. Das den Krankenkassen eingeräumte Selbstverwaltungsrecht (§ 4 Abs. 4 SGB V) besteht nur „im Rahmen des Gesetzes des sonstigen für sie maßgebenden Rechts" (§ 29 Abs. 3 SGB VI). Nach der Rechtsprechung des Bundessozialgerichts kann die Krankenkasse durch Satzung Leistungen nur im Rahmen des gesetzlichen Grundmodells im Sinne einer Weiterentwicklung der Regelversorgung ausgestalten. Der Gesetzgeber will den Krankenkassen „nicht quasi einen Freibrief ausstellen, um ein gesetzesunabhängiges Leistungsrecht kraft Satzung zu schaffen."[256]

Als Beispiel für eine Satzungslösung soll die Satzung[257] der AOK Baden-Württemberg herangezogen werden. In dieser Satzung werden in § 7 Abs. 2 Regelungen getroffen, in denen eine Lotsenfunktion angesprochen wird:

> *Zur Sicherstellung einer bedarfsgerechten Versorgung haben AOK-Versicherte im Rahmen der der AOK Baden-Württemberg als Krankenkasse zugewiesenen Aufgaben gemäß §§ 14 Abs. 1, 15 SGB I, § 1 Satz 4 SGB V (allgemeine Beratungsleistungen), § 11 Abs. 4 SGB V (Versorgungsmanagement), § 39 Abs. 1a SGB V (Entlassmanagement), § 44 Abs. 4 SGB V (individuelle Beratung und Hilfestellung bezüglich Leistungen und Angeboten zur Wiederherstellung der Arbeitsfähigkeit) Anspruch auf Beratung und Hilfestellung durch den Sozialen Dienst. Die Tätigkeit des Sozialen Dienstes ist nicht darauf angelegt, therapeutische Beratungs- oder Hilfeleistungen zu erbringen, sondern setzt zeitlich begrenzt dort an, wo es notwendig ist, auf vorhandene (regionale) Hilfsstrukturen hinzuweisen und diese zu erschließen. Dies erfolgt durch staatlich anerkannte Sozialpädagoginnen und Sozialpädagogen. Der Soziale Dienst nimmt insoweit eine „Lotsenfunktion" wahr. Dabei sollen vorhandene Ressourcen effektiv und effizient genutzt, Fehlentwicklungen (Unter-, Über- oder Fehlversorgung) soll gegengesteuert werden.*

---

256 BSG, Urt. vom 31.05.2016, - Az.: B 1 A 2/15/ R -, BSGE 121, 179, Rn. 16 ff. (19).

257 AOK Baden-Württemberg, Satzung vom 07.04.2022 (https://www.aok.de/pk/struktur-verwaltung/satzung-pflegekasse-krankenkasse/, Zugriff: 15.05.2023).

In § 7 Abs. 2 Satz 1 werden die Vorschriften genannt, auf die sich die Ermächtigung der Beratung und Hilfestellung durch den Sozialen Dienst der AOK Baden-Württemberg stützt. Es sind dies zunächst die allgemeinen Vorschriften im SGB I, die die Krankenkassen zu Beratung (§ 14 SGB I) und Auskunft (§ 15 SGB I) ermächtigen und verpflichten und die Aufklärung und Beratung nach § 1 Satz 4 SGB V.

Bei den besonderen Vorschriften werden das Versorgungsmanagement genannt (§ 11 Abs. 4 SGB V) und das Entlassmanagement (§ 39 Abs. 1a SGB V) genannt. Als weitere besondere Vorschrift wird auf den Gesetzestext von § 44 Abs. 4 SGB V verwiesen.

In § 7 Abs. 2 Satz 2 der Satzung der AOK Baden-Württemberg wird die Tätigkeit des Sozialen Dienstes einerseits abgegrenzt von therapeutischen Beratungs- und Hilfeleistungen, andererseits dergestalt präzisiert, dass die Beratung und Hilfestellung dort „zeitlich begrenzt" ansetzt, „wo es notwendig ist, auf vorhandene (regionale) Hilfsstrukturen hinzuweisen und diese zu erschließen". Letzteres bezeichnet den Gegenstand der Beratung und Hilfestellung.

§ 7 Abs. 2 Satz 3 der Satzung der AOK Baden-Württemberg enthält einen Hinweis auf die Personen, die die Beratung und Hilfestellung durchführen. Es handelt sich um staatlich anerkannte Sozialpädagoginnen und Sozialpädagogen. Dieser Hinweis versteht sich eher als organisationsrechtliche Vorschrift zum Personalbesatz des Sozialen Dienstes. In diesem Zusammenhang ist darauf hinzuweisen, dass die Satzung an keiner Stelle von der Errichtung eines Sozialen Dienstes im Rahmen der Krankenkasse spricht. Daher ist davon auszugehen, dass es sich in der Organisation der Krankenkasse um eine besondere Organisationseinheit handelt.

§ 7 Abs. 2 Satz 4 der Satzung spricht dem Sozialen Dienst „insoweit eine Lotsenfunktion" zu. Diese Benennung ist unschädlich und soll nur unter Verwendung eines modernen Begriffes die Beratung und Hilfestellung beim Hinweis auf Hilfestrukturen und deren Erschließung bezeichnen.

§ 7 Abs. 2 Satz 5 der Satzung spricht weitere Zielsetzungen in der Wahrnehmung der Lotsenfunktion an, die effektive und effiziente Nutzung vorhandener Ressourcen und die Gegensteuerung gegenüber Fehlentwicklung (Unter-, Über- oder Fehlversorgung). Während in § 7 Abs. 2 Satz 1 bis 4 und Satz 5 1. Halbsatz der Satzung Aufgaben des Case Managements gemeint sind, enthält § 7 Abs. 2 Satz 5 2. Halbsatz der Satzung auch eine Aufgabe des Care Managements.

Die Vorschrift des § 7 Abs. 2 der Satzung der AOK Baden-Württemberg ist unter drei Gesichtspunkten von Interesse. Mit dieser Vorschrift werden keine neuen Satzungsleistungen beschrieben, sondern vorhandene Leistungsverpflichtungen der Krankenkassen textlich zusammengefasst und von einer Organisationseinheit „Sozialer Dienst“ durchgeführt. Eine solche Organisationseinheit kann die Krankenkasse kraft ihres Organisationsrechts einrichten. Dabei stellt die Benennung einer mit den Beratungs- und Hilfestellungsaufgaben betrauten Organisationseinheit als „Sozialer Dienst“ für die Versicherten ein Novum dar, da eine solche Bezeichnung im Rahmen des SGB V nicht gegeben ist. Damit wird für die Versicherten der AOK Baden-Württemberg deutlich, welche Aufgaben die AOK in welcher Form wahrnimmt. Auch der Hinweis auf die „Lotsenfunktion“ des Sozialen Dienstes dient dieser Wahrnehmung.

Mit der Satzung der AOK Baden-Württemberg werden keine Patientenlotsen eingerichtet. Vielmehr werden im Rahmen des gegebenen Rechts verschiedene Leistungen zusammengestellt, die Elemente von Lotsenfunktionen haben. Es wird damit keine neue Leistung geschaffen.

3.3.7 Zusammenfassung

Zusammenfassend kann gesagt werden, dass das übliche, aber nicht durchgehend realisierte Regelungsgrundmuster im SGB V wie folgt aussieht:

- Gesetzliche Bestimmung des Leistungsanspruchs, des Leistungsinhalts und der Leistungserbringer
- Inhaltliche Konkretisierung des Leistungsinhalts und teilweise auch der Leistungserbringung durch Richtlinien des Gemeinsamen Bundesausschusses
- Regelung der Rechtsbeziehungen zwischen Krankenkassen und Leistungserbringern durch Verträge (Versorgungs- und Vergütungsverträge)
- Bestimmung des Inhalts dieser Verträge durch Rahmenempfehlungen oder Rahmenverträge auf Spitzenverbandsebene (Bundesebene).

3.4 Tauglichkeit des Regelungsgrundmusters des SGB V für Patientenlotsen - mögliche Alternativen

3.4.1 Allgemeines

Das im SGB V – und teilweise auch im SGB XI – vorfindliche Regelungsgrundmuster[258] beruht historisch auf der Entwicklung der gemeinsamen Selbstverwaltung der Krankenversicherung.[259] Bisher ist diese gemeinsame Selbstverwaltung nicht ernsthaft in Frage gestellt worden. Aus diesem Grund ist zu erörtern, ob von diesem Regelungsgrundmuster bei der Installierung von Patientenlotsen im SGB V abgewichen werden soll. Vorauszuschicken ist, dass es kein einfachgesetzliches oder verfassungsrechtliches Gebot gibt, dieses Regelungsgrundmuster für alle Leistungen im Rahmen des SGB V beizubehalten. Selbst eine Berufung auf rechtssystematische Stimmigkeit oder auf eine Regelungstradition hätte keinen gebietenden Rechtscharakter. Sollten sich hinsichtlich der rechtlichen Gestaltung von Patientenlotsen besondere Regelungserfordernisse ergeben, könnte demnach auch von diesem Grundmuster abgewichen werden.

Das dem Leistungs- und Leistungserbringungsrecht des SGB V zugrundeliegende Regelungsgrundmuster ist daher auf seine Tauglichkeit für eine Installierung von Patientenlotsen zu überprüfen, wobei hier davon ausgegangen wird, dass die Regelung der Leistung selbst im SGB V stattzufinden hat.

3.4.2 Verankerung des Leistungsanspruchs

Hinsichtlich der Verankerung des Leistungsanspruchs ist eine gesetzliche Regelung im SGB V erforderlich. Innerhalb des SGB V wäre hier das Dritte Kapitel – Fünfter Abschnitt geeignet.

Der Einbezug der bei einem privaten Krankenversicherungsunternehmen (PKV) versicherten Personen ist ebenfalls im SGB V zu regeln. Gleiches gilt für die entsprechenden Vorschriften zur Beteiligung der PKV an der Finanzierung der Leistungen. Schon bisher finden sich Regelungen zum Einbezug privatversicherter Personen in Leistungen nach dem SGB V und nach dem SGB XI in diesen Gesetzen. Weiter kommt hier das Versicherungsvertragsgesetz (VVG) in Betracht.

258 Im Folgenden wird nur auf das SGB V Bezug genommen.

259 S. dazu *Becker/Kingreen*, in: Becker/Kingreen, SGB V, 2022, § 69, Rn. 8 ff.

Eine Verankerung des Leistungsanspruchs im Rahmen des Satzungsrechts der Krankenkassen ist nicht möglich. Das Satzungsrecht dient nicht dazu, neue Leistungen seitens der Krankenkassen einzuführen.[260] Sollte eine Einführung von Patientenlotsen im Wege des Satzungsrechts erwogen werden, bedürfte dies einer gesetzlichen Änderung in § 194 Abs. 1 SGB V. Unabhängig davon erscheint eine Regelung von Patientenlotsen per Satzung von Krankenkassen nicht der geeignete Weg zu sein, eine durchaus komplexe Leistungsart neu einzuführen.

3.4.3 Konkretisierung des Leistungsinhalts

Fraglich ist jedoch, ob die Konkretisierung des Leistungsinhalts durch eine Richtlinie des Gemeinsamen Bundesausschusses stattfinden muss oder ob eine Rechtsverordnung mit Ermächtigungsgrundlage im SGB V eine taugliche Alternative darstellen könnte.[261] Aus rechtlichen Gründen wäre es ohne weiteres möglich, Gegenstände, die dem Gemeinsamen Bundesausschuss zur Regelung durch Richtlinien zugewiesen sind, auch durch Rechtsverordnung zu regeln, wobei die Ermächtigungsgrundlage den Anforderungen des Art. 80 Abs. 1 Satz 2 GG entsprechen muss, d. h., dass Inhalt, Zweck und Ausmaß der erteilten Ermächtigung im Gesetz bestimmt werden müssen. Im SGB V wird an vielen Stellen von der Regelung durch Rechtsverordnung Gebrauch gemacht. Allerdings gilt dies nicht auf dem Gebiet des Leistungs- und des Leistungserbringungsrechts.

Es bedürfte allerdings gewichtiger Gründe, hinsichtlich der Konkretisierung des Leistungsrechts durch eine Richtlinie des Gemeinsamen Bundesausschusses[262] von diesem Regelungsgrundmuster abzuweichen. Solche Gründe könnten darin gesehen werden, dass der Gemeinsame Bundesausschuss ein Gremium im Bereich der Versorgung nach dem SGB V ist, und dass Patientenlotsen perspektivisch auch auf dem Gebiet anderer Sozialleistungen tätig werden sollen. Dennoch bleibt die medizinische Indikation Ausgangspunkt für die Tätigkeit von Patientenlotsen. Auch ist nicht zu verkennen, dass jüngere Richtlinien des Gemeinsamen Bundesausschusses,

---

260 S. dazu oben Abschnitt 3.3.6.

261 So *von Schell*, Care und Case Management – eine Lücke im Gesundheits- und Sozialwesen, in: Case Management 4/2021, S. 170 ff. (174).

262 Zur Steuerung durch Richtlinien *Hollo*, in: Becker/Kingreen, SGB V, 2022, § 92, Rn. 4.

so insbesondere die KSVPsych-RL,[263] schon in andere als medizinische Bereiche ausgreifen. Deshalb gibt es für die Konkretisierung von Leistungsinhalten für Patientenlotsen nach gegenwärtigem Kenntnisstand keinen gewichtigen Grund, diese Konkretisierungsaufgabe anderen Normsetzern als dem Gemeinsamen Bundesausschuss in seiner Funktion als Richtliniengeber zuzuweisen. Dies darf einer späteren Erweiterung des Betätigungsfeldes von Patientenlotsen nicht entgegenstehen.

Hinzu kommt, dass in den Gremien des Gemeinsamen Bundesausschusses der erforderliche Sachverstand in besonderer Breite und Tiefe vorhanden ist. Dem wird auch durch den Einbezug von Sachverständigen Rechnung getragen.[264]

3.4.4 Rechtsbeziehungen zwischen Krankenkassen und Leistungserbringern

Im Punkt der Regelung der Rechtsbeziehungen zwischen Krankenkassen und Leistungserbringern durch Verträge (Versorgungs- und Vergütungsverträge) ist festzuhalten, dass die Leistung von Patientenlotsen als Sachleistung der Krankenkassen erbracht wird (vgl. § 2 Abs. 1 Satz 1 SGB V). Das hat zur Folge, dass sich die Krankenkassen und die Leistungserbringer in einem öffentlich-rechtlichen Vertragsregime befinden. Die allgemeine Bestimmung des Inhalts dieser Verträge wird dann durch Rahmenempfehlungen oder Rahmenverträge auf Spitzenverbandsebene (Spitzenverband Bund der Krankenkassen –Spitzenorganisationen der Träger / Leistungserbringer auf Bundesebene) vorgenommen. Regelungsort hierfür wäre jeweils das SGB V. Dies setzt allerdings voraus, dass seitens der Träger von Patientenlotsen entsprechende Organisationen auf Bundesebene gebildet worden sind. Sind solche Organisationen nicht vorhanden, könnte man die allgemeine Bestimmung des Inhalts dieser Verträge dem Spitzenverband Bund der Krankenkassen überlassen. Eine solche Lösung ist nicht unüblich, wie das Beispiel der Versorgung mit sozialmedizinischen Nachsorgemaßnahmen zeigt (vgl. § 132c Abs. 2 SGB V).

263 S. oben Abschnitt 2.4.3.8.

264 §§ 8 f. der Verfahrensordnung des Gemeinsamen Bundesausschusses in der Fassung vom 18. Dezember 2008, veröffentlicht im Bundesanzeiger Nr. 84a (Beilage) vom 10. Juni 2009, in Kraft getreten am 1. April 2009, zuletzt geändert durch den Beschluss vom 15. Dezember 2022, veröffentlicht im Bundesanzeiger BAnz AT 06.04.2023 B2, in Kraft getreten am 7. April 2023.

Im SGB V könnte auch geregelt werden, dass kommunale Gebietskörperschaften mit ihren Leistungsanteilen insbesondere sozialer Art beteiligt werden können. Allerdings darf wegen des Verbots der Aufgabenübertragung seitens des Bundes an die Kommunen keine Verpflichtung hierzu geschaffen werden (vgl. Art. 84 Abs. 1 Satz 7 GG). Dabei ist auch zu beachten, dass trotz der Gesetzgebungskompetenz des Bundes bei der öffentlichen Fürsorge (Art. 74 Abs. 1 Nr. 7 GG) der Bund hier keine Möglichkeit hat, die Kommunen in ein Verpflichtungsregime einzuordnen, wenn die Kommunen auf dem Gebiet der öffentlichen Fürsorge tätig werden sollen.

3.5 Weitere Regelungsorte

3.5.1 Leistungsberechtigte

Werden als Berechtigte von Leistungen der Patientenlotsen neben den gesetzlich oder privat kranken- und pflegeversicherten Personen auch noch weitere Personenkreise einbezogen, so gilt Folgendes:

Der Einbezug von beihilfeberechtigten Personen des öffentlichen Dienstes des Bundes ist in der Bundesbeihilfeverordnung (BBhV) zu regeln. Für die beihilfeberechtigten öffentlich Bediensteten der Länder sind die entsprechenden Regelungen auf Landesebene heranzuziehen.

Für Leistungsberechtigte nach den Heilfürsorgegesetzen des Bundes und der Länder sind ebenfalls die entsprechenden Bundes- und Landesgesetze oder -verordnungen als Regelungsorte einschlägig.

3.5.2 Sonstige Regelungsbereiche

Soweit nicht Materien der Sozialversicherung betroffen sind, ist das Landesrecht der einschlägige Regelungsort. Das gilt etwa bei einer Anbindung an den Öffentlichen Gesundheitsdienst oder bei der Schaffung kommunaler oder regionaler Strukturen. Dabei ist zu beachten, dass der Bund den Gemeinden und Gemeindeverbänden keine neuen Aufgaben übertragen kann (Art. 84 Abs. 1 Satz 7 GG). Wenn die Länder den kommunalen Gebietskörperschaften neue Aufgaben übertragen, ist das jeweilige landesverfassungsrechtliche Konnexitätsprinzip zu beachten.

4 Zusammenfassung

4.1 Erläuterungen zum Zweck des Gutachtens und zum gutachterlichen Vorgehen

Das vorliegende Rechtsgutachten hat die regulatorischen Möglichkeiten einer Installierung von Patientenlotsen im Sozialleistungssystem und die Einschätzungen zur gesetzgeberischen Umsetzung zum Gegenstand. Damit unterscheidet sich dieses Rechtsgutachten von traditionellen Rechtsgutachten, denen eine strittige Rechtsfrage zugrunde liegt, die gutachterlich, d. h. mit dem üblichen rechtswissenschaftlichen Instrumentarium auf der Basis des geltenden Rechts zu klären ist. Das hier vorliegende Rechtsgutachten soll hingegen Wege und Möglichkeiten für künftige rechtliche Regulierungen aufzeigen. Dazu sollen aus den gegebenen Rechtsvorschriften Hinweise gewonnen werden. Es ist ausdrücklich nicht Aufgabe des Gutachtens, einen Regelungsentwurf etwa im Sinne eines Gesetzentwurfs zu Patientenlotsen zu erstellen. Vielmehr sollen anhand der gegebenen rechtlichen Regulierungsmuster und -strukturen Abwägungen und Einschätzungen mit Blick auf eine mögliche Eignung für die Regulierung von Patientenlotsen gegeben werden.

Das Gutachten beschränkt sich auf die Funktionen, die Patientenlotsen hauptsächlich im System der Gesetzlichen Krankenversicherung (SGB V) wahrnehmen können, also auf die Orientierung und Begleitung anlässlich einer komplexen Gesundheitssituation. Die weiteren möglichen Tätigkeiten von Patientenlotsen in Richtung auf soziale Teilhabe werden nicht behandelt.

Steuerrechtliche und gesellschaftsrechtliche Fragestellungen sowie das Haftungsrecht sind nicht Gegenstand dieses Gutachtens.

4.2 Begriffsbestimmungen

Der hier verwendete Begriff der Patientenlotsen wird in Abstimmung mit dem Auftraggeber folgendermaßen definiert:

Patientenlotsen sind Care und Case Manager für Menschen in einer komplexen Lebens- und Versorgungslage, ausgelöst durch eine oder mehrere Krankheiten und/oder Beeinträchtigungen. Sie reduzieren oder beheben in direkter Interaktion mit den Patienten unter Einbeziehung der Angehörigen und Zugehörigen die Komplexität durch einen individuellen, koordinierenden Ansatz auf Grundlage der erhobenen Bedarfe unter Einbezug der Bedürfnisse der Patienten sowie deren Angehörigen und Zugehörigen. Zu diesem Zweck bewirken sie bedarfsentsprechend eine angesichts eines fragmentierten und komplexen Sozialleistungssystems nötige Unterstützung, Begleitung sowie das Hinführen zu notwendiger Behandlung, Therapie und Pflege und fördern damit die Teilhabe der Patienten und ihrer Angehörigen und Zugehörigen.

Mit dieser Definition werden die leistungsauslösende Situation, die Tätigkeit und die Zielsetzung der Tätigkeit von Patientenlotsen festgelegt.

4.3 Betroffene Rechtsbereiche und Regelungsebenen

Für die Etablierung von Patientenlotsen und einer Governance-Struktur sind folgende Rechtsbereiche von Relevanz:

- Im Sozialrecht: SGB V (zentral), SGB IX, SGB XI und SGB XII (jeweils mit Schwerpunkten auf dem Leistungs- und Leistungserbringungsrecht), SGB I.
- Im Grundgesetz: staatsorganisatorische Kompetenz- und Aufgabenverteilung; Finanzverfassungsrecht.
- Landesrechtlich: Landespflegegesetze; Recht des Öffentlichen Gesundheitsdienstes; Kommunalrecht, Landesverfassungsrecht.

Gemäß dem Gutachtensauftrag geht es vor allem um die sozialleistungs- und leistungserbringungsrechtliche Dimension bei der Etablierung von Patientenlotsen. Auf die sonstigen rechtlichen Dimensionen kann nur hingewiesen werden.

4.4 Regelungsgegenstände

4.4.1 Bedarfsgruppen / bedarfsauslösende Situationen

Bei der Bestimmung der Bedarfsgruppe(n) sollte auf das Vorliegen einer komplexen Gesundheitssituation abgestellt werden. Es bietet sich auch an, die Komplexität anhand des Vorliegens typisierter Krankheitserscheinungen wie Multimorbidität oder chronische Krankheit zu beschreiben.

Für die Bestimmung der bedarfsauslösenden Situationen ist vorrangig der Bedarf an Orientierung und Begleitung bei den Gesundheitsdienstleistungen ausschlaggebend. Indiziert die komplexe Gesundheitssituation weitere Probleme in sonstigen Lebensbereichen, so wäre zu erwägen, ob Patientenlotsen auch hier orientierend und begleitend tätig werden sollen, vor allem auch deswegen, weil in einer konkreten Lebenssituation die Trennung von Gesundheitsproblemen von anderen Problemen nicht immer möglich ist, und weil die Gesamtkomplexität der durch ein Gesundheitsproblem verursachten Lebenssituation in den Blick zu nehmen ist.

So sehr eine Unterstützung durch Patientenlotsen in den letztgenannten Situationen aus Betroffenensicht wünschbar sein mag, so ist doch zu berücksichtigen, dass der Patientenlotse damit sozialarbeiterischen Tätigkeiten nahekommen könnte. Aus diesem Grund sollte zumindest in einem ersten Schritt die Tätigkeit des Patientenlotsen im Kern auf die Orientierung und Begleitung bei den Gesundheitsdienstleistungen konzentriert werden. Damit wäre auch die bedarfsauslösende Situation hinreichend klar bestimmt.

4.4.2 Leistungsinhalte / Leistungsanspruch

Das im Bereich der Sozialversicherung geltende Wirtschaftlichkeitsgebot kann nicht gegen die Einführung eines Anspruchs auf Leistungen von Patientenlotsen ins Feld geführt werden.

Für die Einführung patientenorientierter Grundsätze für Leistungen der Patientenlotsen kann auf einige schon jetzt geltende Rechtsvorschriften zurückgegriffen werden, so in der gesetzlichen Krankenversicherung auf den Grundsatz der humanen Krankenbehandlung (§ 70 Abs. 2 SGB V) und in der sozialen Pflegeversicherung auf den Grundsatz der Selbstbestimmung (§ 2 SGB XI). Ein umfangreicher Kriterienkatalog für Grundsätze der Leistungsgestaltung von Patientenlotsen kann den Maßstäben für das Gesamtplanverfahren (§ 117 Abs. 1 SGB IX) entnommen werden.

Die Inhalte der Leistungen von Patientenlotsen sollen Orientierung und Begleitung im Rahmen der Erbringung von Gesundheitsleistungen sein. Dies schließt nicht aus, dass in einem weiteren Schritt damit zusammenhängende besondere Situationen von Angehörigen und Zugehörigen mit in den Blick genommen wird, was auch eine entsprechende Bedarfserhebung und leistungsinhaltliche Reaktion auf diese Bedarfe einschließt.

Als Muster für die Leistungsinhalte können der Beratungs- und Unterstützungsanspruch für Leistungen der Eingliederungshilfe (§ 106 SGB IX), die Vorschriften zum Verfahrenslotsen (§ 10b SGB VIII) und zum Fallmanagement (§ 30 SGB XIV) dienen. Auch wenn viel dafür spricht, das Leistungsspektrum in Richtung auf eine Bewältigung einer komplexen Gesundheits- und Lebenssituation zu öffnen, mag doch zunächst eine Konzentration in Richtung auf die Orientierung und Begleitung von Patienten in komplexen Gesundheitssituationen einfacher zu gestalten sein.

Die Leistungen von Patientenlotsen sind als Rechtsanspruch gegenüber einem Sozialleistungsträger auszugestalten. Nicht in Frage kommt eine Regelung wie zum Versorgungsmanagement in § 11 Abs. 4 SGB V oder eine Aufgabennorm, wie sie in § 7c SGB XI für die Pflegestützpunkte zu finden ist. Regelungsvorbild könnte jedoch hinsichtlich der Anspruchsgetragenheit § 7a SGB XI (Pflegeberatung) sein.

Der jeweilige Leistungsinhalt ist anhand von Lotsengraden zu bestimmen, wonach die Art sowie Breite und Tiefe der jeweiligen Lotsenleistung zu bemessen ist.

Die Initiierung der Lotsentätigkeit bedarf ebenfalls der Regelung. Hier kommt als erstes der behandelnde Arzt in Frage, der auf Grundlage der medizinischen Indikation festzustellen hat, ob ein Patient für die Leistungen eines Patientenlotsen in Frage kommen könnte, ohne dass der Arzt selbst den Bedarf festschreibt und schon eine Zuordnung zu bestimmten Lotsengraden vornimmt. Dies soll dem Patientenlotsen vorbehalten sein. Der Patientenlotse wird dann auch über Art und Umfang des Bedarfs an Lotsentätigkeit entscheiden zu haben.

4.4.3 Adressaten

Die Bestimmung des Adressatenkreises anhand der im SGB V und im SGB XI versicherten Personen stellt sich als unproblematisch dar. Ähnliches gilt auch für den Adressatenkreis der Bezieher von Gesundheitsleistungen nach dem Beihilferecht des Bundes und der Länder und der Bezieher von bundes- und landesrechtlich geregelter Heilfürsorge. Allerdings ist bei den letztgenannten Adressaten, soweit sie Bezieher von Beihilfe oder Heilfürsorge nach landesrechtlichen Vorschriften sind, zu bedenken, dass der Bundesgesetzgeber hier keine Einwirkungsmöglichkeit auf die Landesgesetzgebung hat.

Der Einbezug von Personen, die bei privaten Krankenversicherungsunternehmen versichert sind, ist rechtlich unproblematisch.

Jenseits der Frage nach der Festlegung des Adressatenkreises anhand der Zugehörigkeit zu einem bestimmten Schutzsystem stellt sich die Adressatenfrage hinsichtlich der Sozialleistungsbereiche, die schon jetzt Leistungen an Orientierung und Begleitung ähnlich oder vergleichbar mit Leistungen von Patientenlotsen vorsehen. Hier ist die Frage, ob Berechtigte solcher Leistungen ebenfalls (zusätzlich) Leistungen von Patientenlotsen in Anspruch nehmen können.

So begegnen Bezieher von Gesundheitsleistungen der gesetzlichen Unfallversicherung (SGB VII) anders als die Leistungsbezieher nach dem SGB V grundsätzlich breiter angelegten Leistungsprinzipien. Auch die Leistungsgestaltung ist für die Versicherungsträger freier angelegt. Das bedeutet auch, dass Leistungsbezieher nach dem SGB VII je nach Praxis des Unfallversicherungsträgers in den Genuss von Leistungen kommen können, wie sie Patientenlotsen erbringen. Eine Ersetzung oder Ergänzung des schon vorhandenen Case Managements seitens der gesetzlichen Unfallversicherung (GUV) verbietet sich. Die Tätigkeit von Patientenlotsen sollte sich auf die Heranführung an das Leistungssystem der GUV beschränken.

Ähnliches gilt für Leistungsberechtigte nach dem sozialen Entschädigungsrecht (SGB XIV), soweit die Leistungsberechtigten nicht schon direkt in das Leistungssystem der GKV eingegliedert sind oder entsprechende Leistungen beziehen. Allerdings ist hier zu berücksichtigen, dass das Fallmanagement nach dem SGB XIV nicht für alle Leistungsberechtigten nach dem SGB XIV zur Verfügung stehen muss.

Bei der Festlegung des Adressatenkreises der Berechtigten von Leistungen der medizinischen Rehabilitation nach dem SGB IX und Leistungen der Eingliederungshilfe für seelisch behinderte Kinder und Jugendliche nach dem SGB VIII ist der Adressatenkreis zum Teil deckungsgleich mit dem Adressatenkreis der in der GKV und GUV versicherten Personen, zum Teil erstreckt er sich, so insbesondere bei der medizinischen Rehabilitation durch die Rentenversicherung und die Altershilfe für Landwirte, auf einen weiteren Personenkreis. Bei allen Berechtigten auf Leistungen der medizinischen Rehabilitation stellt sich vor allem das Problem der Kenntnis dieser Möglichkeiten, nicht jedoch so sehr das Problem der Steuerung der Rehabilitationsleistungen. Die Begutachtung und vor allem die Teilhabeplanung stellen sich als geeignete Instrumente dar, diese Steuerungsprobleme zu bewältigen. Aus diesem Grund ist auch hier eine Tätigkeit des Patientenlotsen nur im Sinne einer Hinführung zum System erforderlich.

Denkbar wäre auch eine Bestimmung des Adressatenkreises nur unter Einschluss von Versicherten nach dem SGB V und dem SGB XI. Dies hätte den Vorteil, dass Personen, die als Patientenlotsen tätig sind, sich nur für die Leistungserbringung in diesen Leistungssystemen entsprechend qualifizieren müssten. Eine solche Lösung könnte man sich zumindest als Einstiegslösung vorstellen.

4.4.4 Organisation der Leistungserbringung

Patientenlotsen sollen in ihrer Tätigkeit unabhängig sein. Der Zweck der Unabhängigkeit besteht darin, dem Patientenlotsen die Möglichkeit zu geben, den Patienten Orientierung und Zugang zu den Leistungen zu verschaffen, ohne dass Interessen Dritter hierbei Einfluss nehmen oder eine Rolle spielen können. Der Patientenlotsen soll deshalb als eigenständiger Leistungserbringer konfiguriert werden, und nicht etwa im Rahmen einer ärztlichen Delegation tätig werden.

Für die Organisation der Leistungserbringung durch Patientenlotsen stehen unterschiedliche Modelle und Strukturen zur Verfügung. Für die Beschreibung der Organisation der Leistungserbringung werden Modelle und Strukturen aus dem SGB V, dem SGB XI, dem SGB XII und dem SGB IX herangezogen. Weiter werden Fragen der Zusammenarbeit der Leistungsträger bei der Leistungserbringung behandelt. Es ist nicht Gegenstand des Gutachtens, Vorschläge zu präferieren. Vielmehr geht es darum, bei den verschiedenen Modellen und Strukturen auf die grundsätzliche Eignung für eine mögliche Regulierung der Organisation der Leistungserbringung von Patientenlotsen einzugehen.

So enthält das SGB V an mehreren Stellen Regelungen, die für die Organisation von Patientenlotsen von Interesse sind. An erster Stelle steht hier das Entlassmanagement bei Krankenhäusern (§ 39 Abs. 1a SGB V) und bei stationären Rehabilitationseinrichtungen (§ 40 Abs. 2 Satz 6, § 41 Abs. 1 Satz 4 in Verbindung mit § 39 Abs. 1a SGB V). Es handelt sich hier um passgenau auf diese speziellen Übergangssituationen zugeschnittene Lösungen. Patientenlotsen könnten auch im Zusammenhang mit der vertragsärztlichen Behandlung im Wege der Delegation tätig werden, wobei eine solche Möglichkeit aus Praktikabilitätsgründen eher ausscheidet, da ein Vertragsarzt kaum einen Patientenlotsen in der Praxis anstellen würde. Besonders hinzuweisen ist im Rahmen der ärztlichen Behandlung auf die KSVPsych-RL des Gemeinsamen Bundesausschusses, die zahlreiche Gegenstände enthält, die der Tätigkeit von Patientenlotsen und der organisatorischen Gestaltung entsprechen oder nahekommen. Andere Leistungsbereiche geben Hinweise auf die Gestaltung von Koordinierungs- und Kooperationsmöglichkeiten (Kooperationsvereinbarungen zum Kinder- und Jugendschutz, strukturierte Behandlungsprogramme, integrierte Versorgung). Bei den weiteren herangezogenen Leistungsbereichen ist vor allem von Interesse, in welchen Regelungsstrukturen die jeweiligen leistungserbringungsrechtlich relevanten Gegenstände geregelt werden (spezialisierte ambulante Palliativversorgung, sozialmedizinische Nachsorgemaßnahmen, nichtärztliche Leistungen, gesundheitliche Versorgungsplanung für die letzte Lebensphase). Als besonders geeignet könnte sich das Regelungsmodell erweisen, dass der Leistungserbringung bei der häuslichen Krankenpflege zugrunde liegt, während die Gestaltung der Leistungserbringung anhand des Modells der Heilmittelversorgung wohl nicht in Frage kommen dürfte.

Im Rahmen des SGB XI steht an erster Stelle die Organisationsstruktur von Pflegestützpunkten. Die Pflegestützpunkte haben Aufgaben, die denen von Patientenlotsen bzw. deren Trägern sehr ähnlich, wenn nicht teilweise sogar gleich sind. Problematisch kann jedoch sein, dass die Anstellungsträger von Patientenlotsen die Kranken- und Pflegekassen sind. Ob damit die gewollte Unabhängigkeit von Patientenlotsen erreicht wird, ist zumindest fraglich. Weiter enthielt das SGB XI mit der bisher geltenden Vorschrift zu den Modellvorhaben (§ 123 SGB XI) Hinweise zur teilweisen Übertragung von Aufgaben der Pflege- und Krankenkassen auf die zur Hilfe zur Pflege zuständigen Träger der Sozialhilfe, wobei sich die entsprechenden Vorschriften allerdings als rechtlich problematisch darstellten, während die ab dem 1. Oktober 2023 geltenden geänderten Vorschriften zu den Modellvorhaben rechtlich und verfassungsrechtlich als unbedenklich erscheinen und deswegen als Regelungsmodell herangezogen werden könnten.

Wie bei der häuslichen Krankenpflege nach dem SGB V erweist sich das der Leistungserbringung durch Pflegeeinrichtungen zugrunde liegende Organisationsmodell (Versorgungsvertrag – Vergütungsvertrag) als besonders geeignet für die Leistungserbringung von Trägern der Patientenlotsen, während die Erbringung von Leistungen der häuslichen Pflege durch Einzelpersonen dafür eher nicht in Frage kommt.

Auch das SGB XII folgt mit den Leistungs- und Vergütungsvereinbarungen der Grundstruktur leistungserbringungsrechtlicher Gestaltung.

Im SGB IX interessieren insbesondere die Instrumente des Planverfahrens und der Plankonferenzen (Teilhabe- und die Gesamtplankonferenz), wobei die Maßstäbe für das Gesamtplanverfahren besondere Bedeutung haben.

Das SGB sieht verschiedene Formen der Zusammenarbeit der Leistungsträger bei der Leistungserbringung vor, wobei neben den allgemeinen Bestimmungen des SGB X die besondere Vorschrift zu den Arbeitsgemeinschaften für die Krankenkassen interessiert (§ 197b SGB V).

Für die Organisation von Patientenlotsen kann die Arbeitsgemeinschaft als Kooperationsform vor allem dann interessant sein, wenn es um die Bildung von Lotsenbüros geht. In einer Arbeitsgemeinschaft können als Leistungsträger kommunale Gebietskörperschaften als Sozialhilfeträger und Sozialversicherungsträger zusammenarbeiten. Die Aufgaben könnten etwa die Erarbeitung von Qualitätssicherungsmaßnahmen, die Abrechnung, gemeinsame Verwaltungsaufgaben, aber auch die Beobachtung der Versorgungssituation durch Patientenlotsen und daraus folgend das Erarbeiten von Hinweisen für die weitere Gestaltung der Versorgung sein. Der Vorteil einer Arbeitsgemeinschaft liegt darin, dass sie sich im Rahmen der Gesetze ihre Aufgaben selbst geben und ihre internen Aufbau- und Ablaufstrukturen selbst bestimmen kann. Bei einer gesetzlichen Regelung zur Organisation von Patientenlotsen könnte die Arbeitsgemeinschaft als Kooperationsform für Lotsenträger verpflichtend oder als Optionsmöglichkeit angeboten werden. Allerdings ist zu berücksichtigen, dass die dem gegenüber den Patienten zu erbringende Leistung von Patientenlotsen nicht an Dritte übertragen werden kann.

In dem vorliegenden Gutachten ist auch der zum 15.06.2023 datierte und zur Zeit der Fertigstellung des Gutachtens noch nicht ressortabgestimmte Referentenentwurf des Bundesministeriums für Gesundheit (Entwurf eines Gesetzes zur Stärkung der Gesundheitsversorgung in der Kommune (Gesundheitsversorgungsstärkungsgesetz – GVSG) kursorisch in die Betrachtung einbezogen worden. Dieser Referentenentwurf liefert im Rahmen der Gestaltung von Gesundheitsregionen wichtige Hinweise für künftige Organisationsformen für Patientenlotsen. So können bei der Einrichtung von Gesundheitsregionen die Träger von Patientenlotsen insbesondere in Netzwerken und Kooperationsformen auftreten. Auch für die Einrichtung von Patientenlotsenbüros wäre in Gesundheitsregionen Raum.

In der Vorschrift zu den Gesundheitskiosken finden sich Aufgabenbeschreibungen, die einen Ausschnitt der Aufgaben von Patientenlotsen enthalten. Wiewohl das Angebot der Gesundheitskioske Elemente enthält, die auch durch die Tätigkeit von Patientenlotsen erfasst werden können, ist doch zu sehen, dass diese Angebote an einen spezifischen Personenkreis, möglicherweise auch an spezifische Regionen gerichtet sind. Aus diesem Grund kann die künftig einzurichtende Tätigkeit von Patientenlotsen nicht mit dem Verweis auf die Gesundheitskioske als erledigt betrachtet werden.

4.4.5 Verantwortung für die Bereitstellung einer Infrastruktur an Patientenlotsen

Die Verantwortung für die Bereitstellung einer Infrastruktur an Patientenlotsenträgern und ggf. Lotsenbüros kann nicht in einem Bundesgesetz verankert werden kann. Vor allem können durch Bundesgesetz keine neuen Aufgaben auf die Kommunen übertragen werden (Art. 84 Abs. 1 Satz 7 GG).

Die Zuständigkeit für die Bereitstellung einer Infrastruktur an Patientenlotsen ist bei den Ländern zu suchen. Die Länder können entsprechend ihren landesverfassungsrechtlichen Gegebenheiten die entsprechenden Zuständigkeiten schaffen. Werden durch Landesrecht den Kommunen neue Aufgaben zugewiesen, ist das in den Landesverfassungen verankerte Konnexitätsprinzip zu beachten, wonach dies nur gegen Erstattung der hiermit verbundenen finanziellen Aufwendungen möglich ist.

Eine andere Frage ist, ob es überhaupt einer öffentlich-rechtlich definierten Verantwortlichkeit hierfür bedarf oder ob man darauf vertraut, dass sich ein Anbietermarkt an Trägern von Patientenlotsen ohne eine solche Regulierung herausbildet. Auch wenn im Gesundheits- und Pflegebereich für die wichtigsten Leistungsbereiche solche öffentlich-rechtlich definierten Verantwortlichkeiten gegeben sind, so sind doch durchaus wichtige Leistungsbereiche wie die häusliche Krankenpflege und die Heilmittelerbringung bis auf die allgemeine sozialrechtliche Infrastrukturverantwortung für alle Dienste und Einrichtungen (§ 17 Abs. 1 Nr. 2 SGB I) nicht erfasst. Aus diesem Grund wäre es auch möglich, für die Träger von Patientenlotsen auf einen Anbietermarkt zu setzen. Sollten jedoch neben den Trägern von Patientenlotsen auch Lotsenbüros vorgesehen werden, bedürfte es für diese der Festlegung einer Bereitstellungsverantwortlichkeit auf Landes- oder kommunaler Ebene.

4.4.6 Finanzierungsträger / Finanzierungsmodelle

Die Leistungen von Patientenlotsen werden seitens eines Lotsenträgers erbracht. Dieser Lotsenträger bedarf hierfür der Finanzierung. Als Finanzierungsträger kommen in Frage Sozialversicherungsträger, kommunale Gebietskörperschaften, Länder und ggf. private Versicherungsunternehmen. Bei den Sozialversicherungsträgern ist vorrangig die Gesetzliche Krankenversicherung im Rahmen des SGB V heranzuziehen, da die Leistung von Patientenlotsen als Leistung des SGB V gestaltet werden soll. In Betracht kommt auch eine Mitfinanzierung im Rahmen des SGB XI, da ein enger Zusammenhang der Leistungen von Patientenlotsen mit den Beratungs- und Care und Case Managementleistungen der Pflegestützpunkte besteht.

Weiter ist an eine Mitfinanzierung von Patientenlotsen durch kommunale Gebietskörperschaften zu denken. Dass eine solche Finanzierung durch die Kommunen möglich ist, ist unbestritten, da es sich bei der Tätigkeit von Patientenlotsen (auch) um eine Aufgabe im Rahmen der kommunalen Daseinsvorsorge handeln kann. Allerdings könnte eine solche Aufgabe der Kommunen wegen des Durchgriffsverbotes (Art. 84 Abs. 1 Satz 7 GG) nicht durch ein Bundesgesetz vorgegeben werden. Bei einer landesrechtlichen Regelung wäre ggf. das landesverfassungsrechtlich verankerte Konnexitätsprinzip zu beachten, wonach den Kommunen die Aufwendungen der ihnen übertragenen Aufgaben zu erstatten sind. Neben oder anstelle der Kommunen kommt auch eine Mitfinanzierung durch die Länder in Betracht.

Private Krankenversicherungsunternehmen können in der Höhe des Anteils der Versorgung privatversicherter Personen an der Finanzierung beteiligt werden.

Will man an der Finanzierung der Leistungen von Patientenlotsen nicht nur Sozialversicherungsträger und ggf. private Krankenversicherungsunternehmen, sondern auch Kommunen und Länder beteiligen, so finden sich hierzu bereits einige Regelungsmodelle im SGB V und SGB XI. Auf dem Gebiet des SGB V sind dies die Krebsberatungsstellen (§ 65e Abs. 1 SGB V), auf dem Gebiet des SGB XI die Pflegestützpunkte (§ 7c SGB XI). Weitere gemeinsame Finanzierungen sind für die Modellvorhaben nach § 123 SGB XI und künftig für die Gesundheitskioske und Gesundheitsregionen vorgesehen. Bei der Finanzierung der Lotsenträger ist eine solche Mischfinanzierung zu favorisieren. Denkbar ist auch eine Förderlösung wie bei der Finanzierung der Krebsberatungsstellen (§ 65d SGB V).

Bei der Gestaltung der Finanzierung ist darauf zu achten, dass den Krankenkassen im Rahmen dieser Finanzierung nicht Lasten für Leistungen entstehen, die nicht mehr als Aufgaben der Krankenversicherung zu bezeichnen sind. Allerdings hat der Gesetzgeber bei der Gestaltung der Leistungen einen großen Spielraum. Keinesfalls kann aber eine Finanzierung dergestalt stattfinden, dass Sozialversicherungsträger den Kommunen oder Ländern Mittel zur Verfügung stellen, die diese dann zur Finanzierung der Träger von Patientenlotsen verwenden.

Da in dem vorliegenden Gutachten auch der zum 15.06.2023 datierte und zur Zeit der Fertigstellung des Gutachtens noch nicht ressortabgestimmte Referentenentwurf des Bundesministeriums für Gesundheit (Entwurf eines Gesetzes zur Stärkung der Gesundheitsversorgung in der Kommune (Gesundheitsversorgungsstärkungsgesetz – GVSG) kursorisch in die Betrachtung einbezogen wird, soll an dieser Stelle darauf hingewiesen werden, dass die Vorschriften zu den Gesundheitskiosken und zu den Gesundheitsregionen Hinweise enthalten, wie sich eine kooperative Finanzierung durch Sozialleistungsträger (bei den Gesundheitskiosken auch unter Beteiligung der privaten Krankenversicherungsunternehmen) und durch Kreise und kreisfreie Städte darstellen kann.

4.4.7 Leistungsfinanzierung

Die Vergütung der Leistungen der Träger von Patientenlotsen ist in Form von Pauschalen möglich. Dabei sollten die Pauschalen in Ansehung des Grades des Orientierungs- und Begleitungsbedarfes typisiert werden. Sie sollen die Personalkosten und die Sach-, Investitions- und Infrastrukturkosten umfassen.

4.4.8 Person des Patientenlotsen

Die Tätigkeit des dienstleistungserbringenden Patientenlotsen wird sich regelmäßig in einem Beschäftigungsverhältnis mit einem Lotsenträger vollziehen. Eine selbstständige Tätigkeit wäre als Auftrag durch ein Lotsenbüro denkbar.

Bei den Vergütungen für Patientenlotsen sind insbesondere die Tariftreuevorschriften zu beachten, die bei der Vergütung von Arbeitnehmern der verschiedenen Einrichtungen und Stellen nach dem SGB V und SGB XI zur Anwendung kommen.

Die Tätigkeit von Patientenlotsen stellt keinen neuen Beruf dar. Vielmehr sollen aufbauend auf die Ausbildung in bestimmten Berufen des Gesundheits- und Sozialwesens entsprechende weitere zusätzliche Qualifikationen erworben werden, die für die Eignung als Patientenlotse ertüchtigen. Für die Primärqualifikation empfehlen sich Gesundheitsfachberufe mit zumindest dreijähriger Ausbildung, insbesondere heilberuflicher Ausbildung oder einer Ausbildung als Gesundheitssozialarbeiter.

Für die zusätzlichen spezifischen Qualifikationen sind zwei Qualitätsprofile relevant: die Case und Care Manager Qualifikation und Kenntnisse in bestimmten Bereichen des ICF.

Zusatzqualifikationen könnten grundsätzlich im Rahmen landesrechtlich gestalteter Weiterbildungsordnungen erworben werden. Um eine bundesweite einheitliche Qualifikation zu erreichen, sollte die Bezugnahme auf die Qualifikationsvoraussetzungen für den Einsatz entsprechenden qualifizierten Personals bundesgesetzlich verankert werden.

Die Leistungserbringung der Patientenlotsen ist in ein spezifisches Qualitätssicherungssystem einzubinden. Neben einem internen Qualitätsmanagement kommen auch Maßnahmen externer Qualitätssicherung in Frage.

4.5 Regelungsebenen / Regelungsorte / Regelungsinstrumente

Der Anspruch auf Leistungen von Patientenlotsen muss auf bundesgesetzlicher Ebene verankert werden.

Das SGB I kommt als Regelungsort nicht in Frage, da es sich bei dem Anspruch auf Leistungen von Patientenlotsen um einen Anspruch im Rahmen des Gesundheits- und Pflegewesens handelt, der im SGB V zu verorten ist. Die Behandlung der Frage, ob ein allgemeiner, alle Bücher des Sozialgesetzbuchs übergreifender Anspruch auf Care und Case Management im SGB I zu schaffen ist, ist nicht Gegenstand des vorliegenden Gutachtens.

Für die Ausgestaltung der Leistung und der Leistungserbringung (Versorgungsvertrag, Vergütungsvertrag, Qualitätssicherung) können die im SGB V vorfindlichen Regelungsinstrumente der gemeinsamen Selbstverwaltung genutzt werden (Richtlinien des Gemeinsamen Bundesausschusses zur Konkretisierung des Leistungsanspruchs und der Leistungsinhalte sowie zu den Leistungserbringern; Versorgungs- und Vergütungsverträge zwischen den Leistungsträgern und den Leistungserbringern; Rahmenverträge und oder Rahmenempfehlungen auf Spitzenverbandsebene zum Inhalt der Versorgungs- und Vergütungsverträge). Dies setzt allerdings voraus, dass seitens der Träger von Patientenlotsen entsprechende Organisationen auf Bundesebene gebildet worden sind. Sind solche Organisationen nicht vorhanden, könnte man die allgemeine Bestimmung des Inhalts dieser Verträge dem Spitzenverband Bund der Krankenkassen überlassen. Eine solche Lösung ist nicht unüblich, wie das Beispiel der Versorgung mit sozialmedizinischen Nachsorgemaßnahmen zeigt (vgl. § 132c Abs. 2 SGB V).

Mögliche Modelle für entsprechende Regelungsstrukturen des Leistungserbringungsrechts finden sich etwa bei der häuslichen Krankenpflege, bei der spezialisierten ambulanten Palliativversorgung oder bei der Soziotherapie. Sehr detaillierte Vorschriften zur Leistungserbringung finden sich in der Richtlinie des Gemeinsamen Bundesausschusses über die berufsgruppenübergreifende, koordinierte und strukturierte Versorgung insbesondere für schwer psychisch kranke Versicherte mit komplexem psychiatrischen oder psychotherapeutischen Behandlungsbedarf (KSVPsych-RL).

Die Ausgestaltung der Leistung und der Leistungserbringung könnte grundsätzlich auch im Rahmen einer Rechtsverordnung vorgenommen werden, deren Ermächtigungsgrundlage im SGB V unter Beachtung der Inhalt-, Zweck- und Ausmaßklausel des Art. 80 Abs. 1 Satz 1 GG zu schaffen wäre. Es sind aber keine besonderen Gründe ersichtlich, von der im SGB V gebräuchlichen Regelungstechnik im Rahmen der gemeinsamen Selbstverwaltung Abstand zu nehmen.

Werden als Berechtigte von Leistungen der Patientenlotsen neben den gesetzlich kranken- und pflegeversicherten Personen auch Versicherte der privaten Krankenversicherungsunternehmen einbezogen, so kann dies ebenfalls im SGB V geregelt werden. Gleiches gilt für die entsprechenden Vorschriften zur Beteiligung der privaten Krankenversicherungsunternehmen an der Finanzierung der Leistungen. Schon bisher finden sich Regelungen zum Einbezug privatversicherter Personen in Leistungen nach dem SGB V und nach dem SGB XI in diesen Gesetzen.

Der Einbezug von beihilfeberechtigten Personen des öffentlichen Dienstes des Bundes ist in der Bundesbeihilfeverordnung (BBhV) zu regeln. Für die beihilfeberechtigten öffentlich Bediensteten der Länder sind dies die entsprechenden Regelungen auf Landesebene.

Für Leistungsberechtigte nach den Heilfürsorgegesetzen des Bundes und der Länder sind ebenfalls die entsprechenden Bundes- und Landesgesetze oder -verordnungen als Regelungsorte einschlägig.

Soweit nicht Materien der Sozialversicherung betroffen sind, ist das Landesrecht der einschlägige Regelungsort. Das gilt etwa bei einer Anbindung an den Öffentlichen Gesundheitsdienst oder bei der Schaffung kommunaler oder regionaler Strukturen. Dabei ist zu beachten, dass der Bund den Gemeinden und Gemeindeverbänden keine neuen Aufgaben übertragen kann (Art. 84 Abs. 1 Satz 7 GG). Wenn die Länder den kommunalen Gebietskörperschaften neue Aufgaben übertragen, ist das jeweilige landesverfassungsrechtliche Konnexitätsprinzip zu beachten.

5 Literaturverzeichnis

Axer, Peter, Schutz aufgabenspezifischer Finanzierung. In: Die Finanzierung des Sozialstaats. 15. Sozialrechtslehrertagung des Deutschen Sozialrechtsverbandes e.V., 8./9. Juli 2022 in Jena, Schriftenreihe des Deutschen Sozialrechtsverbandes e.V. (SDSRV) Band 70, Berlin 2023, S. 81-115.

Baumeister, Peter, Der rechtliche Rahmen nach § 92c SGB XI (und § 7c SGB XI n.F.), in: Kirchen-Peters, Sabine/Nock, Lukas/Baumeister, Peter/Mickley, Birgit, Pflegestützpunkte in Deutschland. Die Sicht der Mitarbeitenden – der rechtliche Rahmen – die politische Intention, in: WISO Diskurs 07/2016, S. 37-56.

Becker, Ulrich/Kingreen, Thorsten (Hrsg.), SGB V, Gesetzliche Krankenversicherung. Kommentar, 8. Aufl., München 2022.

Braeseke, Grit/Huster, Stefan/Pflug, Claudia/Rieckhoff, Sandra/Ströttchen, Jonathan/Nolting, Hans-Dieter/Meyer-Rötz, Sinja Henrike/IGES Institut GmbH, Studie zum Versorgungsmanagement durch Patientenlotsen, Berlin, April 2018.

Braeseke, Grit/Pflug, Claudia/Beikirch, Elisabeth/IGES Institut GmbH, Studie zur Erfüllung der Koordinierungs- und Vernetzungsaufgaben sowie der Qualitätssicherung in Pflegestützpunkten, Berlin, Juni 2018.

Brinkmeier, Michael, Eckpunkte zur Governance von Patientenlotsen: Das LEX LOTSEN OWL-Projekt, in: Case Management 1/2023, S. 26-30

Brinkmeier, Michael, Von der Praxis bis zur Politik: Zur Governance von Patientenlotsen, in: Case Management 4/2021, S. 176-180.

Bund-Länder Koordinierungsstelle für den Deutschen Qualifikationsrahmen für lebenslanges Lernen (Hrsg.), Handbuch zum Deutschen Qualifikationsrahmen, Stand: 01.08.2013.

Bürgerbeauftragte für soziale Angelegenheiten des Landes Schleswig-Holstein, Tätigkeitsbericht 2022 der Bürgerbeauftragten für soziale Angelegenheiten des Landes Schleswig-Holstein, April 2023.

Burgi, Martin, Kommunale Verantwortung und Regionalisierung von Strukturelementen in der Gesundheitsversorgung. Baden-Baden 2013.

Burgi, Martin/Igl, Gerhard, Rechtliche Voraussetzungen und Möglichkeiten der Etablierung von Community Health Nursing (CHN) in Deutschland, Baden-Baden 2021.

Butzer, Hermann, Fremdlasten in der Sozialversicherung. Zugleich ein Beitrag zu den verfassungsrechtlichen Vorgaben für die Sozialversicherung, Tübingen 2001.

Deutsche Gesellschaft für Care und Case Management (DGCC), Auditanforderungen und Auditckeckliste Case Management (Verf.: Ribbert-Elias, Podeswik, Drebes, Löcherbach, Mennemann), 13. September 2019 (https://www.dgcc.de/dgcc/zertifizierung-von-organisationen-dgcc-audit/, Zugriff: 13.06.2023).

Deutsche Gesellschaft für Care und Case Management (DGCC), Bestimmung und Qualifikation von Patientenlots:innen, Positionspapier der DGCC-Fachgruppe Patientenlots:innen (Verf.: Stegmeier, Elmar; Löcherbach, Peter), Münster, 2022 (https://www.dgcc.de/positionspapier-zur-bestimmung-und-qualifikation-von-patientenlotsinnen/, Zugriff: 12.06.2023).

Deutsche Gesetzliche Unfallversicherung Spitzenverband (DGUV), Handlungsempfehlung Fallsteuerung COVID-19-Krankheitsfolgen, Version 1.0, Stand Juni 2021.

Deutsche Vereinigung für Soziale Arbeit im Gesundheitswesen e. V. (DVSG), Patient*innenlots*innen: Bestehende Ressourcen und Strukturen stärken und erweitern. Positionierung der Deutsche Vereinigung für Soziale Arbeit im Gesundheitswesen e. V. (DVSG), Berlin, 21. April 2023. (https://dvsg.org/veroeffentlichungen/stellungnahmen-und-positionen/, Zugriff: 01.06.2023).

Deutscher Bundestag, Wissenschaftliche Dienste, Ausarbeitung, Verfassungsrechtliche Beurteilung der geplanten Finanzierung der Stiftung Unabhängige Patientenberatung Deutschland (UPD) durch Krankenkassen und private Krankenversicherungsunternehmen, Gesetzgebungskompetenz des Bundes und verfassungsrechtliche Anforderungen an Sonderabgaben, WD 3 – 3000 – 181/22 / WD 4 – 3000 – 116/22.

Förter-Vondey, Klaus/Roder, Angela, Betreuungsorganisationsgesetz – Bedeutung für Berufsbetreuer*innen, in: Case Management 1/2023, S. 19-25.

Galle, Georg/Brinkmeier, Michael, Mut zu echter Innovation: Die Einführung von Gesundheitslotsen in Deutschland, in: Scholz, Stefanie/Engehausen, Roland (Hrsg.), Innovationsfonds – Transfer in die Regelversorgung, Heidelberg 2020, S. 148-164.

Grube, Christian/Wahrendorf, Volker (Hrsg.), SGB XII. Sozialhilfe mit Asylbewerberleistungsgesetz. Kommentar, 6. Aufl., München2018.

Igl, Gerhard, Das Gesetz zur strukturellen Weiterentwicklung der Pflegeversicherung, in: NJW 2008, S. 2214-2219.

Igl, Gerhard, Rechtliche Verankerung der Sozialen Arbeit im Gesundheitswesen, Berlin 2017.

Igl, Gerhard, Wirtschaftlichkeits- und Wirksamkeitsprüfungen von Pflegeleistungen aus sozial- und verfassungsrechtlicher Perspektive, in: Wallerath, Maximilian (Hrsg.): Fiat iustitia. Recht als Aufgabe der Vernunft. Festschrift für Peter Krause zum 70. Geburtstag. Berlin 2006, S. 115-131.

Igl, Gerhard/Welti, Felix, Gesundheitsrecht, 4. Aufl., München 2022.

Jarras, Hans D./Kment, Martin (Hrsg.) (zit. als Jarras/Pieroth), Grundgesetz für die Bundesrepublik Deutschland, 17. Aufl., München 2022.

Kirchen-Peters, Sabine/Nock, Lukas/Baumeister, Peter/Mickley, Birgit, Pflegestützpunkte in Deutschland. Die Sicht der Mitarbeitenden – der rechtliche Rahmen – die politische Intention, in: WISO Diskurs 07/2016.

Klemm, Anne-Kathrin, Gesundheitslotsen – eine Gestaltungsaufgabe für die gesetzlichen Krankenkassen! In: G+S 2/2023, S. 56-63.

Klie, Thomas, Zu viel oder zu wenig Recht im und für das Case Management? In: Case Management 1/2023, S. 4-10.

Knickrehm, Sabine (Hrsg.)/Mushoff, Tobias/Schmidt, Steffen, Das neue Soziale Entschädigungsrecht – SGB XIV. Einführung mit Synopse, Baden-Baden 2021.

Knickrehm, Sabine/Rademacker, Olaf (Hrsg.), Sozialgesetzbuch XIV, Soziale Entschädigung, Baden-Baden 2022.

Krauskopf/(Bearbeiter), Soziale Krankenversicherung. Pflegeversicherung, Kommentar, hrsg. von Wagner, Regine/Knittel, Stefan, München, Stand: 1.12.2022.

Kuhlmey, Adelheid, Die Idee des Memorandums „Kooperation der Gesundheitsberufe" – Einleitung. In: Robert Bosch Stiftung, Memorandum Kooperation der Gesundheitsberufe. Qualität und Sicherstellung der zukünftigen Gesundheitsversorgung, Berlin 2011, S. 9-13.

Laufs/Kern/Rehborn, Handbuch des Arztrechts, begründet von Laufs, Adolf/Uhlenbruck, Wilhelm, hrsg. von Kern, Bernd-Rüdiger/Rehborn, 5. Aufl., München 2019.

Mennemann, Hugo/Klie, Thomas, Case Management – Bezüge in den Sozialgesetzbüchern – eine Synopse, in: Case Management 1/2023, S. 11-18.

Mrozynski, Peter, SGB I. Allgemeiner Teil. Kommentar, 6. Aufl., München 2019.

Rübner, Matthias, „Ganzheitliche Betreuung" – ein neues Instrument der Bürgergeldreform, In: Case Management 1/2023, S. 38-42.

Ruppel, Thomas/Fahrinsland, Julia, Care- und Casemanagement als Hauptleistung von Selektivverträgen gem. § 140a SGB V und Leistungserbringung durch „beliebige" Anbieter, in: Sozialgerichtsbarkeit (SGb) 11/2022, S. 668-673.

Ruppel, Thomas/Gloystein, Simone/van den Berg, Neeltje, Care- und Casemanagement in der Regelversorgung, in: GesundheitsRecht (GesR) 8/2022, S. 488-495.

Ruppel, Thomas/Hügel, Max Georg/Gloystein, Simone/van den Berg, Neeltje, Legal advice and care-effective use of care and case management: limits, risks and need for change (funded by the innovation Fund of the Federal Joint Committee (G-BA) according to §§ 92a and 92b of the fifth book of the German social code (SGB V). Funding code 01NVF17029 (RubiN) regional uninterrupted in the network), in: BMC Health Services Research (2022) 22:1439.

Schäfer, Frank L., Private Krankenversicherung, in: Igl, Gerhard/Welti, Felix, Gesundheitsrecht, 4. Aufl., München 2022, S. 372 f.

Schell, Andreas von, Care und Case Management – eine Lücke im Gesundheits- und Sozialwesen, in: Case Management 4/2021, S. 170-175.

Siebdrat, Anke/Löcherbach, Peter, Differenzierung im Casemanagement am Beispiel der Patientenlotsen-Intervention, in: Case Management 1/2023, S. 43-50.

Shafaei, Reza F., Beratungspflichten und Infrastruktur im Pflegerecht. In: Welti, Felix/Fuchs, Maximilian/Fuchsloch, Christine/Naegele, Gerhard/Udsching, Peter (Hrsg.), Gesundheit, Alter, Pflege, Rehabilitation - Recht und Praxis im interdisziplinären Dialog: Festschrift für Gerhard Igl, Nomos Verlag, Baden-Baden 2017, S. 286-296.

Stegmeier, Elmar, Patientenlotsen - Einordnung und Qualitätsrahmen, in: Case Management 3/2022, S. 123-127.

Stegmeier, Elmar, Patientenlotsen: Komplexität, Vorhersagemodell und Lotsengrade, in: Case Management 1/2023, S. 51-54.

Udsching, Peter/Schütze, Bernd (Hrsg.), SGB XI. Soziale Pflegeversicherung, Kommentar, 5. Aufl., München 2018.

Wienand, Stefanie, Case Management und Haftung, in: Case Management 1/2023, S. 31-35.

Mehr Fortschritt wagen. Bündnis für Freiheit, Gerechtigkeit und Nachhaltigkeit. Koalitionsvertrag 2021 – 2025 zwischen der Sozialdemokratischen Partei Deutschlands (SPD), BÜNDNIS 90/DIE GRÜNEN und den Freien Demokraten (FDP).

6 Anhang

6.1 § 9 Abs. 6 Rahmenvertrag SAPV

Die SAPV kann nach Abs. 1 je nach Bedarf als

- Beratungsleistung,
- Koordinationsleistung,
- additiv unterstützende Teilversorgung oder
- vollständige Versorgung

erbracht werden.

a) Beratungsleistung
Die Leistung beinhaltet die Beratung der oder des Versicherten und anderer an der Versorgung Beteiligter (Zugehörige und andere involvierte Leistungserbringer) nach persönlicher Inaugenscheinnahme der oder des Versicherten und ihres oder seines Versorgungsumfeldes. Nach erfolgter Inaugenscheinnahme kann die Beratung anderer involvierter Leistungserbringer auch telefonisch erbracht werden. Sie hat empfehlenden Charakter. Die Behandlungsverantwortung bleibt vollumfänglich bei den involvierten Leistungserbringern der allgemeinen Palliativversorgung. Das Ergebnis der Beratung ist im Sinne einer Handlungsempfehlung schriftlich zu dokumentieren.

b) Koordinationsleistung
Insbesondere folgende Maßnahmen sind Bestandteil der Koordination:

- Erstellen eines individuellen Behandlungsplans auf der Grundlage des Assessments nach § 11 Abs. 4 und der multiprofessionellen Erstabstimmung,
- fortlaufende Abstimmung der Versorgung unter Einbezug der beteiligten Leistungserbringer einschließlich der dafür erforderlichen Beratung,
- persönlicher, ggf. ergänzender telefonischer Kontakt mit den an der Versorgung Beteiligten,
- Sicherstellung der bedarfsgerechten und abgestimmten individuellen Versorgungsplanung unter Berücksichtigung der vorhandenen Ressourcen und kontinuierliche Anpassung an die aktuelle Versorgungssituation,

- Therapie- und Notfallplanung,
- Vernetzung mit ambulanten und/oder stationären Leistungserbringern,
- Dokumentation.

Bei der alleinigen Koordinationsleistung ist die ärztliche Verordnung von Arznei-, Heil- und Hilfsmitteln nicht Bestandteil der SAPV-Leistung, sondern verbleibt bei den involvierten Leistungserbringern der allgemeinen Palliativversorgung.

c) Additiv unterstützende Teilversorgung
Insbesondere folgende Maßnahmen sind Bestandteil der additiv unterstützenden Teilversorgung:

- Inhaltliche Aspekte der Beratungs- und Koordinationsleistung der Buchstaben a) und b),
- Hausbesuche zur Tages- und Nachtzeit,
- bedarfsweise Leistungen der in § 5 Abs. 3 der SAPV-Richtlinie aufgeführten Leistungen bei entsprechend zwischen SAPV-Team und involvierten Leistungserbringern der anderweitigen Versorgungsformen abgestimmten anteiligen Übernahme der Behandlungsverantwortung,
- Krisenintervention,
- 24-Stunden-Rufbereitschaft,
- Dokumentation,
- regelmäßige Überprüfung und ggf. Anpassung des Behandlungsplans.

d) Vollständige Versorgung
Die vollständige Versorgung beinhaltet bedarfsweise alle in § 5 Abs. 3 der SAPV-Richtlinie aufgeführten Leistungen. Die ggf. daneben notwendigen Leistungen werden weiterhin im Rahmen der anderweitigen Versorgungsformen erbracht. Dies gilt gleichermaßen für die Häusliche Krankenpflege nach § 37 SGB V und die pflegerische Versorgung nach dem SGB XI, z. B. nach § 36 SGB XI durch ambulante Pflegedienste sowie die stationäre pflegerische Versorgung nach § 43 SGB XI. Insbesondere folgende Maßnahmen sind Bestandteil der vollständigen Versorgung:

- Inhaltliche Aspekte der Beratungs- und Koordinationsleistung gemäß der Buchstaben a) und b)
- Hausbesuche zur Tages- und Nachtzeit,

- bedarfsweise alle Leistungen der in § 5 Abs. 3 der SAPV-Richtlinie aufgeführten Leistungen mit vollständiger Übernahme der Behandlungsverantwortung durch das SAPV-Team,
- Krisenintervention,
- 24-Stunden-Rufbereitschaft,
- Dokumentation,
- regelmäßige Überprüfung und ggf. Anpassung des Behandlungsplans.

6.2 § 16 Rahmenvertrag SAPV: Grundsätze der Vergütung

1) Das System zur Vergütung von SAPV soll insbesondere nachfolgende Grundsätze erfüllen:

- Das Vergütungssystem muss für die Vertragspartner transparent und handhabbar sein.
- Die Vergütung muss leistungsgerecht sein und das SAPV-Team bei wirtschaftlicher Betriebsführung in die Lage versetzen, eine ausreichende, zweckmäßige und den Qualitätsanforderungen entsprechende Leistung zu erbringen.
- Vergütungsverhandlungen werden grundsätzlich geführt als Kostengrundverhandlungen oder Kostensteigerungsverhandlungen. Die Vertragsparteien nach § 132d Abs. 1 Satz 6 SGB V können davon nur einvernehmlich abweichen.
- Die Vergütung wird prospektiv vereinbart.
- Die Vergütungsvereinbarung wird auch für einen in der Vergangenheit liegenden Zeitraum geschlossen oder durch eine Schiedsperson festgesetzt, sofern für diesen Zeitraum noch keine Vergütungsvereinbarung getroffen und vor Beginn des entsprechenden Zeitraums zur Verhandlung aufgefordert wurde. Zur Vermeidung von Verwaltungsaufwand soll die Vergütung für in der Vergangenheit liegende Zeiträume über Kompensationszuschläge erfolgen.
- Vergütungsverhandlungen sind als Einzel- oder Kollektivverhandlungen zu führen. Sofern Verhandlungen für ein Kollektiv von SAPV–Teams erfolgen sollen, haben sich die Vertragspartner gemäß § 132d Abs. 1 Satz 6 SGB V auf die für Kollektivverhandlungen erforderlichen Rahmenbedingungen zu verständigen.
- Neben der SAPV-Vergütung können für durch SAPV-Team-Mitglieder während des SAPV-Einsatzes erbrachte Leistungen keine anderweitigen

Vergütungen in Ansatz gebracht werden. Doppelabrechnungen sind somit ausgeschlossen.
- Die Bezahlung von Gehältern bis zur Höhe tarifvertraglich vereinbarter Vergütungen sowie entsprechender Vergütungen nach kirchlichen Arbeitsrechtsregelungen kann nicht als unwirtschaftlich abgelehnt werden. Für eine darüber hinausgehende Bezahlung bedarf es eines sachlichen Grundes. Das SAPV-Team ist verpflichtet, die Bezahlung nach Satz 1 jederzeit einzuhalten und dies entsprechend der nachfolgenden Regelungen nachzuweisen.

2) Es gilt der Grundsatz der Beitragssatzstabilität nach § 71 SGB V. Über die Veränderungsrate nach § 71 Abs. 3 SGB V hinausgehende Forderungen sind grundsätzlich nur möglich, wenn die notwendige Versorgung mit SAPV auch nach Ausschöpfung von Wirtschaftlichkeitsreserven nicht zu gewährleisten ist. Die Darlegung und Substantiierung der Forderung obliegt dem SAPV-Team.

3) In der Regel erfolgt die Vergütung über Pauschalen. Im Rahmen der SAPV sind

- Tagespauschalen
- Wochenpauschalen
- Fallpauschalen
- Monatspauschalen

oder Kombinationen dieser Pauschalen möglich. Mit den Pauschalen sind alle Aufwendungen nach Abs. 5 inklusive der Wegezeiten abgegolten, es sei denn, die Vertragspartner nach § 132d Abs. 1 Satz 6 SGB V vereinbaren für die Wegezeiten gesonderte Pauschalen.

4) Bei der Kalkulation der Vergütung sind insbesondere zu berücksichtigen:

- die prospektiv kalkulierten Gestehungskosten,
- kalkulierte Fallzahlen zur SAPV im vereinbarten Versorgungsgebiet (siehe § 5 Abs. 3),
- Sicherstellung der Rufbereitschaft durch Ärzte und Pflegekräfte (s. § 3 Abs. 9),
- die Leistungserbringung zu ungünstigen Zeiten,

- Nettojahresarbeitszeit aller im SAPV-Team festangestellten Mitarbeiterinnen und Mitarbeiter. Dies ist die Bruttojahresarbeitszeit abzüglich von Fehlzeiten wie Krankheit, Urlaub, Zeiten für Fortbildung, Zeiten für Qualitätssicherung, Organisations- und Rüstzeiten, nachgewiesene Zeiten der betrieblichen Gesundheitsförderung im Rahmen der vereinbarten Arbeitszeit.
- Für Mitarbeiterinnen und Mitarbeiter, die über anderweitige vertraglicher Vereinbarungen (Kooperationsverträge) zur Verfügung stehen, die vereinbarten Stunden oder der vereinbarte Stellenanteil.

5) Zu den Gestehungskosten gehören:

- Personalkosten und Personalnebenkosten (für beim Träger des SAPV-Teams angestellte Mitarbeiter, Alters- oder Zusatzversorgungsaufwendungen, Personaloverhead[265] für angestellte Geschäftsführung, für ärztliche und pflegefachliche Leitung und Qualitätsmanagement, Rufbereitschaft, gesetzlich vorgeschriebene Beauftragte einschließlich Freistellung, Verwaltung, Abrechnung, Buchhaltung und Fuhrparkmanagement), unter Einschluss anfallender Personalaufwendungen für die Entleihung von Arbeitnehmerinnen und Arbeitnehmern und Mitarbeiterinnen und Mitarbeitern von Zeitarbeitsfirmen (nach AÜG) zur Überbrückung nicht zu vertretender zeitweiser Personalengpässe; ein Präjudiz für die Wirtschaftlichkeit der Inanspruchnahme von Zeitarbeitsfirmen ist hiermit nicht verbunden,
- Sachkosten unter Einschluss der betrieblichen Investitionskosten für die Leistungserbringung (insbesondere Miet- und Mietnebenkosten, Büromaterial, Büroausstattung,

Zu den Führungsaufgaben im Bereich Personalmanagement gehören auch die betriebliche Gesundheitsförderung sowie die Wahrnehmung von Arbeitsschutzaufgaben.

IT-Kosten, Fuhrpark einschließlich der dazugehörigen Sachkosten, Versicherungen, Fortbildungskosten, medizinische und pflegerische Sachkos-

265 Zu den Führungsaufgaben im Bereich Personalmanagement gehören auch die betriebliche Gesundheitsförderung sowie die Wahrnehmung von Arbeitsschutzaufgaben.

ten, Aufwendungen für Fremddienstleistungen[266], Aufwendungen nach § 10 Abs. 9),

- ein Zuschlag für die angemessene Vergütung des allgemeinen Unternehmerrisikos und eines zusätzlichen persönlichen Arbeitseinsatzes,
- eine angemessene Verzinsung des Eigenkapitals,
- Aufwände für SAPV-Team-Mitglieder, welche über eine andere Form der vertraglichen Vereinbarung gemäß § 3 Abs. 5 eingebunden sind.

6) Bei jeder Vergütungsverhandlung ist eine Kostenkalkulation vorzulegen. Dabei sind in den Kalkulationsunterlagen für die Vergütungsverhandlungen die prospektiv kalkulierten voraussichtlichen Gestehungskosten transparent und plausibel darzulegen. Aus den Unterlagen muss die Kostenstruktur eines SAPV-Teams zu erkennen sein. Dabei ist der Verteilungsmaßstab für Leistungen der SAPV zu anderen Leistungsbereichen zu berücksichtigen. Im Rahmen der Darlegung sind folgende Nachweise vorzulegen:

- Die prospektiv kalkulierten Personalkosten bezogen auf die festangestellten Mitarbeitenden des SAPV-Teams je Mitarbeiterin und Mitarbeiter (pseudonymisiert) mit Stellenanteil für den Bereich der SAPV und – soweit vorhanden – Eingruppierung, untergliedert nach Funktionsbereichen (Personalliste prospektive Kalkulation).
- Für die Entlohnung der festangestellten Mitarbeiterinnen und Mitarbeiter sind die geltenden Tarifverträge, kirchliche Vergütungsordnungen oder sonstigen Vergütungsmaßstäbe in der aktuellen Fassung zur Verfügung zu stellen. Bei sogenannten Haustarifen bzw. individuellen Vergütungsrichtlinien bzw. -vereinbarungen ist zusätzlich als Nachweis die schriftliche und rechtsverbindliche Erklärung des Trägers des SAPV-Teams erforderlich.
- Sachkostenaufstellung unter Differenzierung der nach Abs. 5 2. Aufzählungspunkt genannten Kostenpositionen,
- prospektive Aufwände für im Rahmen von Kooperationsverträgen tätigen Mitarbeiterinnen und Mitarbeiter des SAPV-Teams nach § 3 Abs. 5, d. h. die Darlegung und Aufstellung der prospektiven jährlichen Personal- und Sachkosten mit der Angabe der jeweiligen wöchentlichen Ar-

266 Hierunter sind Fremddienstleistungen in den Bereichen Verwaltung, Abrechnung, Buchhaltung und Fuhrpark sowie für externe Beauftragte (z. B. für den Datenschutz) zu subsumieren.

beitszeit. Ein Präjudiz für die Wirtschaftlichkeit von Kooperationen ist damit nicht verbunden.

7) Reichen die Angaben des SAPV-Teams für eine abschließende Plausibilitätskontrolle nach Abs. 6 nach substantiierter Darlegung der/den vertragschließenden Krankenkasse(n) nicht aus, sind durch das SAPV-Team weitere Nachweise vorzulegen. Unter der Wahrung des Grundsatzes der Verhältnismäßigkeit, insbesondere der Erforderlichkeit, kann der Nach-weis zu den bestrittenen Kostenpositionen insbesondere wie folgt geführt werden:

- weitere Konkretisierungen der zu erwartenden Kostenlast und ggf.
- pseudonymisierte gültige Personalliste mit Angabe der Einstufung und Funktion/Qualifikation der Mitarbeiterinnen und Mitarbeiter, Eintritt und evtl. Austritt von Mitarbeiterinnen und Mitarbeitern in das Unternehmen, jeweilige wöchentliche Arbeitszeit in den einzelnen Monaten (Personalliste Gestehungskosten) und ggf.
- Lohnjournale je Beschäftigungsgruppe zum Nachweis der tatsächlichen Zahlung der Arbeitsentgelte i. S. d. § 14 Abs. 1, Abs. 2 Satz 1 SGB IV (ohne steuerrechtliche Angaben und ohne Gehaltsangaben zu den einzelnen Mitarbeiterinnen und Mitarbeitern) oder pseudonymisierte Gehaltsabrechnungen oder pseudonymisierte Personalkostenaufstellung (deren Pseudonymisierung der Personalliste entspricht) in einem geeigneten Format jeweils für den letzten Vergütungszeitraum, höchstens für die letzten zwölf Monate vor Aufforderung zur Vergütungsverhandlung. Die Richtigkeit ist auf einem Ausdruck rechtsverbindlich zu erklären und ggf.
- verbindliche Erklärung des Trägers, dass und ggf. für welche Bereiche die tarifliche Vergütung/Vergütungsstruktur eingehalten wird und ggf.
- vergütungsrelevante Angaben zur SAPV aus dem Jahresabschluss, insbesondere, sofern diese zur Bestimmung des Zuschlags für die angemessene Vergütung des allgemeinen Unternehmerrisikos erforderlich sind.
- Auszüge aus den Kooperationsverträgen mit Relevanz für die Ermittlung der zugrunde gelegten Kosten.

Das Nähere zur Struktur der Kalkulationsunterlagen und zu den Nachweisen nach Absätze 6 und 7 vereinbaren die Vertragspartner nach § 132d Abs. 1 Satz 6 SGB V.

8) Soweit bei Kostensteigerungsverhandlungen auf vereinbarte Vergütungen der Vorjahre als Basis für aktuelle Vergütungsverhandlungen zurückge-

griffen werden kann, bezieht sich die Darlegungs- und Substantiierungslast auf die Basis und die eingetretenen Veränderungen bei den Kostenpositionen, die eine Erhöhung der zuvor vereinbarten Vergütungen rechtfertigen. Die Prüfungsbefugnis der Krankenkasse bezüglich der Wirtschaftlichkeit der Änderungen bleibt unberührt.

9) Das SAPV-Team weist auf Verlangen der vertragsschließenden Krankenkasse (bzw. bei mehreren Leistungsträgern als Vertragspartner gegenüber den vertragsschließenden Krankenkassen und ihren Verbänden gemeinsam) durch die Vorlage geeigneter Unterlagen nach, dass die Arbeitsentgelte oder Gehaltssteigerungen der festangestellten Mitarbeiterinnen und Mitarbeiter sowie die angegebenen Aufwände im Rahmen von Kooperationsverträgen tätigen Mitarbeiterinnen und Mitarbeiter, die Geschäftsgrundlage dieser Vergütungsvereinbarung geworden sind, tatsächlich geleistet wurden. Soweit in die Vereinbarungen nach Satz 1 bei SAPV-Teams, die weder tarifgebunden sind noch einen Tarif anwenden, durchschnittliche Gehaltssteigerungen eingeflossen sind, weist das SAPV-Team auf entsprechendes Verlangen nach, dass die Gehaltssteigerungen im Durchschnitt tat-sächlich umgesetzt wurden; falls Angestellte an der Gesellschaft beteiligt sind, müssen die durchschnittlichen tatsächlichen Gehaltssteigerungen für die anderen Angestellten den zur Geschäftsgrundlage gewordenen durchschnittlichen Gehaltssteigerungen entsprechen. Für das Nachweisverfahren gilt der Grundsatz der Verhältnismäßigkeit. Der Nachweis für den laufenden Vergütungszeitraum, höchstens aber für die letzten 12 abgeschlossenen Monate des laufenden Vergütungszeitraums vor Zugang des Verlangens der Kranken-kasse, wird wie folgt geführt:

- pseudonymisierte Personalliste mit Angabe der Qualifikation, der durchschnittlichen wöchentlichen Arbeitszeit und des darauf beruhenden VZÄ sowie evtl. des Ein- und Austritts von Mitarbeiterinnen und Mitarbeitern während des Prüfungszeitraumes, und ggf.
- ein in entsprechender Weise pseudonymisiertes Lohnjournal für den betreffenden Zeitraum zum Nachweis der tatsächlichen Zahlung der Arbeitsentgelte je Mitarbeiterin bzw. Mitarbeiter und
- ein in entsprechender Weise pseudonymisierter Nachweis der Zahlungen an Kooperationspartner.

Sofern auf der Grundlage der vorgenannten Unterlagen berechtigte Zweifel der/den vertragsschließenden Krankenkasse(n) an den angegebenen Personalkosten bestehen, sind pseudonymisierte Lohn- und Gehaltsnachweise sowie Auszüge aus den Arbeitsverträgen mit den Regelungen zu den Bezügen vorzulegen. Für die Einreichung der Nachweisunterlagen ist eine angemessene Frist einzuräumen, die vier Wochen ab Zugang des Nachweisverlangens nicht unterschreiten darf. Die Übersendung kann auch in elektronischer Form erfolgen, wenn die Datensicherheit gewährleistet ist. Die schriftliche Mitteilung des Prüfungsergebnisses soll innerhalb von sechs Wochen nach Eingang der angeforderten Unterlagen erfolgen.

Das Nähere zur Struktur dieser Nachweise vereinbaren die Vertragspartner nach § 132d Abs. 1 Satz 6 SGB V.

10) Wegezeit ist die Zeit, die für die erste Anfahrt bis zum Betreten des Wohnungs- oder Hauseingangs einer Versicherten oder eines Versicherten und ab Verlassen des Wohnungs- bzw. Hauseingangs einer Versicherten oder eine Versicherten bis zum Betreten des Wohnungs- bzw. Hauseingangs der nächsten versorgten Versicherten oder des nächsten versorgten Versicherten, ebenso am Ende der Einsatztour ab Verlassen des Haus- bzw. Wohnungseingangs einer Versicherten oder eines Versicherten bis zum Standort des SAPV-Teams zurück entsteht.

6.3 GKV- Spitzenverband, Bestimmung zu Voraussetzungen, Inhalt und Qualität der sozialmedizinischen Nachsorgemaßnahmen nach § 43 Abs. 2 SGB V (hier Ausschnitt aus Nr. 3 Leistungsinhalt)

Koordinierung der verordneten Leistungen

Der Koordinierungsbedarf ist abhängig von der Art, dem Umfang und der Dauer der verordneten Leistungen. Die Koordinierung beinhaltet im Einzelnen:

- Darstellung der regional vorhandenen Versorgungsangebote
- Kontaktaufnahme zum weiterbehandelnden Vertragsarzt sowie Anbahnung und Vermittlung von Kontakten zu Leistungserbringern und Leistungsträgern
- Koordinierung der ambulanten ärztlichen, medizinisch-therapeutischen, medizinisch-technischen und pflegerischen Versorgung und ggf. Anregung einer medizinischen Rehabilitationsleistung

- Strukturierung und Sicherstellung der Kommunikation zwischen allen an der Versorgung Beteiligten (das schließt bei Bedarf wiederholte Kontakte zum behandelnden Kinderarzt ein)

Anleitung und Motivierung zur Inanspruchnahme der verordneten Leistungen

Der Bedarf an Anleitung und Motivierung zur Inanspruchnahme der verordneten Leistungen ist insbesondere abhängig von den Kontextfaktoren. Die Anleitung und Motivierung dient der Förderung des Krankheitsverständnisses und beinhaltet im Einzelnen:

- Weiterführende Aufklärung und Beratung zur Förderung des Krankheitsverständnisses und der Krankheitsbewältigung einschließlich der Besprechung des Nutzens von z. B. regelmäßigen Kontrollen, Behandlungen und Therapien bezogen auf den individuellen Krankheitsverlauf
- Motivierung und Unterstützung bei der Bewältigung alltagsbezogener Anforderungen und krankheitsbezogener Versorgungsaufgaben
- Erläuterung der Aufgaben einbezogener Leistungserbringer, wie Arzt, interdisziplinäre Frühförderstellen, sozialpädiatrische Zentren, häusliche Krankenpflegedienste etc. und bei Bedarf Begleitung zu diesen, z. B. bei massiven Ängsten oder Verständigungsproblemen
- Hilfe beim Abbau von Ängsten im Zusammenhang mit der Versorgung z. B. durch Information über Selbsthilfegruppen
- Ermutigung der Eltern zu selbständigen Aktivitäten, z. B. bei der Pflege oder Ernährung des Kindes
- Anleitung und Ermutigung des Kindes/Jugendlichen zu selbstständigen Aktivitäten in Bezug auf die Selbstversorgung.

6.4 Auszug aus: Nationaler Krebsplan. Empfehlungen für das Leistungsspektrum, die Qualitätskriterien und für Finanzierungsmodelle ambulanter psychosozialer Krebsberatungsstellen, S. 32-34.

5.2 Vor- und Nachteile unterschiedlicher Abrechnungsmodelle

Für die Regelfinanzierung der ambulanten Krebsberatung kommen grundsätzlich vier verschiedene Abrechnungsmodelle in Frage:

1. einrichtungsbezogene Finanzierung,
2. Fallpauschale,
3. Abrechnung von Einzelleistungen sowie
4. Mischmodelle aus einrichtungsbezogener Finanzierung, Abrechnung von Einzelleistungen oder Fallpauschale.

Nachfolgend werden die unterschiedlichen Abrechnungsmodelle mit ihren Vor- und Nachteilen aufgeführt:

5.2.1 Einrichtungsbezogene Finanzierung

Für einen Zeitraum von 1 bis 3 Jahren werden auf Antrag hin Fördergelder ausgezahlt, die sowohl Personal- als auch alle Sach-, Investitions- und Infrastrukturkosten umfassen. Die Anträge müssen hinsichtlich der Personalausstattung und möglicher Besonderheiten (z. B. hohe Mietkosten des Beratungsstellenstandorts) begründet werden.

Vorteile: Die einrichtungsbezogene Finanzierung ist mit einem niedrigen Verwaltungsaufwand sowohl auf Seiten der Kostenträger als auch der Krebsberatungsstellen verbunden. Für den Zeitraum der jeweiligen Förderung ermöglicht sie darüber hinaus eine gute finanzielle Planbarkeit.

Dieser Finanzierungsmodus bedarf keiner Einzelleistungs- oder Fallpauschalen-Kalkulation. Die Auszahlung eines (Mehr-)Jahresbudgets gibt dem Träger Planungssicherheit.

Nachteile: Die mangelnde Flexibilität hinsichtlich möglicher Nachfrageveränderungen ist nachteilig. Sowohl bei steigenden Beratungszahlen als auch bei einer Verringerung wird für den Planungszeitraum die gleiche Leistung finanziert und der Träger muss ggf. in eine finanzielle Vorleistung gehen bzw. im Falle einer geringeren Anzahl von Beratungsleistungen Rückzahlungen einkalkulieren. Gelöst werden kann dies durch eine Zielvereinbarung: Vereinbart wird jedes Jahr eine neue Anzahl an Fällen. Wenn eine steigende/sinkende Tendenz erkennbar ist, wird dies berücksichtigt. Die Zielvereinbarung sollte einen Korridor beinhalten (XY Fälle +/- Z%).

Die einzelnen Komponenten des Leistungsangebotes der Krebsberatungsstellen werden im Einzelfall kombiniert, aber mit unterschiedlichen Anteilen erbracht. Insoweit wäre die für eine Kostenzuordnung notwendige Quantifizierung von Einzelleistungen im Einzelfall kaum möglich oder mit einem unzumutbaren Verwaltungsaufwand verbunden.

5.2.2 Abrechnung von Einzelleistungen

Die leistungsbezogene Abrechnung ist die genaueste Möglichkeit der Finanzierung, da die exakt er-brachte Einzelleistung berücksichtigt wird. Die im Einzelfall erbrachten Leistungen (s. Kapitel 3) werden pro Ratsuchendem einmal im Quartal abgerechnet. Dafür müssen vorher die Leistungen erfasst und jeweils kalkuliert werden.

Vorteile: Die Abrechnung bildet die erbrachten und dokumentierten Leistungen und den damit verbundenen Aufwand exakt ab.

Nachteile: Die Kostenkalkulation der Einzelleistungsziffern ist kompliziert und aufwändig. Daneben müssen unterschiedliche hohe Infrastrukturkosten zusätzlich veranschlagt werden.

Das Abrechnungsprozedere (Rechnungserstellung, Erstattung und Kontrolle) ist sowohl für die Träger als auch für die Finanzierer sehr komplex und erfordert einen hohen technischen und personellen Aufwand. Für die Leistungserbringerseite fehlt die Planungssicherheit durch Schwankungen der Leistungszahlen (z. B. bei Krankheit eines/r Mitarbeiters/in) und mögliche kostenträgerseitige Ablehnungen von Abrechnungen angesichts der geringen Größe der Einrichtungen und der Zuständigkeit verschiedener Kostenträger bei verhältnismäßig geringem Durchlauf (z. B. im Vergleich zu Kliniken).

5.2.3 Fallpauschale

Pro Ratsuchendem und definierter Zeiteinheit wird eine Fallpauschale in Anrechnung gebracht, die sich auf einen Leistungsfall bezieht, der einen durchschnittlichen Aufwand umfasst. Der Leistungsfall ist dabei genau zu definieren und der Durchschnittswert auf Basis unterschiedlicher Parameter zu ermitteln (bspw. durchschnittliche Anzahl von Kontakten und durchschnittlicher Schwierigkeitsgrad der erbrachten Leistung, unabhängig von der Art der Tumorerkrankung).

Vorteile: Eine relativ genaue Abbildung des erbrachten Leistungsaufwands ist möglich mit einem etwas geringeren Kalkulations- und Abrechnungsaufwand als bei der vorgenannten Einzelleistungsabrechnung.

Nachteile: Die Fallpauschalen müssten in einem aufwändigen Verfahren empirisch ermittelt und kalkuliert werden (analog zu den Fallpauschalen in der Krankenhausfinanzierung). Schwankungen bei den Infrastrukturkosten der einzelnen Beratungsstellen müssten separat ausgeglichen werden. Der Abrechnungsprozess ist komplex und aufwändig. Die Planungssicherheit ist insbesondere bei kleineren Beratungsstellen gering.

5.2.4. Mischmodelle aus einrichtungsbezogener Finanzierung und einer Fall- oder Leistungs-bezogenen Pauschale

Eine Implementierung eines Mischmodells aus den vorgenannten Abrechnungsvarianten bietet die Möglichkeit der genauen Berücksichtigung der tatsächlich erbrachten Leistung bei gleichzeitiger Gewährleistung einer Grundstabilität einer Finanzierung.

Jedoch ist die Komplexität durch die Kombination von Finanzierungsmethoden, aber auch durch die Zuständigkeit verschiedener Kostenträger deutlich erhöht. Bei Betrachtung des insgesamt für die Sicherung und Weiterentwicklung der ambulanten psychosozialen Krebsberatung notwendigen Finanzbudgets erscheint der damit verbundene Aufwand für Abrechnung und Kontrollprozesse unverhältnismäßig hoch.

5.2.5 Zusammenfassende Empfehlung zur Finanzierung ambulanter Krebsberatungsstellen

Aufgrund der vergleichsweise kleinen Gesamtfinanzierungssumme wird daher das erste der hier beschriebenen Finanzierungsmodelle favorisiert – die einrichtungsbezogene Finanzierung. Die Vorteile überwiegen und die Nachteile können gut durch Abstimmungsprozesse wie die Vereinbarung von Planungszeiträumen und Zielvereinbarungen zwischen Trägern und Finanzierern behoben werden.

FSC
www.fsc.org
MIX
Papier | Fördert gute Waldnutzung
FSC® C083411

Kolibri 360 GmbH
Ferdinand-Jühlke-Straße 7
99095 Erfurt, Deutschland
produktsicherheit@kolibri360.de